兩岸關係中的美國因素

陳建民／著

自序

　　回顧過去台海兩岸關係發展的歷史，可以明顯發現在諸多的因素之中，美國一直具有影響兩岸互動的決定性作用，而華府所扮演的角色不外乎是一種兩岸之間權力平衡者的角色。對台灣而言，國家安全的威脅最主要是來自中共，因此，中共與美國權力均勢之消長對台灣安全的影響攸關至鉅；無疑地美國的對華政策亦會隨著兩岸關係的發展而有所調整。

　　作者曾於民國八十年間在外交部北美司服務，深刻體會外交工作的重要性，並深覺美國在兩岸關係發展過程中所扮演的角色至關重要，更加深了撰寫本書的動機和興趣。本書從一九七〇年代前後美國的對華政策出發，進而探討冷戰與後冷戰時期美國在兩岸關係發展過程中的角色，藉以發掘美國和中共之間的戰略互動對台灣安全上的影響。

　　生於金門，長於金門，在台灣歷經許多求學和就業的階段之後，作者又回到家鄉，服務於國立金門技術學院，在諸多教學科目之中，兩岸關係一直是作者經年接觸的學科，因此在教學之餘，也能多方蒐集相關資料挹注本書的內容。本書之得以完成，特別要感謝所有支持與鼓勵我的人，惟身處離島偏遠地區，在資料的取得方面較為不易，若有謬誤或疏漏，尚請各界先進不吝賜正，文責當由作者自負。

作者

陳建民　謹識

中華民國九十六年四月

前言

　　溯自中（共）美建交前的一九七二年以來，台北—華府—北京之間，逐步建立起一種微妙的三角運作架構。檢視過去數十年台海兩岸互動，美國無疑扮演著最重要的第三者角色，美國因素不僅在兩岸關係中舉足輕重，也直接影響到台灣的安全。

　　回顧過去台海兩岸關係發展的歷史，可以明顯的發現，在諸多的國際因素中，華府、北京、台北相互間的關係演變，一直具有影響台海兩岸互動的決定性作用，而美國在台海地區所實施的是一種權力平衡的政策。有鑑於此，本書針對美國與中共之戰略互動，及其歷史發展過程做觀察，藉以發現美國對台海兩岸影響的重大因素，期使對今後的台灣安全提供有效的預判策略。

　　研究國際政治和外交政策的理論甚多，但是有關中美關係的研究理論卻付諸闕如。尤其學者在研究美、中（共）、台三角關係時常缺乏適當的理論基礎。對台灣而言，國家安全的主要威脅來自中共，因此中共與美國之間權力均勢之消長與變化對台灣安全的影響攸關至鉅。準此，權力平衡理論用來探究美國與中共之互動關係，不失為一重要的基礎理論。是以本書採用權力平衡理論作為研究理論，對於瞭解美中之戰略互動，以及美國因素對兩岸　係以及台灣安全的影響，應有極大的裨益。

　　本書研究結果發現美國在台海兩岸錯綜複雜的關係中，其政策因人、因時而異。惟美國的對華政策乃是基於全球權力平衡以及台海權力平衡的戰略為考量，此為不變的原則。美國與中共的戰略互動變化

多端，對台灣安全產生不確定性的影響，但是美國與中共的關係良好與否，和台灣的安全並沒有必然的關係。此外，美國在台利益的改變，對台灣的國際生存空間有較為不利的影響。後冷戰時期，東亞的權力結構對台灣安全確有直接的影響。今後唯有在美、中（共）、台三方的良好互動與權力平衡基礎之下，台灣安全才能獲致最佳的保障。

目次

自序 i

前言 iii

第一章　緒論 1

　　第一節　前言 1

　　第二節　研究理論 7

　　第三節　名詞界定 14

　　第四節　相關研究與基本假設 21

第二章　美國對華政策的基本原則 25

　　第一節　現實利益的對華政策 25

　　第二節　美國在兩岸的平衡者角色 34

　　第三節　小結 42

第三章　一九七〇年代的美中戰略互動 45

　　第一節　美國對華政策的轉變 45

　　第二節　戰略互動下的衝擊 50

　　第三節　美中建交對台灣安全的影響 62

　　第四節　小結 72

第四章　解構冷戰時期的美中戰略互動 75

　　第一節　戰略大三角關係的轉變 75

　　第二節　美中戰略互動本質的變化 82

　　第三節　「八一七公報」與台灣安全 92

　　第四節　小結 103

第五章　冷戰後美中戰略互動的變化 107

第一節　「六四事件」的衝擊 107

第二節　蘇聯瓦解對美、俄、中共關係的影響 120

第三節　美中的戰略變化 126

第四節　小結 143

第六章　後冷戰時期東亞的權力平衡結構 147

第一節　美國在亞太地區的新戰略 147

第二節　美、中、日在亞太地區的權力平衡 160

第三節　東亞新局勢與台灣安全 174

第四節　小結 184

第七章　後冷戰時期美中戰略關係之發展與挑戰 189

第一節　一九九六年台海飛彈危機的衝擊 189

第二節　「建設性戰略夥伴關係」的構建 207

第三節　「三不政策」之確立與台灣安全 217

第四節　「和平解決」台灣問題的政策 232

第五節　「兩國論」的衝擊和影響 236

第六節　合作與競爭的戰略關係 255

第八章　小布希時期的對華政策 283

第一節　小布希政府的國家安全戰略 283

第二節　小布希政府亞太戰略架構下的對華政策 286

第三節　美中互動與台灣安全 290

第九章　結論 295

主要參考資料 317

第一章　緒論

第一節　前言

　　自從一九四九年中共建政至一九七九年中（共）美建交，由於東西方冷戰以及韓戰、越戰的因素，美國與中共是處於敵對的狀態。這段期間美國視台灣為夥伴，以共同對付中共。冷戰期間美國亦視台灣為一艘永不沈沒的航空母艦以及戰略夥伴。一九六〇年代之後，由於國際事務發生重大變化，使得美國不得不重新評估其在亞洲的戰略地位。基於美國在全球負擔龐大的責任，導致國力和經濟日漸式微，又因美國面臨越戰的壓力，中共遂成為美國心目中用來和蘇聯抗衡的重要角色。美國於是興起新的亞洲戰略構想，那就是減少其在亞洲的軍事行動，同時也要維持其在亞洲的利益，在此條件之下，中共便成了美國退出越戰之後，能夠維持亞洲權力平衡的重要力量。為了共同對抗蘇聯，美國與中共進一步戰略合作，並於一九七九年建立正式外交關係，兩國的戰略互動邁入一個新的里程。

　　溯自中（共）美建交前的一九七二年以來，台北—華府—北京之間，逐步建立起一種微妙的三角運作架構，檢視過去數十年台海兩岸互動，美國無疑扮演著最重要的第三者角色。在美國與中共戰略巧妙的運作之間，三方對於維持「一個中國」的原則均有極大的共識，並且維持模糊而有彈性的解釋空間。在此基礎之下使得美國與中共的關係大為改善，而台灣與中共亦逐漸由對抗走向和緩與交流。回顧過去台海兩岸關係發展的歷史，可以明顯的發現，在諸多的國際因素中，

華府、北京、台北相互間的關係演變，一直具有影響台海兩岸互動的決定性作用，而美國所扮演的是一種平衡者的角色。

二十年前，當中共與美國同時宣布於一九七九年一月一日建立外交關係，吾人檢視過去二十年間的中（共）美關係發展軌跡，可以清楚地看出呈現的是一條忽高忽低的軌道。雖有交往，但摩擦不斷，也正因為彼此的政治結構與社會意識型態不同，這些現象還將繼續存在。而台灣問題在中（共）美關係發展的過程中，扮演著相當複雜的角色。雖然台灣處於關鍵性的位置，相對的也增加了兩國交往的危險性，一九九六年的台海危機致使中（共）美關係倒退即是一例。

有關台灣前途或台灣的國際地位，長久以來爭論難歇，但是一九九五年至一九九六年的台海危機與美國的反應卻指出一項事實，即台灣前途包括台灣安全在內，不單只是台灣島內的大陸政策和政治問題，它還牽動著中共的對台政策、亞太區域安全、美國對亞洲事務的介入，以及美國與中共之間的戰略互動等問題，因此是個不折不扣複雜的國際問題，同時也指出了美國居間兩岸角色的重要性。

台灣的安全在過去的歷史中，幾乎是與美國及中共兩大政權息息相關。例如第二次世界大戰爆發，美國支援中國對日抗戰，導致後來逐步捲入國共內戰，並介入國共和談及擔任調停者的角色。尤其在抗戰後期，美國迫使國共兩黨談判的態度更是明顯。[1]韓戰爆發後，美國為圍堵共產主義的擴張，乃將台灣視為盟邦，以便在東亞協助圍堵蘇聯和中共，由於美國的全球戰略方針進入「圍堵政策」時期，在自由

---

[1] 趙建民，〈一九三五至一九四五的國共和談〉，《兩岸互動與外交競逐》（台北：永業出版社，1994 年 7 月），頁 62。另有關美國介入國共和談的角色方面，請參閱，邵宗海，《美國介入國共和談之角色》（台北：五南圖書出版公司，1995 年 3 月）。

民主與共產極權的兩極化對峙中，中華民國成為美國在亞洲圍堵共產
勢力的重要一環。正當中美合作甚殷的冷戰時期，在一九五四年七月
日內瓦會議結束後，中共立即就「台灣問題」向美國挑戰。國務院總
理兼外長周恩來乃於同年八月十四日發表聲明，強烈攻擊美國「霸佔
台灣」，並表示決心以武力「解放台灣」。一九五四年九月三日，中共
砲擊金門，造成第一次台海危機。嗣於一九五八年八月二十三日，中
共再度發動砲戰，對金門、馬祖實施砲擊，並對金門實施海上封鎖，
企圖以武力解決所謂的「台灣問題」，造成了第二次台海危機[2]，後來
由於美國的介入，終於能夠化險為夷。其後，美國基於權力平衡的戰
略考量，於一九七〇年代將美中（共）關係提升了一大步。在冷戰期
間，台海兩岸並沒有直接的互動，然而一九八〇年代中期以降，兩岸
在經濟、文教等方面開始有了接觸與交流，美國也在冷戰末期逐漸支
持兩岸良性的互動。在美國的眼中，雖然冷戰仍在持續之中，但是兩
岸的互動與對話有助於美國的利益。一九八七年十月十四日，台灣開
放民眾赴大陸探親，兩岸交流又向前邁了一大步。雖然自中（共）美
建交之後，中共立即宣布停止對金門、馬祖等外島實施砲擊，加上兩
岸之後的交流日益頻繁，美國又積極促成良性互動，台海之間看似進
入一平和的時代。可是在兩岸三地互動逐漸良好之際，一九九六年三
月中共在台海試射飛彈，並在中國大陸東南沿海進行大規模的軍事演
習，台灣安全一夕之間陷入自一九五八年以來的最大軍事衝突危機
之中。

2　陳毓鈞，《一個中國與台北—華府—北京》（台北：環宇出版社，1996年3月），
　　頁16-18。

綜觀自一九七〇年代起至東西方冷戰結束為止，美國與中共的關係在有蘇聯為共同戰略對手的情況下，台灣的安全雖未遭到中共直接的威脅，但是美國卻於一九七九年與中華民國斷交，並廢止「中美共同防禦條約」，致使台灣的安全頓失所怙。冷戰後，美國與中共的戰略互動更加頻繁，雙方在無蘇聯為共同敵人的考量之下，台灣的安全亦不見得可以確保，台灣更於一九九六年遭遇了所謂的台海飛彈危機。此一連串的行為均證明了美國與中共之間的戰略互動，足以對台灣安全產生莫大的影響。

台灣的安全與美國和中共之間的互動究竟有無相關性？美國學者雷什特（Martin L. Lasater）認為，當美國與中共雙方關係交惡時，美國就會對台灣比較支持，而當美國與中共較具合作關係時，雖然美國對台灣的關係就會顯得更為謹慎，但是要讓美國犧牲太多台灣的安全利益，仍會是一件相當困難的事。[3]據此論點，顯然美國和中共關係交惡時，對台灣較為有利；但是即使美國與中共關係趨於友好時，美國對台灣的態度會趨於保守，但也不致於犧牲台灣太多的利益。另有持較為不同的看法者，例如學者蔡瑋針對中共、美國、台灣在一九四九年間的三角關係進行分析研究，其結果指出：中共和台灣及美國之間的衝突有密切的正相關。亦即，當中共和台灣及美國之間的關係不佳時，中共和另一方的衝突對抗也相對增高。同一研究的結論也指出，隨著中共對美國關係的好轉，中共與台灣衝突的程度也大為降低。[4]此外，學者龍恩（Sam Nunn）和歐森伯（Michael Oksenberg）認

---

[3]　Martin L. *Lasater, The Changing of the Guard : President Clinton and the Security of Taiwan* (Boulder, Colorado : Westview Press, 1995), p.166.

[4]　蔡瑋，〈美國對華政策之回顧與檢討——一九四九～七八〉，《美國月刊》，第 1 卷第 7 期，1986 年 11 月，頁 39-50。

為，依據過去二十五年的歷史顯示，美國與中共關係穩定時是台灣最能繁榮與發展的時期，並謂台灣在國際上最能擁有發言份量的方法是經由與北京的合作而不是去刺激北京。[5]基於上述學者的觀點，美國與中共之互動在對台政策上，特別是在有關台灣安全的方面，似乎有一定的相關性，但是又具有不確定之相關性。究竟美國和中共關係的好壞有無必然的關係？以及係何種相關性？基於此點動機，本研究擬針對美國與中共自一九七〇年代之後的戰略利益互動，及其歷史發展過程做為觀察和研究的對象，藉以發掘美國和中共戰略互動對台灣安全影響的軌跡，期使對今後的台灣安全提供有效的預判策略，以維護我國家安全。

對於中美台三角關係影響最深遠的轉變，莫過於一九七〇年代的尼克森政府時期，尤其是其後華府與北京在一九七九年建立外交關係。七〇年代末期，中共基於四個現代化的考量，以及減緩來自蘇聯安全威脅的壓力，企求在對美關係上有所突破。同時美蘇兩大超強的衝突再起，美國總統卡特與國家安全顧問布里辛斯基（Zbigniew Brzezinski），企圖以「中國牌」來制衡蘇聯，基於對抗共同的敵人，雙方達成建交的協議。[6]

中共在一九七九年對台政策的重大改變，主要著眼於尋求對美關係突破的考量，而對美關係的基礎則是建立在共同對抗蘇聯的戰略利益上。[7]美國採取與中共建交的外交政策，究竟係美國的戰略利益所在

---

[5]　Sam Nunn and Michael Oksenberg, "The U.S. and China : A New Consensus, "*Christian Science Monitor*, November 22, 1996, p.18.

[6]　羅致政，〈台安全多邊化戰略〉，《問題與研究》，第 35 卷第 9 期，1996 年 9 月，頁 8。

[7]　劉沛，〈中美建交以來的安全關係〉，中國社會科學院美國研究所、中華美國

抑或美國政府的行政措施，對於研究國際政治者而言都是必須從理論方面與實際現象等方面去作探討。

　　有謂「戰略研究」宣稱是以歷史為實驗室，而歷史也正是構成戰略理論的基礎。學者阿宏（Raymond Aron）就曾說：「戰略思想自每一世紀或甚至是每一歷史時期的事件所引起的問題獲得啟示。」[8]戰略研究雖分不開歷史，但卻不等同於軍事歷史的研究。目前戰略研究已逐漸和安全研究結合為一體，並發展成為國家政策研究的一環。[9]然而戰略和歷史的相關性密切，因為歷史的關係，每個時代的科技、政經、社會和文化制度與環境也都不同，百年或千年以前的歷史經驗是否與我們目前所處的環境有所切題，不無疑問，但是若以較近的歷史做為研究的資料，則歷史就益顯其對戰略研究的適切性。[10]基於此，本書擬以歷史研究法，在時間範圍上，選擇較接近的歷史，亦即自一九七〇年代起的美中戰略利益互動作歷史觀察，在內容範圍上，則特別針對美國與中共在一九七九年建交之後直至冷戰時期和現階段的戰略利益互動做研究，如此較為具有歷史事件的連續性。至於七〇年代之前的美國對華政策，本研究亦簡要加以分析，以作為歸納美國對華政策的理論基礎。

學會編，《中美關係十年》（北京：商務印書館，1989 年），頁 53-65。

[8]　Raymond Aron, "The Evolution of Modern Strategic Thought, "in Alastair Buchan, with a Foreword, *Problems of Modern Strategy* (New York : Praeger Publishers, Inc., 1970), p.25.

[9]　莫大華，〈中華民國戰略研究之回顧與展望〉，《問題與研究》，第 36 卷第 1 期，1997 年 1 月，頁 58-59。

[10]　陳文賢，〈美國與中共戰略互動下的台灣安全：一九七〇年代以來的觀察〉，《問題與研究》，第 36 卷第 6 期，1997 年 6 月，頁 3。

第二節　研究理論

　　研究國際政治和外交政策的理論有很多，但是有關中美關係的研究理論卻付諸闕如。然而欲研究美國對華政策，可以從三個面向去著手，那就是以系統為中心、以國家為中心、以及以社會為中心。這三種面向分別著重於國際體系層級、國家層級以及社會層級的研究。[11]其中，一個國家的外交政策受到國際體系以及權力平衡理論的影響甚大。

　　從現實主義的觀點來看，對國際行為最有影響力的因素是安全、軍事能力、國家間的政治聯合以及實力追求和實力平衡。[12]本研究係從美國與中共戰略互動的觀點，探究其對台灣安全的影響，主要涉及軍事層面與安全層面的探討，因此從現實主義以及權力的研究著眼，較能有深入的瞭解。此外，有關戰略互動方面，牽涉實力的消長，權力平衡理論可以提供解釋的空間，又以英、美語系之分類而言，權力平衡理論屬於狹義的研究途徑範疇，[13]為現實主義學派的一環，本研究擬以以權力平衡的理論做為基礎理論來從事研究，對於解釋美國與中共戰略互動應不失為一最佳選擇。

　　在即將邁入二十一世紀的全球體系發展過程中，國家安全厥為人類所最關切的課題之一。如何透過聯盟（Alliance）、集體安全（Collective Security）、權力平衡（Balance of Power）或是國際統合（International Integration）等觀念和策略來維護國家安全，都是當今政策制定者所應關切和考慮的優先議題。冷戰時期美、蘇、中（共）

---

[11]　Tan Qingshan, *The Making of U.S. China Policy-From Normalization to the Post-Cold War Era* (Lynne Rienner Publishers, Boulder & London, 1992), p.9.
[12]　趙全勝，《解讀中國外交政策》（台北：月旦出版社，1999 年 5 月），頁 39。
[13]　洪丁福，《國際政治的理論與實際》（台北：啟英文化事業公司，1996 年），頁 20。

的戰略大三角已隨冷戰的結束起了重大的變化。在亞太地區，由於美國及蘇聯兩極對抗的體系消失，中共及日本趁機填補權力空間，形成中（共）、美、日、俄新的權力平衡關係。無論冷戰時代抑或冷戰後的亞太局勢變化，對地處亞太地區重要戰略地位的台灣而言，權力均勢的變動均足以對台灣的安全構成影響。尤其，對台灣而言，國家安全的主要威脅來自中共，中共與美國之間權力平衡角色的變化對台灣安全的影響攸關至鉅。因此，權力平衡理論乃探究美國與中共戰略互動關係的重要理論甚礎。基於此，本研究擬以權力平衡理論作為研究理論，藉以瞭解美中（共）戰略互動對台灣安全的影響。

權力平衡的觀念在國際關係學內已有相當長的歷史，然而將權力平衡做為一種國際關係的理論探討時，卻仍經常引起國際關係學者對其觀念內涵的爭論。[14]在國際關係理論當中歷史最久也最引人爭議的就是權力平衡理論，早在古希臘和古印度時代就曾出現權力平衡理論的雛型。十八世紀以來，權力平衡理論在西方逐漸的發展，「平衡」的概念已成為許多學科的基本概念，在國際關係的領域也不例外。由於權力平衡所包含的概念非常廣泛，因此經常因為定義模糊受到嚴厲的批判。根據哈斯（Ernst Haas）歸納的結果，權力平衡至少代表八種不同的意義。亦即：(一)任何權力分布的狀態；(二)平衡的過程；(三)霸權的建立或追求；(四)透過大國協商建立的和平與穩定；(五)不穩定的狀態甚至戰爭；(六)權力政治；(七)歷史法則；(八)決策者的指導原則。因此，克勞德（Inis Claude Jr.）才說權力平衡的毛病不是出在它

---

14 陳文賢，〈從權力平衡的觀點看亞太安全〉，《問題與研究》，第三十七卷第三期，1998 年 3 月，頁 19。

缺乏內涵，而是在於它的涵義太廣。[15]也正因為如此，權力平衡被賦予多重意義以解釋在不同的國際體系下所呈現的權力之間的關係。國際政治學者也因而整理出相當多有關權力平衡的定義如下：[16]

(一)「權力平衡即一個國家的行動，用來抑制它的鄰國以免過度擴張強大，……因為如果一個國家過於擴張，致超過某種限度，將會改變其所有鄰國的體系，……因此必須注意鄰國之間的平衡和均勢的維持。」—Fenelon，一八三五年。

(二)「權力平衡即不管在任何國家之間，其權力均必須維持一定的均勢，也就是說，弱國不能夠被聯盟的強國所消滅。權力平衡的原則為近代歐洲歷史造成了政治上的整合。」—Stubbs，一八八六年。

(三)「權力平衡是一種對事務的安排，使得沒有任何國家擁有絕對的主宰力量來支配其他國家。」—Vattel，一九一六年。

(四)「權力平衡的立意在於，經由同盟的改變以及力量的抵銷，使得沒有任何國家或結盟國家，能夠坐大到足以威脅到其他國家的安全。」—Palmer & Perkins，一九五四年。

(五)「當任何國家或集團漫無節制地勢力擴張，其他國家便會認知到這種安全上的威脅，並採取對等的手段加以回應，包括個別地或聯合起來擴張其勢力。」—Claude，一九六二年。

---

[15] Robert L. Pfalezgraff Jr. & James E. Dougherty 原著，胡祖慶譯，《國際關係理論導讀》（台北：五南圖書出版有限公司，1993 年 4 月），頁 27。
[16] Michael Sheehan, *The Balance of Power : History & Theory* (London : Routledge, 1996), p.2-4.

(六)「權力平衡乃一種事情的實際狀態,在這種狀態之下,權力約略平均地分配在許多國家之間。」──Morgenthau,一九七八年。

　　由於學者對於權力平衡的定義過於廣泛,誠如著名的國際政治學者華爾茲(Kenneth N. Waltz)所言:「若有任何國際政治的獨特政治理論,則權力平衡理論即為其一。即便如此,一項對於權力平衡理論的敘述,並且可以被普遍接受的,卻不容易發現。」[17]足見權力平衡理論內涵之分歧。

　　儘管如此,翟恩斯(Dina Zinnes)則認為在權力平衡理論體系之下,仍可觀察出其主要外貌之一致性。他認為「在權力平衡體系之下,權力作了特殊的分配,以至沒有單一的國家以及存在的聯盟,擁有不可一世或是壓倒性的優勢。」[18]在只有兩強權的不尋常體系之下,只有權力平衡可以防止一方的優勢存在。如果這個體系內的國家增加了,只要國家或同盟勢力的增加不超過整個體系或是其他國家的力量,這是可以接受的。[19]季辛吉在分析十八世紀拿破崙戰爭後的歐洲政治時指出,維也納會議後歐洲出現了一個為列強所接受的「正統」(legitimate)秩序,各國也紛紛追求所謂的「絕對安全」(absolute security),然而一個國家的絕對安全相對地代表著其他國家的絕對不安全,所以一個國家的國內安全在於當權者的絕對勢力,而國際間的秩序與安全則在於各國之間的權力平衡,也就是各國權力均勢的表

---

[17]　Kenneth N. Waltz, *Theory of International Politics* (New York : Random House, 1979), p.117.

[18]　Dina Zinnes,. "An Analytical Study of the Balance of Power Theories", *Journal of Peace Research*, Vol. 4, 1967, p.272.

[19]　Ibid.

現。[20]準此，權力平衡的概念應不至太難理解。懷特就列出了九點有關權力平衡的概念，或許有助於對權力平衡的意義的釐清：[21]

(一) 權力的平均分配。

(二) 權力必須平均分配的原則。

(三) 權力現行的分配，也就是任何可能的分配。

(四) 強國在犧牲弱國，致使權力擴增時必須平等增加的原則。

(五) 如果他國權力不平均分配導致吾國的危險，則吾國必須有邊際的力量來對抗的原則。

(六) 維持權力平均分配的角色。

(七) 對現行的權力平均分配能夠獲取特別的利益。

(八) 權力平衡即是一種均勢的控制（Predominance）。

(九) 是一種國際政治的固有特性，用來製造權力的平均分配。

簡單而言，權力平衡乃是一種國際政治的狀態，牽涉到國家之間權力的平均分配，其目的在使一國家無法強大到毫無節制地控制其他的國家。由於權力平衡涉及到國家間權力分配的狀況，而權力分配是否大致均勻又影響到整個國際情勢的穩定，一般而言，如果權力的分配並未讓任何一個特定的國家或同盟造成對其他國家的威脅，則該項形式的權力分配是在被容許的範圍之內。[22]這與上述翟恩斯的觀念是不謀而合的。

權力平衡代表了政策（policy）、制度（system）和情況（situation）等三種不同的意義。所謂的政策意指國家的外交政策以追求平衡為目

---

[20] Henry A. Kissinger, A World Restored (Universal Library Ed., 1964), pp.144-145.

[21] Martin Wight, The Balance of Power, in Herbert Butterfield and M. Wight, eds. *Diplomatic Investigations* (London : George & Unwin, 1966), p.151.

[22] Michael Sheehan, op.cit., p.4.

標。換言之，所有國家均認為不平衡的權力關係是危險的。所以，當權力平衡發生變化，而這項變化是對於敵國有利時，該國必然要執行新的政策，以恢復平衡。所謂的情況是一種認知，也是決策人士的判斷。最簡單的說法是，當兩個國家的力量相當，權力平衡的情況便會出現。假如一方增加力量，而另一方不增加，則不平衡的情況就會出現。所以，所謂的平衡與否，完全依照力量的分配情形而定。這種力量的計算根據兩種因素：一為有形的因素，例如國家的軍事力量、經濟實力、行政效率等；二為無形的因素，例如國家的形象、民心士氣和政治風氣等。客觀的計算和主觀的判斷是每一個國家在評估平衡狀態是否存在的通則。[23]通常平衡或不平衡是決策人士的判斷，主觀的判斷或先天的成見不能排除。即使把它當成是一種政策也有多處與事實不合。例如，一般人相信國家追求平衡時必然以本身的力量和其他國家力量相比，正因為如此，國家比較容易採取先發制人攻擊，以防止不平衡狀態的發生。其結果是戰爭的機會反而增加，和平的秩序遭到破壞。[24]因此，摩根索（Han J. Morgenthau）認為權力平衡是不確定、不真實和不適當的。他認為權力平衡必須配合戰爭和集體安全制度才能發揮功效。更重要的是，列強間必須意見和立場一致，即共同文明、道德標準、行為準則和共同利害等。[25]

　　因此，吾人可視權力平衡為維持國際安定的條件，而政策制訂者則可能以追求權力平衡為一項政策，國家所從事的外交、結盟甚至戰

---

[23] 林碧炤，《國際政治與外交政策》（台北：五南圖書出版有限公司，1991 年 10 月），頁 151。

[24] 同前註，頁 152。

[25] Hans J. Morgenthau and Kenneth W. Thompson, *Politics Among Nations* (New York : Knopf, 1985), pp.233-240.

爭即成為落實此項政策的手段。在現實的國際政治上，政治人物也常以常識及經驗認知的權力平衡的觀點，做為在策畫整體國家戰略或在外交政策制訂上的一項主要考量。同時權力平衡理論也提供決策者政策選擇的彈性空間，避免使他們只能針對特定事件做一些臨時反應及對策。因此，權力平衡理論也讓政治領導人在政策制訂上可以更為理性並顧及全面局勢。[26]此外，權力平衡的觀念經常被用來解釋國際政治長時期的規律性，解釋戰爭行為和在無政府狀態下的秩序、穩定、合作等，甚至被用來驗證國際環境所提供給國家的限制和誘因等。例如，國家體系的特徵屬於權力平均分配抑或集中分配？如果權力過度集中一個國家或分散在許多國家，是否會導致戰爭？類此問題都是權力平衡理論傳統上所要探究的問題。[27]

　　本研究乃藉權力平衡的觀念，以及其所強調的目的與功能，試圖對一九七〇年以後迄今，美國與中共之間在權力消長與情勢變遷之情勢下，所產生彼此之互動關係做一剖析，並探討美國、中共兩者之間的互動對台灣產生的衝擊以及對台灣地區安全可能產生的影響。儘管權力平衡觀念一直處於模糊與爭論的情況，卻仍不失為政策決定者在追求國家利益及促進區域安定時的一項主要的觀念架構。[28]因此，本研究適可利用分析美國與中共之戰略互動與權力消長，為權力平衡理論提供適切的佐證。

---

[26] 陳文賢，〈從權力平衡的觀點看亞太安全〉，前揭文，頁20。

[27] William Curti Wohlforth, *The Elusive Balance : Power and Perceptions during the Cold War* (Ithaca, New York : Cornell University Press, 1993), p.11.

[28] 陳文賢，〈從權力平衡的觀點看亞太安全〉，前揭文，頁21。

第三節　名詞界定

一、「戰略」

「戰略」是一個古老的名詞與觀念。戰略觀念雖有其悠久的傳統，然其內涵則隨著時代而演進，亦即不同的時代應有不同的戰略思想。戰略這個名詞開始有較明確的界定，而且獲得與我們這個時代大致類似的意義，乃是十八世紀初葉的事。

拿破崙戰爭之後，西方對兵學系統之研究漸漸興盛。當時論者輩出，其中最為顯著者首推蕭米尼（Antoine Henri Jomini）和克勞塞維慈（Carl von Clausewitz）。兩人的著述將西方的戰爭藝術集其大成，至此戰略始發展成一種學問。[29]蕭米尼在其所著「戰爭的藝術」（The Art of War）中，對於戰略下了一個比較具體的定義：「在地圖上進行戰爭的藝術，並且包括整個戰區在內。」[30]而克勞塞維慈則認為，所謂戰略乃是一種「將戰鬥連結於戰爭的目的」。[31]具體而言，所謂戰略係以戰鬥來實現戰爭目的的手段，故對戰略須作兩種觀察：(一)戰鬥力及戰鬥成功的可能性；(二)應使戰鬥力成為卓越的智力、感情力。[32]亦即為達成戰爭的目的，根據此兩要點策定作戰計劃，謂之戰略。

時至今日，戰略觀念的範圍又早已擴大。現代戰略思想都是超出軍事和戰爭的界線之外，而又把軍事和戰爭包括在內，這也是所謂的「國家戰略」（national strategy）。戰略學家鈕先鍾將英國的李德哈特

---

[29]　鈕先鍾，《國家戰略論叢》（台北：幼獅文化事業公司，1984 年），頁 33。

[30]　同前註。

[31]　成田賴武著，李浴日譯，《克勞塞維慈戰爭論綱要》（台北：黎明文化事業公司，1983 年 11 月），頁 39。

[32]　同前註，頁 51。

（B. H. Liddell-Hart）對戰略的定義「戰略為分配和使用軍事工具以達到政策目標的藝術」稍加修改，而對現代之戰略定義如下：「戰略為分配、使用和發展國家權力以達到國家目標的科學和藝術。」[33]此對戰略的觀念應有較為具體的描述。

在國際社會顯示的無政府狀態下，國家使用武力以達到權力平衡的目的乃成為正當的行為。[34]戰略既然是一種國家權力的分配和運用，因此國家如何戰爭，以何種方式贏得戰爭或者避免造成重大損失等，乃成為戰略研究以及國家安全研究的重點。第二次世界大戰結束後，文職戰略家或國際政治學家為美、英等國防設計不同的策略，其中包括嚇阻、有限戰爭和核子武器的發展等。不論是大舉報復或者彈性反應，都和傳統的戰略思想有密切的關係。[35]

雖然戰略的階層區畫目前並無統一的規範。如英國戰略家李德哈特將其區分為「大戰略」、「戰略」兩個層級。美國的柯林斯（John M. Collins）則將戰略畫分為「大戰略」（Grand Strategy）、「國家戰略」（National Strategy）以及「部門、分類戰略」。[36]但是柯林斯認為「國家戰略」係把一個國家的一切力量融合為一體，在平時和戰時，以達到國家利益和目標。在其範圍內有一個全面的政治戰略，用以同時應付國際和國內問題；一個包括國外和國內的經濟戰略；一個國家軍事戰略，以及其他戰略等。每一部分都立即和直接影響國家安全。而與

---

33 鈕先鍾，前揭書，35。
34 林碧炤，《國際政治與外交政策》（台北：五南圖書出版有限公司，1991 年 10 月），頁 220。
35 同前註。
36 See Liddell Hart, *Strategy : The Indirect Approach*, 1967; John M. Collins, *Grand Strategy : Principles and Practices*, 1973.

「國家安全」有直接關係的戰略集合在一起，也就構成了「大戰略」，那就是在所有一切環境下使用國家力量，透過威脅、武力、間接壓力、外交、顛覆及其他可以想像的手段，用以對對方發揮理想程度和類型的控制，因而達到國家安全利益和目標的藝術和科學。[37]可見當今的戰略一詞，主要係指國家的一系列目標和全球政策。國家大戰略係求在世界範圍中實現國家基本目標，而大戰略的目標通常以國家利益為主體，國家大戰略的功能便成為安排和運用適當的國力手段以維護國家利益。準此，現代戰略制定之程序，至少由五個基本步驟或決策所構成，其中包括：確定國家安全目標、制定大戰略、制定軍事戰略、制定作戰戰略及制定戰場戰略或戰術。[38]

克勞塞維慈說：「任何大規模戰略計畫的主要路線都是政治性的，而當計畫應用到整個戰役和整個國家時，則其政治性也更會隨之而擴大。……遂不可能對重大戰略問題作純軍事的研判，也不可能用純軍事計畫去求解。」[39]目前戰略研究仍是國家求生存與發展的面向之一，戰略問題或可說是國家生存問題，[40]若就戰略而言，從軍事戰略進到國家或大戰略層級，其研究性質也會改變。傳統的戰略研究（軍事研究）就面臨必須加入其他學科或研究的方法及觀點，使其本身發生改變，就如同美國的戰略研究發展，戰略研究已轉變為安全研究

---

[37] John M. Collins 著，鈕先鍾譯，《大戰略》（台北：黎明文化事業公司，1987年 10 月 5 版），頁 40-41。

[38] Dennis M. Drew and Donald M. Snow, *Making Strategy : An Introduction to National Security Processes and Problems*, (Washington, DC. : Air University, 1988).

[39] 鈕先鍾譯，《戰爭論全集（上）》（台北：軍事譯粹社，1990 年），頁 39。

[40] 莫大華，〈中華民國戰略研究之回顧與展望〉，前揭文，頁 58。

（security studies）。[41]因此，國家安全戰略（National Security Strategy）的功能乃世界主要國家所重視的，中共方面自然也不例外。

至於中共方面對於國家戰略的概念，依照「中國軍事百科全書」的說法：「中國沒有明確提出自己的國家戰略；有一種意見認為，中國的國家戰略主要體現在黨和國家的總路線、總方針、總政策之中。」[42]如此說法很難窺其究竟，但是從中共一黨專政的本質下，在國家安全戰略的體系與運作上具有密切關係的主要為：(一)黨組織方面：以中央政治局、中央書記處、中央軍委會等機構為主。(二)政府機關方面：以政策制訂與執行機關、情報工作與特務機關、智庫與政策諮詢等為主。（參閱附圖 1-1）其戰略問題應包括政治、軍事、經濟、意識型態等面向，所含括的實質內容與西方主要國家對於戰略的主流闡釋，相較之下，大致相通，只是在機關決策方面黨與人治的色彩較為濃厚。大陸學者陳忠經即對戰略解釋如下：「所謂戰略或戰略問題就是在政治以及軍事、經濟、意識形態等領域，研究、掌握和運用現實關係中『較長時期的全局』的規律或指導性的規律。」[43]由此可知，中共對戰略的看法仍應以國家安全戰略的領域為主，也就是所謂的「大戰略」。

二、「安全」

「安全」一詞是個模糊的符號，低度發展且有爭議的概念，多數學者對於安全論戰發生的時間與原因並不明確，但都確認後冷戰時期

---

[41] 同前註。

[42] 國防大學編，《中國軍事百科全書：戰爭、戰略分冊》（北京：軍事科學出版社，1993 年），頁 278。

[43] 張季良主編，《國際關係學概論》（北京：世界知識出版社，1990 年），頁 73-74。

的戰略環境對安全研究產生重大影響。[44]學者海頓多恩（Helga Haftendorn）認為：安全研究作為一門學術領域，需要澄清其研究主題、研究方法。目前，安全研究的領域是高度地從和平研究到戰略研究之間區別出來。它遭受了缺乏對安全的共同理解、如何能將其概念化、以及最相關的研究問題等困境。[45]

　　雖然學者對於安全的定義仍未有共識，但是如果任意的擴展安全研究的範圍，也就模糊了安全研究作為一門學術研究領域的區別性，當安全研究主題與層次無限地擴展時，它就失去了其獨特性。學者葛雷（Colin S. Gray）說過：「我身為道道地地的現實主義論者，相信武力在多數時期的各政治社群間的多數關係中是無關的，但我也相信在罕見的情況下，只有武力滿足此時的安全需要。」[46]因此多數學者在此理念之下從事安全的研究，使得安全研究能成為一門科際整合的研究，而不是脫離其核心的另一門研究。亦即安全研究是以軍事安全為核心的面向，必須以軍事安全為核心，特別是國家的軍事安全。否則安全概念過於擴展，極易造成國家職能的膨脹，國家也就過度涉入社會事務，而有侵害到個人的權益之虞。[47]此外，學者伯科維茲（Morton Berkwitz）與伯克（P.G. Bock）將國家安全界定為「一個國家保護其

---

[44] 莫大華，〈「安全研究」論戰之評析〉，《問題與研究》，第 37 卷第 8 期，1998 年 8 月，頁 20-21。

[45] Helga Haftendorn, "The Security Puzzle : Theory-Building and Discipline-Building in International Security", *International Studies Quarterly*, Vol. 35, No.1 (March 1991), p.15.

[46] Colin S. Gray, *Villains, Victims, and Sheriffs : Strategic Studies and Security for an Inter-war Period* (Hull : University of Hull Press, 1994) p.354.

[47] 莫大華，〈「安全研究」論戰之評析〉，《問題與研究》，前揭文，頁 32。

內在價值，使其免於受外來威脅的能力」[48]在這種概念下，每一個國家強調的是加強國防力量以增進國家安全，戰略上考慮的不是追求權力優勢（preponderance of power），就是尋求權力平衡（balance of power）來嚇阻外來的攻擊。[49]

儘管上述說法言之成理，學者林正義則認為安全是指沒有戰爭失敗的危險，而被迫一戰及不能戰的危險均不存在。然而，若將國家安全的範圍僅侷限在軍事層面，則有失偏頗。除了國家生存之外，經濟福利的提高、政治暨社會的自決保障，都應是安全政策的一環。所以，奧曼（Richard Ullman）視生活品質的明顯降低、政策抉擇選項的減少，均為國家安全的威脅。[50]對台灣而言，安全的主要威脅來自中共，除了軍事層面的威脅外，非軍事壓力的層面如中共在經濟上掏空台灣資金、遲緩台灣經濟成長、和平消滅台灣；以及在政治上，矮化台灣為另一個特別行政區，均足以嚴重影響台灣安全。[51]

國家安全的概念，傳統上是採用現實主義者的觀念，以國家而非以全體人類或國際社會為分析單元。在國家與國家之間不斷進行權力競爭的無政府狀態中，國家所重視者是針對來自國外的軍事威脅，以求達到保護本國的主權獨立、領土完整或其他的國家利益。由於目前國際上相互依存的程度升高，因此，現實主義者的安全觀念過於狹隘。一國即使不能如全球主義者所期望的以全球安全為其安全政策的

---

[48] Morton Berkwitz and P.G. Bock (eds.), *American National Security*, New York : Free Press, 1965, p.50.轉引自林文程，〈亞太安全體系與台灣的國家安全〉，《理論與政策》，第 10 卷第 1 期，1995 年冬季號，頁 26。

[49] 同前註。

[50] 林正義，〈台灣安全的戰略〉，《台海安全情報》（台北：玉山社出版事業股份有限公司，1996 年 1 月），頁 51。

[51] 同前註，頁 52。

主要考慮，亦無法忽視生態環境之維護與國家安全之關聯。[52]美國學者布朗（Lester R. Brown）亦認為國防僅是國家安全所應考慮的問題之一而已，其它與國家安全有關者尚包括能源短缺、地球生態環境惡化、食物不足等問題，因此必要時國家必須合作來解決這些問題。[53]同時合作安全（cooperative security）亦成為一個新的安全概念，乃在於尋求漸進途徑來建立一多邊架構，但並不排斥與雙邊的同盟體系並存，而且強調建立對話的重要性及重視同時促進軍事與非軍事的安全。[54]

　　由於學者對於安全的概念仍未有共識，本文以為，基於研究主題係以美國與中共之戰略互動為分析之標的，其所牽涉之層面仍以軍事問題為主，況且美國國防部及國務院官員在有關亞太安全政策的討論中，絕口不提環保等議題，顯然仍採狹義的安全觀念。[55]因此，本研究在討論有關台灣安全時，所用安全的概念與意義，仍以現實主義者所採之狹義的定義為主。

　　至於台灣的國家安全目前面臨的最大威脅堪為來自對岸的中共政權。自一九四九年大陸淪陷以來，中共從未放棄以武力解決所謂的台灣問題。一九九六年五月七日，有關媒體即報導中共內部擬定四項對台方案：(一)與台灣進行「持久抗戰」，即兩岸各自發展，只要台灣

[52] 周煦，〈美國柯林頓政府的亞太安全政策〉，《美歐月刊》，第 11 卷第 3 期，1996 年 3 月，頁 5。

[53] Lester R. Brown, "Is Military Force Losing Its Military? "in John F. Reichart and Steven R. Strum, *American Defense Policy*, fifth edition, Baltimore : The Johns Hopkins University Press, 1982, pp.25-32.

[54] David B. Dewitt, "Concepts of Security for the Asia-Pacific Region, " in Bunn Nagara and K. S. Balakrishnan (eds.), *The Making of Security Community in the Asia-Pacific*, Kuala Lumpur, Malaysia : Institute of Strategic and International Studies, 1994, pp.29-31.

[55] Ibid.

不獨立，時間越長，未來台灣的優勢越小，台灣勢必要靠向大陸；(二)
繼續保持對台壓力，包括軍事壓力，讓台灣民眾因感受壓力，向台灣
當局施壓；(三)以適度實際行動，對台灣展開「非和平、非戰爭」行
動；(四)如果台灣實施「台獨」，或是明統暗獨，「台獨」傾向非常明
顯，則共軍將展開「武力保台」。[56]以上四項方案之中，除了第一項外，
其他三項都含有使用軍事武力的成分。然而中共除了使用軍事力量以
尋求解決台灣問題外，針對上述第一項的「持久抗戰」，中共最積極
的作法是在國際間以外交孤立台灣，壓迫台灣在國際社會的生存空
間，因此台灣即使連最基本的主權國家地位都仍處於來自於中共的重
大威脅之下。[57]

第四節　相關研究與基本假設

有關中美台三角關係與台灣的安全，如前所述，根據國內學者蔡
瑋的相關研究，針對一九四九年至一九七八年間所產生的變化進行統
計分析，結果發現，中台和中美兩組關係，在衝突面向上具有密切的
正相關。也就是說，當北京與華府或台北關係不佳時，中共和另一方
的衝突對抗也相對的提升。其研究的結論也指出，隨著中共對美國關
係的轉好，中共與台灣衝突的程度也大為降低。另外黃紀等學者也曾
就可能影響台海兩岸衝突的因素，從事假說驗證的統計研究，結果亦
發現當美國與台海兩岸雙方同時保持友好關係時，台灣與大陸之間發

---

[56]　聯合報（台北），民國八十五年五月七日，第 1 版。
[57]　張建邦總策劃，邵玉銘審校，《跨世紀國家安全戰略》（台北：麥田出版股份
　　有限公司，1999 年 5 月），頁 23。

生衝突的可能性也大為減少。[58]此外，根據學者羅致政的研究指出，
從長遠來看，當美國與台海雙方均維持共同的友誼時，兩岸的衝突才
有降低的契機，因為在台美雙方持續保持良好關係之下，北京與華府
關係的和諧是有利於台海的和平與穩定。[59]從以上學者的論點，大都
認為唯有美國和中共在良好的互動關係下，台灣的安全才會有保障，
亦即美國和中共必須保持良好與穩定的關係，如此對於台灣的整體安
全才會有正面的影響。

然而根據學者陳文賢針對美國與中共戰略互動之相關研究，他從
一九七〇年代起美國與中共關係發展演變的觀察，認為美國與中共關
係的良好與否和台灣的安全並沒有必然的關係。東亞權力結構的改變
或許對台灣的安全有更直接的衝擊。其結論亦指出，美國與中共在有
共同敵對國家的戰略互動下，台灣安全或可免除在此一時期內中共對
台直接的軍事威脅，但是美國對台關係的降級，實質上對台灣生存與
發展的國際空間卻有深遠的影響。而美國與中共在沒有共同敵對國家
之情況的戰略互動下，台灣卻似乎更易遭受中共直接的軍事威脅。[60]

雖然學者從美、中（共）、台各種不同的互動關係上探討台灣安
全，進而獲致不同的結論。本研究擬從權力平衡的理論觀點，並針對
前面所析之理論與戰略之定義層面上著手，擬具以下幾點假設，再就
各種史實資料加以分析驗證，以獲致確切的結果。假設如下：

---

[58] Chi Huang, Woosang Kim, and Samuel S. G. Wu, "Conflicts Across the Taiwan Strait, 1951-78," *Issues and Studies*, Vol.28, No.6 (1992), pp.35-58.

[59] 羅致政，〈台灣安全多邊化戰略〉，前揭文，頁 10-11。

[60] 陳文賢，〈美國與中共戰略互動下的台灣安全：一九七〇年代以來的觀察〉，前揭文，頁 1-14。

一、美國的對華政策是基於全球大戰略以及美、中（共）、台三角關係的權力平衡理論架構。

二、台灣安全除了本身的因素外，美國與中共的因素以及兩者之戰略互動關係都會造成影響。

三、在美國、中共、台灣三角關係中，美國居於樞紐（pivotal）地位，並且扮演最重要的角色。

四、美國同時和台海兩岸保持良好關係時，對台灣的安全比較有正面的意義。

五、美國與中共之間關係的良好與否，和台灣的安全並沒有絕對必然的關係。

六、後冷戰時期美國與中共的戰略關係以及東亞權力結構的改變，對台灣的安全有更直接的衝擊和影響。

第二章　美國對華政策的基本原則

第一節　現實利益的對華政策

　　在權力平衡的基礎上，國家的外交政策以追求平衡為目標，亦即認為不平衡的權力關係是危險的。所以，當權力平衡發生變化，而這項變化是對於敵國有利時，該國必然要執行新的政策，以恢復平衡。由此可知，國家在政策制訂上仍然會以本身的國家利益作為優先考量。

　　再者依據大戰略的定義，大戰略係「在平時或戰時，發展和使用國家的政治、經濟、心理權力，連同其武裝部隊，以求確實達到國家目標的藝術或科學。」[1]因此，大戰略的手段實際包含了國家政治、經濟、心理、軍事四種權力的發展和使用，以在平時或戰時達成國家的目標。因為國家的目標在於追求國家利益，於是國家利益遂成為決定國家大戰略以及國家政策的基礎。為了解美國與中共戰略互動對台灣安全的影響，必須先探究美國的對華政策，而欲了解美國對華政策，亦必須先探索美國在兩岸的國家利益所在。

　　在最高階層，國家利益構成合理戰略的支柱。雖然利益是一種高度概括性的抽象觀念，然而唯一「主要」的國家安全利益即為生存（survival）；至於次要的利益，無論其為積極的或消極的，區域的或全球的，都是只作為此種最基本動力的補充。[2]美國的國家利益是追求

---

[1]　鈕先鍾，〈國家戰略基本理論簡介〉，《戰略研究與軍事思想》（台北：黎明文化事業公司，1982年），頁68。

[2]　John M. Collins著，鈕先鍾譯，《大戰略》，前揭書，頁17-19。

一個較完善的聯邦、正義、國內的平安、適當的國防、經濟福利和自由的幸福。美國國家安全的首要利益，是在保持獨立、地理的完整、基本制度和榮譽的條件之下獲致生存，而同時又能維持高度的政治、社會、經濟和軍事活力，一個迫切的相關利益就是普遍的和平。至於美國的次要利益是眾多而複雜的，其中之一即為保持作為一個世界強國（權力）的行動自由，其他則多為區域性的。在此國家利益的原則之下，美國從開國之日起到一九六八年為止，曾經連續追求過三種不同的大戰略，即(一)西半球的防禦；(二)個別介入主義；(三)圍堵共產主義，而每一種戰略都是為了配合特定的需要，直至甘迺迪政府初期美國的戰略構想遂開始有所修正。[3]甘迺迪及詹森總統所採用的「彈性反應」基本觀念，是假定美國需要一種能力，能在美國本身所選擇的時間和地點上，對於各種戰爭能使用有控制的武力。例如假定共產黨如選擇無限的侵略路線時，則全面戰爭的報復兵力應能對其造成「保證毀滅」。嗣於尼克森政府時期，美國的國家安全利益雖仍和過去類似，但是美國隨時隨地對抗共產主義的熱忱卻已經減低，其戰略觀念亦隨之起了變化，代之而起的是以實力、夥伴、談判和現實嚇阻為主的新架構。在新的環境中，依照杭亭頓（Samuel P. Huntington）的說法，「決定美國海外介入行動的標準……不再是誰感受侵略的痛苦，而是誰能從侵略中獲利。全面的目標不是嚇阻侵略，而是維持權力平衡。」[4]美國的國家安全和利益是在此種權力平衡的架構中，任何國家和同盟都不能行使普遍的霸權。

---

[3] 同前註，頁 137-141。

[4] 轉引自 John M. Collins 著，鈕先鍾譯，《大戰略》，前揭書，頁 148。

　　長久以來美國對華政策的原則一直是基於其「利益」與「安全」的戰略考量。準此，美國的對華政策在不同的時空都有不同的考量，造成了變化多端的對華政策。早在十八世紀太平天國時代，美國傳教士把太平軍看成是一場中國基督教化運動，認為它不會妨礙基督教在中國的傳播。另外，由於清廷多方阻撓西方的傳教活動，致使這批來華多年的傳教士不免對清廷充滿怨懟。基於此，他們在太平天國運動初期所發回國內的消息，就在美國輿論界形成一股同情太平天國的潮流，從而促成美採取中立觀望的對華政策，企圖同時和北京與南京建立友好關係。[5]當時美國新任駐華公使馬歇爾（Humphrey Marshall）針對一八五三年太平軍占領南京之事，即建議美國政府承認：「南京的新政府是事實上的政府，而北京的舊政權為法律上的政府。」[6]此或為美國對華政策最早的雙重承認理念。嗣後美國為了確保其在條約中已獲得的通商利益，其對華政策乃由同情太平天國而回到不介入清軍和太平軍的戰爭。

　　美國早期的對華政策除了創造在華商業機會外，還有保持對中國行政領土的完整。在此原則之下，美國曾於一九〇二年及一九〇三年抗議蘇俄在東北的擴張，並在一九〇四年至一九〇五年的日俄戰爭中，呼籲尊重中國的中立與完整。一九〇八年美國還建議東北鐵路中立化，旨在避免列強瓜分東北。一九二二年美國在華盛頓的九強會議中，討論「門戶開放」原則。凡此，美國的主要目的均在防止列強瓜分中國，俾使美國在中國有利益均霑的機會。

5　陳毓鈞，《戰爭與和平──解析美國對華政策》（台北：環宇出版社，1997 年 1 月），頁 4-5。

6　汪熙編，《中美關係史論叢》（上海：復旦大學出版社，1985 年），頁 172。

　　二次大戰期間，美國周旋於國共內戰之間，其對華政策更是飄忽不定。當美國於一九四四年下半年，中國的軍事與經濟情況相當複雜不佳，以及政局不穩定的局勢之下，華府相信解決中國當前的危機，最好的方法是將國共兩黨的軍隊聯合起來，以共同協力抗日。此外，美國期望中國能統一，並且成為現代化的國家，因為中國不但能負起太平洋上的作戰任務，而且成為聯合國中的列強之一。[7]同時美國亦考量到蘇聯企圖占領中國的東北與華北，如果中國統一的問題，在打敗日本之前還未得到解決，蘇聯將要利用中共在此一區域建立一個獨立或自治區域。因此蘇聯的因素也是美國希望中國統一的原因。[8]由此可知，美國當時基於國家安全利益和權力平衡的戰略理念，認為只有一個聯合而且強大的中國政府，不僅可以牽制日本在二次世界大戰中的軍事優勢，還可以阻止蘇聯在戰後的擴張，所以美國希望藉由調停來消弭國共雙方軍事爭端以及政治敵對的關係，因此成立一個聯合的政府對美國來說似乎是最好的解決方式。

　　一九四八年國共對抗愈發激烈，國民政府的情勢逆轉促使美國對華政策起了重大變化。是年十一月徐蚌會戰國民黨失利，長江下游已全部失去屏障，政府內外一片和談厭戰之聲，蔣介石委員長復於一九四九年一月二十一日被迫宣佈引退。美國政府眼見國民政府大勢已去，杜魯門乃於八月五日對國民政府發表「中國白皮書」，將中國之失落完全歸咎於國民政府的無能和政治的腐敗。十月二日國務卿艾奇遜（Dean Acheson）提出承認中共政權的三條件：(一)有效控制大陸；

7　邵宗海，《美國介入國共和談之角色》，前揭書，頁123。
8　同前註，頁124。

(二)承認國際義務；(三)統治須基於人民同意。[9]很明顯的，美國已有承認共產政權的心理準備。美國當時對台灣的前途是感到悲觀的，並且沒有協防台灣的意圖。一九四九年十二月，艾奇遜給美國駐外使團發了一份機密通報，提醒說國民黨可能即將完結，要求各使團不得張揚此事對美國外交政策的意義。[10]一九五○年元月五日，杜魯門對台灣地位問題發表談話說：「美國不會對台灣的中國部隊提供軍事援助或軍事顧問。就美國政府的觀點而言，台灣的資源足夠獲得他們防衛該島嶼所必須的項目。」[11]同日艾奇遜也對記者表示，美國對中國的基本政策是「任何人違背中國的完整，就是中國的敵人，同時也違反我們自己的利益。」[12]一月十二日，艾奇遜發表「美國的基本立場」，表示美國在太平洋的防線是從阿留申群島、日本、琉球而到菲律賓，但並沒有包括台灣在內。另外他又認為由於蘇聯目前正設法使外蒙古、東北及新疆脫離於中國控制之外，因此必將引起中國人民之憤怒，美國不應採取任何行動促使中共倒向蘇聯。[13]至此，杜魯門的對華政策至為明確，那就是在準備承認中國新政權的過程中，不干預國共的鬥爭，並任意讓中共實行解放台灣的行動。嗣後美國內部雖有提出「台灣中立化」的方案，亦即主張由美國派第七艦隊進駐台灣海峽，

---

[9] 許明雄，《美國對華外交政策》(台北：黎明文化事業公司，1983 年 5 月再版)，頁 74。

[10] 唐耐心(Nancy Bernkopf Tucker)著，新新聞編譯小組譯，《不確定的友情》(台北：新新聞文化事業公司，1995 年 3 月)，頁 71。

[11] 轉引自許明雄著，前揭書，頁 74。

[12] 同前註。

[13] U.S. Department of State Bulletin, January 23, 1950, Vol. 22, pp.111-118. Tang Tsou, *America's Failure in China 1941-1950* (Chicago : University of Chicago press, 1963), pp.534-536.

並勸退蔣介石退出台灣，交出權力，把台灣交由聯合國託管，不過艾奇遜並不為所動。

一九五〇年六月二十五日韓戰爆發，不僅改變了美國對華政策，也把冷戰引進亞洲，對國際體系和中美關係產生重大的影響。六月二十七日杜魯門正式宣布已命令第七艦隊阻止對台灣的任何攻擊，同時監督「台灣的中國政府停止對大陸的一切海空攻擊」，並提出所謂的「台灣地位未定論」，亦即「台灣未定地位的決定，必須等待太平洋安全恢復、對日和約的簽訂，或經由聯合國考慮」。揆諸杜魯門的舉動，一方面是在防止台灣海峽發生戰火，導致美國介入中國內戰；一方面是在尚未摸清蘇聯意圖之前，避免台灣陷入共產勢力範圍。[14]

美國在制定其對華政策時，是以整體的美國安全與利益為考量，並參酌全球大戰略的前提為構想而擬定。一九五〇年代以前是如此，及至一九五〇年代和一九七〇年代期間，美國對華政策更是多變。學者許明雄認為五〇和六〇年代，美國對華政策已開始出現「兩個中國」的意向。從以下幾點史實可以看出端倪：[15]

(一) 杜魯門總統曾拒絕蔣委員長派兵參與韓戰。

(二) 麥克阿瑟因主張進軍大陸而遭杜魯門解職。

(三) 中南半島戰事昇高，西方國家於一九五四年在日內瓦召開會議，美國與中共官方高級人員得以晤面，促使中共自一九四九年以來第一次參加國際性會議。

(四) 一九五四年十二月二日簽署的「中美協防條約」，依雙方共同了解，任何一方不可以單獨出兵進攻中國大陸。

14　陳毓鈞，《戰爭與和平——解析美國對華政策》，前揭書，頁 83。
15　許明雄，《美國對華外交政策》，前揭書，頁 77-81。

(五) 一九五五年台海第一次危機後，周恩來在印尼萬隆會議中，
表示願與美國再度談判，導致雙方於同年七月廿五日共同簽
署「聯合公報」，把爾後談判的層次昇高為大使館，並於該
公報中正式稱呼中共政權為「中華人民共和國」。

(六) 甘迺迪總統於一九六○年競選時，一再認為中華民國之外島
必須放棄，然後將中華民國台灣亦視為一存在的政治實體。
換言之，甘迺迪所主張的對華政策就是「兩個中國」。嗣因
中共糾纏於美國黑人的人權運動，對甘迺迪作人身攻擊而
作罷。

其實美國當時的有意實行「兩個中國」政策的意圖是明確的，也
是最符合美國的國家利益。一九五四年八月中旬，美國國務卿杜勒斯
（John F. Dulles）向艾森豪總統提出在聯大出現接納「兩個中國」的
可能性，讓「兩個中國」都成為聯合國一般會員國，而由印度取代中
國成為安理會常任理事國。杜勒斯認為，美國的對華政策，應當同美
國在德國及朝鮮所奉行的一樣。[16]正當美國試圖以「兩個中國」來解
決台灣問題時，中共軍隊同年九月三日砲轟金門、馬祖，復於一九五
五年一月對浙江省沿海島嶼包括一江山、大陳等島進行攻擊，造成了
第一次台海危機。危機期間艾森豪和杜勒斯都認為美國既要避免為了
沿海島嶼而和中共作戰，又要明確承擔台澎防衛義務，乃於同年一月
十九日定下三個方針：(一)鼓勵台北放棄大陳和金門以外的其它島
嶼；(二)美國提供海空支援以利於有秩序的撤退；(三)美國應表明在目
前情況下，金門被視為對於保衛台澎是重要的，另將台海危機交由聯

---

[16] 陳毓鈞，《戰爭與和平——解析美國對華政策》，前揭書，頁93-94。

合國安理會處理。[17]美國此種既要加入協防又要避免戰爭擴大的困窘
處境，正是有其戰略利益的考量。同時也可證明其貫徹「兩個中國」
政策的意圖。其一，在台灣的中華民國政府成為美國在亞洲圍堵共產
勢力擴張的防線上的一個重要關口，協防台灣有其必要。第二，為防
止台海危機愈演愈烈，華府與台北於一九五五年訂定「中美共同防禦
條約」，美國有義務協防台灣。第三、美國深怕被牽制在中國戰場，
如此蘇聯坐收漁利。第四、協防金馬沿岸島嶼既不符合美國國家利益
又會導致美國捲入中國內戰愈深，因此勸說台北主動放棄金馬外島為
最佳途徑。

　　一九五八年的第二次台海危機亦適可說明美國在該時期的「兩個
中國」意向。自一九五四年至一九五五年以來，國共之間不僅政治對
立，雙方亦偶有砲戰、空戰和海戰。及至一九五八年，中共為了配合
三面紅旗運動及中東危機，以五倍於平常的砲火再度發動台海危機，
企圖以攫奪大陳、一江山的方式，再度奪佔金馬。八月二十三日下午，
中共軍隊向金門密集砲轟，五天之內落彈十萬五千發，金門海域也發
生激烈海戰。八月二十九日，美國決定提供護航，但為了避免美國軍
艦在中國領海內與中共發生衝突，只航行到離金門三海里之處。台北
首先對美國提供有限護航感到失望與不滿，繼之對北京與華府的談判
感到憂心，最後再為了美國應否協防金馬爭論不已。況且美國早就認
為把大量部隊部署在金馬是相當愚蠢的，要求國府考慮金馬撤軍。[18]十
月初，中共意識到美國迫使國府放棄金馬，乃意欲藉此遂行其「兩個

[17]　同前註，頁 96-97。
[18]　陳毓鈞，《一個中國與台北—華府—北京》（台北：環宇出版社，1996 年 3 月），
　　　頁 156-160。

中國」的政策，毛澤東與周恩來等人乃認為把金馬留在國府手上正可作為台灣與大陸的鈕帶，並破解美國搞「兩個中國」的企圖。[19]嗣於華府折衝之下，台北放棄以武力進攻，北京則於十月二十五日宣布對金馬外島單打雙不打（砲彈）措施而使危機落幕。學者林正義認為一九五八年台海危機期間，美國這種軍援國府又怕擴大戰爭，協防金馬又盼我撤出部分兵力，對抗中共又和其進行談判的政策，乃是由於依道德，美國不希望以武力解決中國統一問題，所以必須介入；依現實，美國必須擺脫中華民國的牽扯，避免戰爭擴大，以減輕美國對華的責任。[20]可見美國的對華政策具有伸縮性，只要情況改變，美國的政策也將隨之改變。

　　華府「兩個中國」政策的意圖並未因第一次與第二次台海危機的發生而歇息。一九五五年四月十七日，艾森豪曾告訴杜勒斯說，他相信「從長遠來看，除非出現難以預料的情況，可能得接受兩個中國的概念」。[21]足見從美國的方面來看，「兩個中國」對美國是有利的，因為美國既要以台灣作為圍堵的重要防線，又考慮到長期孤立中共是極為不切實際的。但是美國的觀點卻同時遭到台北和北京的強烈反對。

　　自一九五八年至一九七八年的二十年期間，台海兩岸雖然關係緊張，中共對外島仍然維持單打雙不打的政策，但一般而言，台海的軍事情勢比不上政治上變遷之鉅。[22]此間美國卻權衡世界局勢的變化，在戰略利益的架構下改變了其對華政策。一九六九年中、蘇共爆發珍

---

[19]　周恩來，《周恩來外交文選》（北京：中央文獻出版社，1990 年），頁 253。

[20]　林正義，《一九五八年台海危機期間美國對華政策》（台北：台灣商務印書館，1985 年 6 月），頁 180。

[21]　陳毓鈞，《戰爭與和平──解析美國對華政策》，前揭書，頁 111。

[22]　林正義，《一九五八年台海危機期間美國對華政策》，前揭書，頁 182。

寶島邊界衝突，尼克森利用此次事件將兩超級強權間的兩極政治轉化為美、蘇、中（共）的三角戰略關係。一九七〇年代，在尼克森與季辛吉的「中共牌」政策之下，美國於一九七二年與中共簽訂「上海公報」，並於一九七九年正式與中共建交，該年年底，中美共同防禦條約正式失效，取而代之的是美國在國內法架構下所訂定之「台灣關係法」，彌補了斷交後帶給中華民國的衝擊。該法及美國與中共所簽署的三大文件：上海公報、建交公報及一九八二年的「八一七公報」，乃成為華府對兩岸關係的政策架構。美國意圖施行「兩個中國」的對華政策因國際局勢改變，基於權力平衡的戰略利益和國家利益的考量，終於徹底改變，並在「上海公報」中確立了「一個中國」的原則，迄今未變。然而在有關台灣安全問題方面，「一法三公報」僅一再表示台海問題應由中國人以和平方式解決，可是中共從未承諾不以武力解決台灣問題，台灣國家安全受到中共威脅的危險性仍在。一九九六年第三次台海危機又再度爆發，一九九九年李登輝總統的「特殊國與國關係」論亦引發中共文攻威脅和軍事演習，中共仍重申不放棄以武力犯台。在面對中共的外在威脅下，台灣安全的確保未能於「一法三公報」中有效明訂，但是美國仍持續在以國家利益和權力平衡為基礎的政策上，扮演著重要的角色。

第二節　美國在兩岸的平衡者角色

　　由於台灣的安全深受美國對華政策以及中共戰略的影響，因此兩岸三地，亦即美國、中共、台灣三者之間的互動關係對於台灣的安全具有決定性的影響。檢視過去至今之美國、中共及台灣三角互動的關係，吾人可以清楚地看出，兩岸三地之間的互動關係很巧妙地依循著

權力平衡的軌跡運行。台海互動影響中（共）美關係與台美關係進展，美台因素對中（共）美關係及兩岸交往發生作用，而中（共）與美國的互動關係更制約著兩岸互動與台美關係，亦即美、中（共）、台是一互為因果且交互影響的三角關係。[23]由於兩岸關係的發展對台灣安全的影響極大，而基於美中（共）互動制約著兩岸互動，所以美國與中共的戰略互動更是影響兩岸關係與台灣安全的極重要關鍵之所在。從諸多針對台北、北京、華府三者互動關係的研究論述中，我們可以清楚地瞭解到，中共對台政策改變的時機，總是當其在外交上，尤其是對美關係上有重大突破的時刻。[24]很顯然地，以中共和台灣及美國之間的三角關係而言，中共和美國的關係往往是決定台美關係及台灣與大陸關係的重要因素。台海兩岸互動的變化雖然也對台北和華府間的關係有所影響，然而就目前而言，後者對前者的制約遠遠較大。[25]

　　從宏觀的角度來看美國，眾所皆知，美國自第二次大戰後，即扮演著世界「權力平衡者」的角色，尤其是在美蘇中（共）戰略大三角中。二次大戰結束後，美蘇二大超級強國崛起，基於共產主義與資本主義意識型態的對抗，開啟了東西兩二大陣營冷戰的對峙。造成在一九七〇年代以前，美國與中共一直維持著相互對抗的態勢。而此時期台灣與美國保有同盟的關係，共同對抗共產勢力，尤其是中共在亞洲的威脅，因此，美國、中共和台灣的三角關係便維持著敵友關係涇渭分明的結構。直至一九六〇年代末期中蘇共關係急遽惡化，中共由於

---

[23] 羅致政，〈美國在台海兩岸互動所扮演的角色——結構平衡者〉，《美歐月刊》，第 10 卷第 1 期，1995 年 1 月，頁 40。

[24] 同前註。

[25] 羅致政，〈台灣安全多邊化戰略〉，前揭文，頁 7。

自身力量不足以制衡蘇聯，遂開始尋求奧援，而美國方面也有意聯合中共以制衡蘇聯，基於此種制衡共同敵人的戰略考量，美國與中共乃跨越意識型態的鴻溝，排除政治及經濟制度上的差異，於一九七九年建立外交關係。此戰略大三角關係的改變也直接地影響到美國、中共、台灣之三角關係。

再從東亞局勢而言，美國在該區域也是權力平衡角色的扮演者。一般而言，美國在制定戰略時，通常會考慮四個因素：[26]

(一) 維持美國經濟實力於不墜。

(二) 繼續維持地緣政治上的權力平衡。

(三) 保持國際經濟開放性及全球比較利益。

(四) 開發一多邊機制或組織，組織各國集體行動以應付跨國間之各種問題。

基本上，美國的上述考量無非是要想維護其在亞洲的利益甚至於整體國家利益。而美國要想維持在亞洲的利益，既要和中共及日本兩國保持權力平衡，同時又要在中共和台灣二者之間保持權力平衡。因為如果美國與日本的關係太密切，對中共的利益將構成威脅；同樣地，如果美國與中共的利益掛勾，對日本亦將產生傷害。所以對美國而言，中共與日本在東亞權力平衡上是重要的籌碼。[27]對台海兩岸而言，中共對台政策亦會牽動著亞太均勢，若中共增強對台的軍事壓力，勢必影響日本對均勢的看法而擴強軍力；如此互相激盪，造成區域性軍事競賽恐無法避免，[28]這對兩岸的局勢不僅會產生不良影響，

---

[26] Joseph S. Nye, Jr. "American Strategy After Bipolarity," *International Affairs*, Vol.66, No.3,(1990), p.519.

[27] 中央日報（台北），民國八十五年二月二十五日，第 2 版。

[28] 同前註。

對亞洲的整體區域平衡尤會嚴重破壞，大大的損害美國的國家利益，自然是美國所不願樂見的。因此，美國必須身負維持台海兩岸權力平衡，甚至於東亞權力平衡的角色。

揆諸美國的國家利益，一直強調地緣政治、戰略關係乃至於權力平衡。而美國在台海的國家利益有三個層面：[29]

(一) 經濟層面：台灣位於最繁忙的西太平洋海域，歐美、東亞地區國家的海運均以台灣海峽為要道，一旦戰事發生，美國在此區域的經濟利益勢必受損。

(二) 政治層面：美國唯恐中共勢力擴大，對其世界強權的地位造成威脅，故欲防制所謂「中國威脅論」的陰影擴大。

(三) 戰略層面：台灣的戰略位置在西太平洋上一直扮演著重要的角色。不僅是連結東北亞與東南亞的鎖鑰，成為美國西太平洋鏈島防線上的一員，且在此防線上亦能監視前蘇聯與中共的海空軍，另外台灣的地理位置可提供美國不可或缺的一個核子潛艇、軍艦以及戰機作為活動的基地。

為了維持本身的國家利益，強調區域權力平衡便成了美國所極力奉行的原則和目標。至於前述美國和中共之建交，造成台海關係在一九八〇年代發生本質的變化，主要是因為美國所扮演的「結構平衡者」角色發揮作用的結果。[30]而對於中（共）美台三角關係中影響最深遠的變化，莫過於一九七九年華府與北京的建交。

---

[29]　唐明輝，〈台灣安全策略之策訂─從美國在台海危機之角色探討〉，《共黨問題研究》，第 23 卷第 6 期，1997 年 6 月，頁 29。

[30]　羅致政，〈台灣安全多邊化戰略〉，前揭文，頁 9。

　　在一九七〇年代以前，台灣與美國保有深刻的同盟關係，而中共政權在其成立的前二十年，一直維持著與美國相互對抗的態勢。[31]早在第二次世界大戰期間，美國基於權力平衡的戰略考量，認為強大的中國不僅可以牽制日本在二次世界大戰中的軍事優勢，還可以阻止蘇聯在戰後的擴張，因此美國決定在軍事及經濟上與中國進行密切合作的關係。[32]從一九四一年至一九四九年之間，美國一直在提供援助，給中國一種牢不可破的觀念，那就是美國是中國唯一的朋友。當時蔣委員長也認為一個強大而且統一的中國政府，將支持美國在遠東的利益，而這樣的政府應該不包括中國共產黨人士在內，因為中共與蘇共關係密切，而美國也只承認國民政府為中國唯一的合法政府。[33]然而一九四九年，中華民國在中國內戰中的挫敗，使得美國原先所期望的，對於中華民國在戰後可以成為亞洲強國並且會是美國外交伙伴的戰略佈局全失敗。面對此一變局，美國總統杜魯門立刻開始亡羊補牢，考慮放棄中華民國，並且研擬即刻承認中共的可行性，以誘使中共不要和蘇聯維持太密切的關係。但是部分支持國民政府，反對共產主義的美國人卻醞釀著各種方案來防止台灣陷入中共之手。[34]然而對於美國的示好，中共並不領情，並於一九五〇年二月與蘇聯簽訂了「中蘇友好同盟條約」。

[31] Harry Harding, "Change and Continuity in Chinese Foreign Policy," *Problems of Communism* (March, 1983), p.2.

[32] 邵宗海，《美國介入國共和談之角色》（台北：五南圖書出版有限公司，1995年3月），頁353-354。

[33] 同前註，頁360-361。

[34] 吳新興，《整合理論與兩岸關係之研究》（台北：五南圖書出版有限公司，1995年8月），頁250-251。

　　一九五○年六月韓戰的爆發挽救了中華民國的命運。韓戰的發生，對台北、華府、北京之三角關係產生了以下的影響：[35]

(一) 美國的全球戰略構想受到改變。美國被迫必需和共黨集團在東西方兩條戰線對抗，使得美國在傳統上「歐洲第一、亞洲其次」的戰略概念受到挑戰。

(二) 美國進一步瞭解世界共黨運動並不是紙上談兵而已，而是真正在具體推動，韓戰使得當時的東、西方脆弱的關係益加惡化，並且為長達二十多年的東、西方冷戰揭開了序幕。

(三) 美國因而被迫重新評估中國政策。原本美國視為微不足道的台灣，在地緣戰略位置上突然間由於全球「圍堵共產世界」的戰略需要而變成一艘「永不沈沒的航空母艦」。台灣若是陷入中共手中，共產勢力將會席捲西太平洋，並進而威脅到美國的安全。

(四) 韓戰使得當時捉摸不定的美、中共關係轉趨惡化，並延遲兩國之和解長達二十一年之久。

　　其後，美國歷經艾森豪總統時期（一九五三年～一九六一年），在一九五四年十二月二日與台北簽訂「中美共同防禦條約」，而該條約的簽訂意謂著美國與中華民國的關係從一九四九年大陸淪陷後的不穩定期，進入到一個中長期的穩固發展階段。[36]而後到了甘迺迪總統時期（一九六一年～一九六三年），美國的對華政策均少有改變。

35　吳新興，前揭書，頁253-254。
36　Karl Loh Rankin, *China Assignment* (Seattle : University of Washington Press, 1964), p.172.

綜觀美國在五〇年代與六〇年代對華政策的主要內涵，乃在於如何打「台灣牌」以制衡中共。

及至詹森總統時期（一九六三年～一九六九年），美國的對華政策，已逐漸受國際政治局勢的變動所引發的權力平衡改變而趨於調整。當時東、西方冷戰的態勢雖依然持續，然而在亞洲方面卻發生了幾件大事，改變了二次大戰之後國際政治的權力平衡，此一新情勢的產生，使得美國不得不重新認真地評估其中國政策。這些重大事件包括了：[37]

(一) 一九六九年中蘇共關係惡化，並在烏蘇里江的珍寶島邊界上產生武裝衝突。

(二) 中共分別於一九六四年及一九六六年成功地試爆了原子彈及氫彈，大大提昇其國際地位以及其對西方世界的安全威脅。

(三) 中國大陸產生文化大革命，內部鬥爭陷入熾熱的境界，西方國家深恐中共將成為世界的亂源。

(四) 美國在六〇年代陷入越戰的泥淖甚深，已對美國的政治、經濟、社會產生嚴重的衝擊和不利的影響，迫使美國亟欲擺脫越戰的包袱。

由於中蘇共關係的交惡，提供了華府思考如何利用此機會來攫取最大的政治與戰略利益；而為了不使中共成為世界的亂源，美國也想藉此與中共合作來共同對抗蘇聯；美國為了擺脫越戰的包袱更想與中共配合，以助其目標早日達成；此外，中共龐大的人口也著令西方國家對於大陸的市場及商機垂涎欲滴。由於這些因素的交錯，導致美國

---

[37] 吳新興，前揭書，頁 258。

考慮打「中共牌」以制衡蘇聯，而此種打「中共牌」的政策，也就成
了七〇年代至八〇年代之中歷任美國總統全球外交戰略架構的主要
理念之一。[38]隨著美、中（共）、蘇的大戰略三角關係之改變，導致七
〇年代台灣的戰略地位漸為中共所取代，後來美國在尼克森時代，台
北的聯合國席位也於一九七一年被北京所取代，尤有進者，美國在一
九七九年卡特時期，正式和中共關係正常化，建立了外交關係。

　　綜觀上述美國的對華政策是隨時處於變動的階段，此一轉變的動
力則是來自於美國時常會權衡本身的國家利益和國際局勢的變化，而
進行機制上的調整。不可否認地，美國乃是唯一有力量影響兩岸關係
發展以及維護台灣安全的外部因素。對於兩岸的整合工程而言，美國
是一個平衡者的角色。雖然對於北京而言，華府正是扮演著一個破壞
兩岸整合的外部因素；然而對於台北而言，美國則是扮演平衡者與調
和者的角色，以確保在兩岸整合過程中，台灣不會被中共武力所兼
併。[39]一九七〇年代末期的美中（共）建交，對於台灣著實是一嚴重
的打擊，雙方建交之後，乃至於目前的後冷戰時期，美國在兩岸三地
的互動關係上，仍然扮演著極為重要的角色。美國在與中共戰略互動
的過程中，其角色的扮演，對於台灣的國家安全絕對是有相當程度的
影響。

---

[38] 有關美國打「中共牌」以制衡蘇的主要論點，詳參：(1) Robin Edmonds, *Soviet Foreign Policy* 1962~1973 (London : Oxford University Press, 1975), p.105-111; (2) Richard M. Nixon, *The Memories of Richard M. Nixon* (New York : A Filmways Company, 1978), pp.405-406; (3) Robert G. Sutter, *China-Watch Toward Sino-American Reconciliation* (Baltimore : Johns Hopkins University Press, 1978); (4) Marvin Kalb and Bernard Kalb, Kissinger (Boston : Little, Brown & Company, 1974), pp.218-219.

[39] 吳新興，前揭書，頁 282-283。

第三節　小結

現實主義者將國際政治視為權力政治，並依據國家利益與權力平衡（balance of power）來制定外交政策。[40]而理想主義者則是多從意識型態來看待國家關係，並以民主國家所強調的自由、民主、人權等價值觀視為外交政策的指導原則。至於美國的外交政策制定方針，根據季辛吉（Henry Kissinger）的說法，乃是一種在現實主義和理想主義間尋求平衡的過程。美國的這項做法，無非是要在此過程中獲取最大的國家利益，而揆諸美國的國家利益，則是一直強調地緣政治、戰略關係乃至於權力平衡。

長久以來美國對華政策的原則，在基於「利益」與「安全」的戰略考量之下，造成了變化多端的對華政策。有鑑於此，美國在處理兩岸之間的互動關係上，即很巧妙地依循著權力平衡的軌跡運行，並參酌全球大戰略的前提為構想而擬定。一九五○年代以前是如此，及至一九五○年代和一九七○年代期間，美國對華政策更是多變。

綜觀美國和中共在七○年代之前的互動關係，以及美國在台海兩岸所扮演的角色有以下幾點特徵：

(一) 以美、蘇、中（共）戰略大三角關係而言，五○年代至六○年代的大轉變，美國朝向拉攏中共完全是戰略與地緣政治的考慮，美國的目的是想藉中共去圍堵同是共產黨陣營的蘇聯，此乃傳統歐洲權力平衡的信念。因為戰略大三角關係的轉變，造成後來美國與中共建交，直接影響到美、中（共）、台的戰略三角，並對台灣的安全有不利的影響。

---

[40] See Martin Wight, *Power Politics* (New York : Holmes & Meier, Inc., 1978); Kenneth N. Waltz, *Theory of International Politics* (MA : Addison-Wesley, 1979).

(二) 美國於五〇、六〇年代意圖實施的「兩個中國」的對華政策，因國際局勢改變，美國基於權力平衡的戰略利益和國家利益的考量，終於徹底改變，並在「上海公報」中確立了「一個中國」的原則，迄今未變。美國的考量在於中、蘇共衝突日熾，美國乃利用此良機將美、蘇兩超級強權間的兩極政治轉化為美、蘇、中（共）的三角戰略關係，藉以求取其國家利益。在此戰略利益之下，自一九七〇年代，美國採取「聯中（共）制俄」的政策終於浮上檯面。在企圖打「中共牌」對抗蘇聯的政策考量之下，美國於一九七二年與中共簽訂「上海公報」，並於一九七九年正式與中共建交。

(三) 雖然美、中（共）、台是一互為因果且交互影響的三角關係，但是中（共）與美國的互動關係更制約著兩岸互動與台美關係，以中共和台灣及美國之間的三角關係而言，中共和美國的關係往往是決定台美關係及台灣與大陸關係的重要因素。台海兩岸互動的變化雖然也對台北和華府間的關係有所影響，然而美國與中共互動的影響顯然遠較其他方面為大。

(四) 美國亟欲在兩岸扮演著平衡者的角色，美國的考量是要維護其在亞洲的利益甚至於整體國家利益。而美國要想維持在亞洲的利益，既要和中共及日本兩國保持權力平衡，同時又要在中共和台灣二者之間保持權力平衡。因為對美國而言，中共與日本在東亞權力平衡上是重要的籌碼。美國對日本或中共任一方的關係如果太密切，均會造成權力的不平衡，對第三者而言會感受到威脅。另就台海的均勢而言，中共的對台政策亦會牽動著亞太均勢，若中共增強對台的軍事壓力，勢

必影響美、日本等國擴強軍力，而造成區域性軍事競賽，如此對兩岸的局勢不僅會產生不良影響，對亞洲的整體區域平衡尤會破壞，嚴重地損害美國的國家利益，此為美國所不願樂見。因此，就美國在東亞的角色而言，美國必須身負維持東亞權力平衡的角色，以及台海兩岸權力平衡的角色。

(五) 為了維持本身的國家利益，強調區域權力平衡便成了美國所極力奉行的原則和目標。而美國會不時權衡本身的國家利益和國際局勢的變化，而進行機制上的調整。不可否認地，美國乃是唯一有力量影響兩岸關係發展的外部因素。對於兩岸的整合工程而言，美國是一個平衡者的角色。美國在兩岸三地的互動關係上，仍然扮演著極為重要的角色。美國在與中共戰略互動的過程中，其角色的扮演，對於台灣的國家安全絕對是有相當程度的影響，此亦為本研究的重點，將繼續於以下章節中論述。

第三章　一九七○年代的美中戰略互動

第一節　美國對華政策的轉變

　　從五○年代到六○年代，美國的對華政策明顯地受到意識型態因素的影響，有人謂這多少帶有理想主義的色彩，因為美國常要求中國等共產主義國家，必須接受西方政治哲學的觀點及改變國內的政策，然後才願意和他們發展長期的合作關係。尼克森（Richard Nixon）和季辛吉改變了此一外交政策傳統，認為美國不應該用西方的價值標準去衡量所有國家的內政。而必須以現實利益作為發展雙方關係的基石。[1]

　　第二次世界大戰後，美國為遏止以蘇聯為首的共產主義擴張而採取圍堵政策，直到尼克森時代才做了明顯的改變。尼克森時代，美國政府認為傳統的圍堵政策導致外交上的停滯，因而採取以國家利益為準則來做為美國長期的外交政策。而推動這項工作的主力則是美國總統的年度外交政策報告。從一九七○年起連續四年的美國總統外交政策報告，便成為推動以國家利益為中心之外交政策的指導方針。[2]而這些政策報告是由季辛吉及其幕僚所草擬的。

　　美國與中共戰略互動在七○年代做了最大的改變，主要是基於權力均衡的戰略考量。尼克森總統時代，國家安全顧問季辛吉堪稱是外交政策上最主要的策士，他是權力平衡信徒的現實主義者。季辛吉屬於共和黨內洛克斐勒（Nelson Rockfeller）派的外交智囊，他對於蘇聯

---

[1]　陳毓鈞，《戰爭與和平──解析美國對華政策》，前揭書，頁 201。

[2]　Henry A. Kissinger, *Diplomacy* (New York, N. Y. Touchstone, 1994), p.711.

和歐洲一直很專注，但對中國卻不很熟悉，上任之後，尼克森立即要
他在中國歷史知識上下工夫，而尼克森給季辛吉的第一個備忘錄就是
要「探索重新與中國人接觸的可能性」。[3]從尼克森的「開啟中國之門」
起，一直到八〇年代末期東西方冷戰結束及一九九一年底蘇聯瓦解
前，中共一直就是在美國的全球戰略考量上的一個主要國家。[4]對美國
與中共的關係來說，一九六八年是一個轉捩點。那時蘇聯進攻捷克斯
拉夫，時值中共文化大革命，而美國在越戰面臨失利及國內的壓力，
雙方均有感於蘇聯在安全上立即的威脅。[5]然而最主要促成美蘇關係較
為妥協的國際事件，則是中共與蘇聯於一九六九年的珍寶島邊界衝
突。就尼克森政府的評估，這椿事件可能意味著自古巴飛彈危機以
來，對全球權力平衡起了最大威脅的事件。[6]根據季辛吉所言，尼克森
利用此次中蘇衝突事件，將兩超級強權的兩極政治轉化成美蘇中（共）
的三角戰略關係。其觀點在於蘇聯與中共對於彼此的恐懼更甚於他們
對美國的恐懼。這給予美國前所未有的機會來改變其對中（共）蘇的
外交政策。而季辛吉更認為尼克森利用此一良機來支持中共的轉變，
標示著美國已回到「現實政治」（Realpolitik）的世界裡。[7]

　　為了促其實現，尼克森在每年對國會的外交政策報告中均強調改
善對中共關係的重要性。尤其一九七一年二月的報告中，更重申與中

[3] Henry Kissinger, *White House Years* (Boston : Little, Brown and Co., 1979), p.169.

[4] 陳文賢，〈美國與中共戰略互動下的台灣安全：一九七〇年代以來的觀察〉，前揭文，頁4。

[5] Harry Harding , A Fragile Relationship—The United States and China since 1972 (The Brookings Institution : Massachusetts avenue, N.W., Washington, D.C., 1992), p.24.

[6] Henry Kissinger, *Diplomacy*, p.722.

[7] Henry Kissinger, *Diplomacy*, pp.722-724.

共接觸的意願，並且對中共保證美國沒有敵意的態度。該報告指出：「我們準備和北京展開對話。雖然我們不能接受中國共產黨的意識型態以及其將在亞洲實施霸權統治的意圖，但是我們也不願意強迫中國（中共）在國際地位上喪失取得合法國家利益的權力。」[8]

　　事實上，美國的對華政策早在一九六○年代初期已開始醞釀著改變。那時美國介入一九五八年的台海危機之後致與中共發生高度緊張，在國內起了廣泛的討論。一九六六年的美國參議院外交委員會甚至通過了對中共「圍堵而不孤立」的政策。[9]為了回應這些意見，甘迺迪和詹森總統開始調整對華政策。[10]尼克森在一九六九年一月就職後決心終止涉入越戰以及改善對蘇聯的「低盪」（détente）氣氛，而與中共改善關係兼可達成以上的兩個目標。[11]他善於審時度勢，掌握時機，因而有所突破，在「一週內改變了世界」。一九七二年，尼克森首次訪問中國大陸，就引用毛澤東的詩詞：「多少事，從來急；天地轉，光陰迫；一萬年太久，只爭朝夕。」來形容他的破冰之旅。[12]從此美國與中共建交已是必然之事。當時尼克森和季辛吉都認為時機已到，基於以下的理由付諸行動：(一)為求早日結束越戰，美國必須和中共改善關係；(二)為了與蘇聯談判核武軍備管制問題，以及面臨蘇聯在全球範圍內的挑戰，中國可以作為美國的一張牌；(三)中蘇共

8　Second Annual Report, to the Congress on United States Foreign Policy, February 25, 1971, in Nixon Papers, 1971 vol., p.277.

9　*U.S. Policy with Respect to Mainland China*, Hearings before the Senate Committee on Foreign Relations, 89 Cong. 2 sess. (GPO, 1966), p.4.

10　Harry Harding, op.cit. p.34.

11　Ibid., p.36.

12　陳毓鈞，《一個中國與台北—華府—北京》，前揭書，頁119。

之間的分裂，正可提供美國絕佳的機會在兩共之間扮演權力平衡的角色。[13]

　　造成美國急欲和中共建立正式外交關係的理由之中，最主要的還是在於美、中（共）、蘇三角關係中的權力平衡戰略考量。對美國而言，蘇聯積極以快速的步伐發展核武，破壞均勢並讓美國有所警惕，如果美國相對於蘇聯，處於比較弱勢的地位，那麼無論美國採行何種策略，對蘇聯而言都比較沒有作用。為了讓美國能防止蘇聯在諸如南亞等地區滲透，美國必須維持在亞洲的均勢。

　　根據季辛吉於一九七二年八月四日，在華府與中共駐紐約聯合國代表團首席代表黃華以及中共駐巴黎大使黃鎮的會談，季辛吉指出，蘇聯對東方國家展開侵犯的最危險時期，在於一九七四年到一九七六年間。因為蘇聯到那時候，亦即俟完成與西方國家的和議以及歐洲安全會議，另在裁軍談判方面也會有更多的進展時，蘇聯已經建立一個基本上希望和平的動機與聲譽，而軍力建置也已經完成，另一項新的核子武器到一九七四年也會完成。在諸多條件之下，蘇聯將會建立對歐亞地區的霸權，並在政策上孤立中共，這對美國是不利的。[14]這顯示出美國與中共關係正常化在時間上的迫切性。季辛吉也表示，在所謂的危險期之前，美國必須和中共達成建交。其目的在於，一旦中共遭受攻擊時，美國可以聲稱這將影響到美國的利益。一般咸認為美國的利益在於商業利益，但是商業利益僅是第三優先而已。[15]很明顯的，

---

[13] Henry Kissinger, *White House Years* (New York : Little, Brown, & Co., 1979), pp.191-194

[14] William Burr, *The Kissinger Transcript* (New York : The New Press, 1999), pp.70-76.

[15] Ibid. p.73.

美國的首要利益考量，在於區域權力平衡的破壞將會影響到美國的國家安全利益，這也是美中（共）關係改變的基礎。

一九七二年二月廿二日，美國總統尼克森在北京人民大會堂與中共總理周恩來的會談中，尼克森提出了美國不能置身亞洲事外的理由。他表示美國在亞洲保持關係，不僅對美國有利，也對中國（中共）有利。如果美國退出日本海域，其他國家會從中漁翁得利。如果美國對日本置之不理，有兩種可能的情況會發生，而這兩種可能的結果都對中國不利。其一，一旦美國的安全保證移除了，日本基於極高生產力的經濟能力，巨大的天然動力，以及對戰爭失敗的記憶，將會開始架構自己的國防武力。其二，日本可能選擇靠近中國，但是也可能選擇靠近蘇聯。[16]尼克森上述談話的用意在於向中共闡明美國不能從亞洲撤軍的理由：(一)保留軍力對中國並無企圖，而是基於權力均衡的考量；(二)美國勢力若撤出亞洲，蘇聯將會趁機填補權力真空，而日本軍國主義可能復甦或是選擇靠向蘇聯，對中共而言都極為不利；(三)美國若與亞洲保持關係，將會運用日本以及其他和美國有國防合作關係，或是接受美國經濟援助國家的影響力，阻止他們制定對中共不利的政策。總括來說，美國對華政策的改變，企圖與中共建立正式外交關係，就狹義的角度來看，乃想藉「中共牌」制衡蘇聯，以確保其本身的國家安全。另就宏觀的角度而言，美國乃想維持與蘇聯在全球的兩極均勢，避免蘇聯勢力獨霸歐亞，進而威脅全球的和平與安定。

在美國急欲與中共關係正常化的政策之下，中共本身也有其考量，中共同意正常化的理由如下：[17]

---

[16]　傅建中編著，《季辛吉祕錄》（台北：時報文化出版公司，1999 年 6 月），頁 52。
[17]　李大維，《台灣關係法立法過程》（台北：洞察出版社，1988 年 7 月），頁 19-21。

一、鄧小平於一九七七年復出，政策更趨於務實。為實現「四個現代
　　化」的政策目標，美國的協助不可或缺。在開發國際市場方面，
　　中共產品未享有「最惠國待遇」為其難開展美國市場原因之一。
　　而與美國建立正式外交關係，自有助掃除雙方貿易上之障礙，並
　　易獲美國之高科技與資金協助。

二、蘇聯在亞洲勢力日益擴張，舉凡入侵阿富汗，與越南簽訂「友好
　　合作條約」等均讓中共感到威脅，且象徵蘇聯圍堵中共之意圖。
　　與美國建立外交關係，必使蘇聯在中、蘇衝突發生時，考慮美國
　　因素，而採取較謹慎之行動。

三、中共與越南關係惡化已至不免一戰之勢，懲越戰爭勢在必行，中
　　共必須儘早在懲越戰爭之前與美國關係正常化，否則卡特總統無
　　法解釋美中（共）建交之新關係「將增進亞洲之安定」。

四、中共當時政治鬥爭暗潮洶湧，鄧小平意圖藉與美國關係正常化之
　　事實，以協助贏得這場權力鬥爭。

　　在權力平衡以及戰略利益的考量下，美國與中共均樂見雙方關係
的進一步發展，在七〇年代已將關係正常化的動作搬上檯面，而「上
海公報」僅是開端而已。

第二節　戰略互動下的衝擊

　　正當美國與中共開始有了進一步的戰略關係，台灣的整體安全性
同時也經歷了一段危險動盪的時代。

一、一九七一年退出聯合國

　　一九四九年我政府播遷台灣，其在聯合國的席位，一直在風雨飄搖之中。尼克森總統就職之後，就覺得必須與中共接觸，曾利用種種機會，暗中發出願意商談的信號，俟美國在越南陷入泥淖後，更急於與中共恢復正常關係。一九七○年十月加拿大承認中共之後，美國就有「雙重代表權」的構想，[18]因為中共堅持非取消中華民國在聯合國的會籍不可，否則決不與聯合國發生任何關係，所以當時美國國家安全顧問季辛吉乃於一九七一年七月九日至十一日訪問北京。可能就已不但同意中共成為聯合國大會會員和安全理事會五個常任理事國之一，而且同意不幫助中華民國保留在大會的席位。十月十六日季辛吉於聯合國討論中國在聯合國代表權問題前夕，再度訪問北京，證明美國何等急切與中共恢復正常關係。當時美國在大會已不大能夠控制，為防止萬一大會投票情形，尤其是重要問題提案的表決結果，不如理想，導致中共變卦，故再度派他留駐北京，以便隨時就近說明，消除誤會，並會商補救辦法，這是季氏再度前往北京的真正理由。[19]無疑的，季辛吉恰於此時出現北京，正表示著美國的政策，已由反對中共加入聯合國，變為歡迎中共加入。[20]終於一九七一年十月二十五日中華民國被迫退出聯合國，這實在是當時的國際局勢使然。當時正值冷戰時代，又適逢越戰，美國陷入越戰泥淖中，不得不設法與中共打交

---

[18]　沈劍虹，*The U.S.& Free China : How the U.S. Sold It's Ally*, (Acropolis Book LTD., Washington D.C., 1983)，頁 57-60。

[19]　鍾嘉謀，《重返聯合國之路》（台北：黎明文化事業股份有限公司，1994 年 8 月），頁 148-149。

[20]　沈劍虹，前揭書，頁 78。

道，同時，美蘇爭霸，美國亦想打「中國牌」以牽制蘇聯。[21]因此，
美國不得不犧牲中華民國盟邦，將中華民國的席位讓給中共，其在聯
合國的席位及安全理事會常任理事國的席位均由中華人民共和國所
取代。

二、一九七二年「上海公報」

　　一九七二年二月廿一日至廿八日，尼克森赴中國大陸進行所謂
「改變了世界一周」的訪問，雙方並於二月廿七日簽署「上海公報」，
這份公報提供了未來十年中（共）美關係的指標。其內容大部分在說
明雙方意識型態的衝突、國際事件、越南以及台灣問題。雙方並同意
增進關係正常化，亦即意味著建立正式外交關係，對此尼克森也私下
表示希望在他總統的第二任任期內能達成目的。[22]

　　有關台灣問題，雙方在公報上做了重大的妥協。美國默示放棄自
一九五〇年以來堅持的台灣地位未定論，改以聲稱美國將不會挑戰
「中國只有一個，台灣是中國的一部分」之提議。美國也確定其最終
目標就是自台灣完全撤軍，而這項目標將俟中國人自行和平解決台灣
問題後實現。[23]

21　美國當時急於與中共恢復正常關係的目的，除了結束越戰之外，就是打「中
　　國牌」，以牽制蘇聯。季辛吉曾告訴前註美大使沈劍虹，他和尼克森的主要顧
　　慮，都是蘇聯。參閱沈劍虹，前揭書，頁 83。
22　Kissinger, *White House Years*, p.1073.
23　中共要求美國提出自台撤軍的保證，但是季辛吉堅持在公報中表示這僅可成
　　為一項有待追求的目標，而非去實現的承諾。另在上海公報中原本中共要美
　　國認知台灣是中國的「一省」，而非「一部分」，惟被美國所拒。參閱 *Kissinger,
　　White House Years*, pp.1077-1079.

　　針對台灣問題，尼克森在他和中共領導人私人會談中亦做了幾項提議：(一)美國將接受「任何和平解決（peaceful solution）台灣問題」的方式；(二)美國將不支持台灣獨立運動；(三)美國最後會認知（acknowledge）台灣是中國的一部分；(四)尼克森將促成中（共）美建交實現；(五)美國保證自台撤軍後，日本不會取代美國的地位。這些保證便是後來卡特政府所稱的「尼克森五要點」（Nixon's five points）。[24]

　　根據美國政府最新解密的美中關係正常化文件顯示，尼克森的對台政策五原則和不支持台獨的保證，見於他和中共總理周恩來在一九七二年二月廿二日舉行將近四小時的會談紀錄中。其全文如下：[25]

1、只有一個中國，台灣是中國的一部分。只要我控制我們的官僚體系，就不會再有類似「台灣地位尚未確定」的聲明。

2、我們不曾也不會支持任何台灣獨立運動。

3、在我們逐漸撤出台灣時，我們會竭盡所能的運用影響力，阻止日本進駐台灣。（以下有數句未解密，被「淨化」（Sanitized）刪除）

4、我們會支持任何能和平解決台灣問題的辦法。與此有關的一點是，我們不會支持台灣政府任何想藉軍事手段返回大陸的企圖。

5、我們尋求與人民共和國（原文為 People's Republic，意指中共）的關係正常化。我們知道台灣問題是完全正常化的障

[24]　Zbigniew Brzezinski, Power and Principle : Memoirs of the National Security Adviser 1977~1981 (Farrar, Straus, Giroux, 1983), p.198.

[25]　傅建中編著，前揭書，頁 43-45.

礙，但我們要在我先前所敘述的架構裡尋求正常化，我們會朝著這個目標努力，並試著實現此一目的。

根據周恩來透露，尼克森的對台政策五原則早在他訪問中國大陸之前，就訓令當時國家安全副顧問海格將軍，銜命前往北京遞送給周恩來。雖然美國的「一個中國」原則是在上海公報中確立，然而在尼克森的對台五原則就已提到。其中的「不支持台灣獨立」這一條，周恩來原要求尼克森用「不允許」（not allow）的字樣，但尼克森不同意，因為「不允許」超出美國的能力，後來周恩來建議用「不鼓勵」（discourage），尼克森表示同意，而且不鼓勵台獨的範圍不僅限於台灣本島，美國的台獨活動也在不鼓勵之列。這也是一九九八年柯林頓總統在上海宣布對台「三不政策」的原始根據。[26]

至於美國在「上海公報」中對「一個中國」的宣示：「美國認知在台灣海峽兩邊的所有中國人都認為中國只有一個，台灣是中國的一部分……。」其用詞為「認知」（acknowledge）而非「承認」，曾引起不同的看法，有人認為美國並沒有完全接受一個中國原則，然而不論看法如何，「上海公報」重大地改變了美國對華政策的內涵與方向，的確是不爭的事實。美國重回到一九五〇年的立場，那就是台灣是中國領土的一部分，雖然美國沒有明言中國就是指中華人民共和國，不過，此後美國官方不再提「兩個中國」，或是「台灣地位未定」，而是事實上承認在一個中國前提下，存在著兩個政府實體。[27]雖然尼克森在一九七二年三月六日接見國府駐美大使沈劍虹時強調，「上海公報」

---

[26]　同前註，頁 37-38。

[27]　陳毓鈞，《戰爭與和平──解析美國對華政策》（台北：環宇出版社，1997 年 1 月），頁 199。

只是一份雙方對各項問題陳述立場而無意獲致任何協議的共同聲明而已，它不是一項條約，不具任何法律約束力，並且重申美國對國府條約的承諾。[28]然而從後來的史實來看，中共與美國雙方在尋求改善關係時，言必稱依據「上海公報」的精神或原則，「上海公報」確是一份規範性和約束力甚高的文件。[29]

　　「上海公報」奠定美國與中共進一步建交的基礎，對台灣安全的影響方面，除了在「一個中國」的原則上作確認外，並堅持美國的最終目標（ultimate objective）是從台灣全面撤軍，但是目標的實現必須隨著這個地區緊張局勢的緩和逐漸減少美國在台灣的武裝力量和軍事設施。雖然公報中提及解放台灣是中國內部的事，沒有任何國家可以干涉，然而就公報內容而言，仍可看出美國堅持台灣問題應由兩岸中國人以和平的方式解決之，任何以武力的方式都不合乎美國的利益。況且美國在台灣問題上，基本上保持了模糊的態度，看似同意中共的主張，事實上是拒絕了中共的要求，從以下三點可看出端倪：[30]

　　(一) 中共說「台灣是中國的一省」，美國則稱認識到台灣海峽兩邊所有的中國人都認為「台灣是中國的一部分」，而不強調「省」，因此剔除了主權「從屬的暗示」。

　　(二) 季辛吉更明確指證：「關於台灣的未來，中文本比英文本更少具這種意思：美國接受中共的觀念——台灣是中華人民共和國的領土。中文本比英文本更強烈表示此種觀念：我們不

28　沈劍虹，《使美八年紀要——沈劍虹回憶錄》（台北：聯經出版公司，1986年），頁85-96。
29　陳毓鈞，《戰爭與和平——解析美國對華政策》，前揭書，頁200。
30　陳志奇，《美國對華政策三十年》（台北：中華日報社，1981年5月增訂再版），頁333。

希望捲入中國人對台灣地位的爭論；同時，中文本也強化了
我們關切台灣問題和平解決的意思。

(三) 中共立場要求美國自台撤軍，美國則要「隨著這個地區緊張
　　局勢的緩和逐漸減少……」，何謂「緊張局勢」？何謂「緩
　　和」？完全由美國作主觀的判斷，因而撤不撤或何時撤，全
　　由美國決定，這等於根本拒絕了中共的要求。

　　準此而言，美國在「上海公報」中有關台灣問題方面，表明美國
並沒有完全接受北京所提出的原則聲明，反映了美國的彈性立場以及
政策的靈活性。誠如尼克森自己所言，「上海公報」明確表達美國不
願再孤立中華人民共和國，也不會追求美國在亞太地區的霸權，同時
反對任何國家在亞太地區建立霸權。[31]

　　值得注意的是，依「上海公報」的正面解釋並未要求美國必須與
中華民國斷交、廢約並撤軍。一九九二年尼周的上海會談之初，季辛
吉認為尼克森往訪是為了廣泛討論全球問題，然而中共主張會談的議
程是在討論台灣問題以為雙方關係正常化鋪路。嗣後中共藉著上海公
報的簽訂，取得美國同意台灣問題是雙方關係發展的障礙，承認台灣
問題是中國的內部事務，以及願以「和平共處五原則」來處理未來雙
方關係。[32]尤有甚者，中共更根據美國在上海公報中對台灣問題的曖
昧立場，進一步提出以和中華民國斷交、廢除中美協防條約、撤出在
台美軍做為美國與中共建交的三個先決條件；直到卡特就任之初，中
共仍公開聲明此三個先決條件依然有效，而成為美國與中共關係正常

---

[31] Richard M. Nixon, *The Memoirs of Richard Nixon* (New York：Grosset and
　　Dunlap, 1978), p.577.

[32] 蔡政修，〈中共與日、美關係正常化之談判策略與戰術〉《問題與研究》，第38
　　卷第7期，1999年7月，頁70。

化的議程內容。[33]中共所提三條件被接受為議程的結果，對中美關係的發展極為不利，導致在往後達成的建交協議中，除了前述的建交三條件外，中共更因此得到了包括取得中國唯一合法政府的地位，以及美國停止對台軍售一年等重大讓步。[34]

三、一九七九年美「中」建交

美國在尼克森政府時期，與中共簽訂「上海公報」，認知「只有一個中國，台灣是中國的一部分」，並確立與中共關係正常化的目標。尼克森亦曾向中共表示，希望能在他的第二任總統任期內，完成與中共的關係正常化。[35]一九七七年一月，卡特政府上台後明確地把和中共建交作為他的一個戰略目標，美國希望與中共合作會有利於美國與蘇聯的全球競爭。[36]一九七八年五月，美國國家安全顧問布里辛斯基（Zbigniew Brzezinski）訪問北京時，告知中共領導人美國已決定儘快與中共建交的訊息。[37]布氏奉命傳達的不僅是加速與北京建交的指示而已，也表示接受中共所提建交的三條件，那就是「斷交、廢約、撤軍」。[38]然而卡特對於雙方建交問題也提出了幾點條件做為底線，那就

---

[33] Robert L. Downen, *The Taiwan Pawn in the China Game : Congress to the Rescue* (Washington, D.C. : The Center for Strategic and International Studies, Georgetown University, 1979), pp.13-14.

[34] 蔡政修，前揭文，頁 70。

[35] Michel Oksenberg，〈透視當年中美斷交過程及內幕（二）〉，中國時報（台北），民國七十七年十二月十三日，第 3 版。

[36] Zbigniew Brzezinski, *Power and Principle : Memoirs of the National Security Adviser 1977~1981* (New York : Farrar, Straus, Giroux, 1983), p.196

[37] Zbigniew Brzezinski, *Power and Principle : Memoirs of the National Security Adviser 1977~1981* (New York : Farrar, Straus, Giroux, 1983), chap. 6.

[38] Brzezinski, *Power and Principle*, pp.207-208.

是(一)美國將繼續提供台灣防禦武器；(二)對於台灣問題，美國將發表
單方聲明要求和平解決，中共對此不得提出異議；(三)美國將繼續與
台灣維持密切的非官方關係；(四)華府不會立即廢除雙方的防禦條
約，將在正式通知台北一年後廢除；(五)美國和台灣其他條約和協定
繼續有效。這些條件有一部分是布氏利用此次訪問北京時向中共傳
達的。[39]

　　布里辛斯基是卡特政府極力主張儘速和中共建交的人，他的北京
之行，適逢鄧小平復職後全力想制衡蘇聯在亞太地區勢力的擴張，尤
其是中越共關係惡化後，更有此迫切性。華府和北京經過近半年的秘
密談判，在中共對於美國將廢約改為一年後「自然終止」，以及對華
府聲明「美國繼續關心台灣問題須和平解決，並期望台灣問題將由中
國人自己和平地加以解決」之部分，同意不作直接的駁斥，只是正面
表示：「對於台灣回歸祖國，完成國家統一的方式，這完全是中國的
內政」之後，雙方迅速達成協議，終於在一九七八年十二月十六日發
表「建交公報」，美國聲明自一九七九年一月一日起正式承認中華人
民共和國係代表中國的唯一合法政府，美國撤銷對中華民國的外交承
認，而所謂的「台灣問題」則留待日後由兩岸中國人自己以和平方式
解決。[40]

　　中共與美國建交與其說是美國的主動，不如說是雙方都有所需求
的戰略性政策。卡特政府認為，那時阿富汗、葉門、衣索匹亞政局的
變化，以及中國與越南的交惡，也是促使中國想與美國增強關係的考

---

[39] Harry Harding, A Fragile Relationship—The United States and China since 1972 (The Brookings Institution : Massachusetts avenue, N.W., Washington, D.C., 1992), p.77.

[40] 陳毓鈞，《一個中國與台北—華府—北京》，前揭書，頁92-93。

慮。尤其在一九七八年十一月，蘇聯和越南簽訂友好合作條約，同年
十二月，蘇聯和阿富汗也訂立了友好合作條約，使中國面臨蘇聯的包
圍和威脅，所以想聯合美國以求自保。[41]同時自鄧小平復職後開始改
造中國大陸，楬櫫改革開放方針，而這種工程尤其需要一個和平的環
境，因此，中共一方面希望對美國有所回應，一方面由於內部建設的
需要，大幅度地改變對台灣的政策；此外，從一九七八年二月開始，
鄧小平已在進行現代化路線的試點工作。「十一屆三中全會」的決定
更加強要執行發展生產力的策略，自然需要依靠西方的經濟經驗和現
代化技術。因而加強致力於確保一個和平的國際環境來加強和先進的
西方國家建立友好關係，是符合中共的國家利益的。[42]這也是中共樂
於儘速和美國交往的相關動機。

　　從一九七一年中華民國退出聯合國起，至一九七八年美國與我斷
交並終止中美共同防禦條約前，這期間有關台灣的防衛仍相當程度可
以從中美共同防禦條約得到保障。而中共方面，則因北有強鄰蘇聯的
威脅，對台灣的行動也多少有所節制，台灣甚至不是中共在當時外交
上的主要關切議題，[43]其主要威脅所在乃北方鄰國蘇聯。當時布里辛
斯基在一九七八年五月二十日訪問北京時，曾詢問鄧小平對中（共）
美建交後台灣可能倒向蘇聯的看法如何，鄧氏回答只要美國仍與台灣
維持經濟關係，這件事便不可能發生。[44]一九七九年元月一日，中共

[41] Jimmy Carter, Keeping Faith : Memoirs of a President (New York : Bantam Books, 1982), pp.200-201.

[42] 陳毓鈞，《戰爭與和平——解析美國對華政策》，前揭書，頁 224。

[43] 陳文賢，〈美國與中共戰略互動下的台灣安全：一九七〇年以來的觀察〉，前揭文，頁 4。

[44] Zbigniew Brzezinski, Power and Principle : Memoirs of the National Security Adviser 1977~1981 (New York : Farrar, Straus, Giroux, 1983), p.220.

人大常委會委員長葉劍英發表「告台灣同胞書」，宣稱中共將考慮台灣的現實狀況，並尊重台灣現實地位及全體人民之意見，採取合理政策方式來解決問題，並呼籲台灣與大陸建立三通、四流。同年一月十二日，台北方面亦由行政院長孫運璿表示：「和平統一是全體中國人的願望」[45]，國民黨繼而在三月二十九日召開的十二全會上，通過「貫徹以三民主義統一中國案」。足見台北方面已以政治心理取代了軍事心理，也影響了日後的大陸政策。而美國對於台灣問題的態度，從「上海公報」到「建交公報」都是堅持和平解決的原則。一九八〇年中美共同防禦條約已自然終止，北京於是關心美國是否繼續軍售台灣的問題，認為美國應依「建交公報」停止軍售台灣。然而美國方面也遲遲未予正面回應，直至後冷戰時期，美國對台軍售問題仍然是美國與中共關係發展的罣礙，顯然美國在這方面仍不願犧牲台灣太多的利益。

　　一九七〇年代末，卡特政府嘗試與中共發展進一步的安全關係以制衡蘇聯在國際上的勢力，此乃雙方達成建交的催化劑，而且這也與中共當時的戰略不謀而合，加速了結果的完成。鄧小平面對蘇聯的壓力，積極地執行以反蘇聯為主的國際反霸統一戰線。其重要的具體成就即是一九七八年的「中日和平友好條約」以及美中（共）宣佈建交。美中建交後，鄧小平於一九七九年訪問美國期間，利用許多機會宣傳其反霸觀點。例如在接受美國廣播媒體訪問時，強調要對付蘇聯霸權主義，美、中（共）、日、歐洲應聯合起來，認真地對付蘇聯發動戰爭的危機挑戰。[46]此外教訓越南也是反霸的一個主軸，因為莫斯科和河內已經成立軍事同盟，越南更在中越邊界製造問題，大肆驅逐華

---

[45]　中央日報，民國六十八年一月十三日，第 1 版。

[46]　直雲，《鄧小平外交生涯》（香港：鏡報文化公司，1994 年），頁 147。

僑,因此鄧在訪美時亦極力尋求卡特的支持與諒解。儘管卡特總統沒有正式表示美國立場,但是在鄧小平離開華府時,布里辛斯基特地前往送行,並向鄧轉達卡特支持中共懲越之舉,[47]一九七九年二月十七日,中共進軍越南,達到其反霸的目標。鄧小平反蘇反霸的主張,是比較符合布里辛斯基的觀點。當時國務卿范錫(Cyrus Vance)認為應對中蘇兩國維持「等距外交」(evenhanded),避免過於傾向北京,而危及美蘇發展穩定關係之長程利益。[48]但布里辛斯基卻認為,實施「等距外交」事實上對蘇聯有利,因為若以蘇聯和中共比較,蘇聯的軍事力量占上風,等距外交等於是幫助較強大的一方,這並不符合美國的戰略利益。而且中共對美國沒有立即之軍事威脅,故美國應對中共採取「均衡外交」(balanced)。[49]具體而言,布里辛斯基和范錫都肯定美國與中共建立邦交的必要性,但兩人對中共戰略角色的看法並不一致。范錫認為美國與中共關係正常化的進行不應過於急迫,以免損及台灣的安全,並應維持美國與中蘇共關係的平衡,避免危及美蘇的和解。而布里辛斯基則認為美國與中共的合作不應對蘇聯的顧忌過於敏感,美中(共)關係的增進不致危害美蘇限武談判的進行,甚至有助於使蘇聯明瞭自制與互惠的重要。布氏還主張儘快進行美中(共)關係正常化,至遲到一九七九年以前完成。布里辛斯基主張接受中共三條件,儘快完成建交;范錫則主張儘可能堅持立場,建交不必過於急

---

[47] Zbigniew Brzezinski, op. cit., pp.409-410.

[48] Cyrus Vance, *Hard Choices* (New York : Simon and Schuster, 1983), p.114.

[49] 有關卡特政府於一九七九年一月與中共建交後,美國如何發展和北京的戰略與安全關係,詳見 Zbigniew Brzezinski, op.cit., Chapter 11.

迫。中共乃利用美國官僚間的意見矛盾，選擇布里辛斯基做為進行正常化時的對話對象，達到了掣范錫之肘，取得有利協議的目的。[50]

　　儘管美國政府內部對於中共戰略角色的看法並不一致，但是對於與中共建立邦交的最終目的則是樂觀其成。七〇年代，美國與中共均有意聯合起來圍堵蘇聯的擴張與威脅，尤其在中共和美國建交之後，中共更是有恃無恐，美中（共）在戰略互動之下，雙方的國家利益幾可達成。

第三節　美中建交對台灣安全的影響

　　美國和中共於一九七九年一月一日起正式建立外交關係，一月十五日，美國國務卿范錫在中美理事會（USA/ROC Economic Council）發表演說，對於美中（共）建交後，美國保護在台灣的人民福祉之基本原則不變。他提出了以下幾點說明：[51]

一、美國將不會「廢止」共同防禦條約，而是我們已給予通知我們將根據條約中的條款，運用我們的權力「終止」與台灣的條約，該條款允許一方在通知一年後終止條約，所有其他的條約及協定將維持有效。

二、有關台灣問題應由中國人自己和平解決。從中華人民共和國過去一月的行動與聲明中很明顯地可以看出，正常化事實上已經增加了此種可能，即不管最終如何解決此一問題，它必須以和平的手段達成。

50　蔡政修，前揭文，頁80。
51　State Bulletin of Feb. 1979, pp.15-16.

三、在一九七九年十二月三十一日中美共同防禦條約終止之後，我們
　　仍將循以往的政策，出售經過審慎選擇的防衛性武器給台灣。雖
　　然中華人民共和國不贊成此舉，但是仍然在全面了解我們的意圖
　　之後進行關係正常化。

　　從范錫的談話中，有兩項要點關係著台灣的前途與安全，亦即台
灣的地位問題和美國對台灣安全的保障問題。首先有關台灣地位問
題，建交公報中，美國雖然表示「美利堅合眾國承認（recognize）中
華人民共和國為中國唯一合法的政府」，但後面又表示「美利堅合眾
國政府知悉（acknowledge）中國人的立場（the Chinese position）[52]，
僅有一個中國，台灣是中國的一部分。」由此顯示出兩點：第一、美
國婉拒了中共單方面對台灣主權的主張，因此，只要台灣海峽這邊，
也就是中華民國的人民同意，美國可以與台灣保持各種適當的關係，
包括文化、商務甚至武器交易等其他交易。第二、「中國人的立場」，
即「中國只有一個，台灣是中國的一部分」，美國沒有遵守的義務，
因為美國沒有「承認」，只是「知悉」而已。[53]因此，有關台灣之法律
地位問題，美國方面的態度和語義仍不明確，依照美國參議院外交委
員會幕僚葛萊倫（Mike Glennon）所撰寫的備忘錄，國務院持續認為
台灣之法律地位尚未解決。[54]

　　次就台灣安全方面而言，當國會考量中美未來關係時，台灣安全
始終為主要關切所在。問題在於，基本上國會與行政部門對於台灣之

---

[52]　或有譯為「中國立場」、「中華人民共和國立場」以及原文譯文之「中國立場」
　　等。然而以「上海公報」所指之「所有中國人的立場」原則來看，此處美國
　　的意思應譯為「中國人的立場」較佳。參見陳志奇，前揭書，頁418-419。
[53]　同前註。
[54]　李大維，前揭書，頁80。

戰略地位有分歧的看法。例如參議員邱池（Frank Church）認為：「鑑
於卡特總統聲明共同防禦條約將於一九八〇年元月一日終止，吾人必
需顧慮台灣之安全。台灣最後命運自非吾人所能決定。然而以和平方
式解決此一問題，並妥慮台灣人民之意願，實關乎美國之重要利益。」
邱池並對於美中（共）關係正常化後美國在東亞之戰略利益表示關
切。國防部亞太副助理部長阿瑪科斯特（Michael Armacost）則稱，美
軍撤台並無損於美國在該區域之防禦態勢，而且美軍駐防及中美共同
防禦條約之簽訂，咸係圍堵共產擴張政策下之產物，然世界局勢至今
已然丕變，中蘇共分裂、越戰結束及美、中共接觸等，均促使此區域
緊張情勢趨緩，並使美軍無由繼續駐台。[55]國務院及國防部亦共同作
了如下的分析：「美國自台撤出軍員及設施，並不會顯著影響美國在
此區域之軍事態勢或戰略，更明白地說，此舉並不會直接影響美國對
抗可能威脅亞洲和平之能力，且吾人已採措施，消除任何因美國軍員
設施撤出後，對美國後勤補給能力所可能造成之負面作用。」[56]惟當
卡特總統於一九七九年一月二十六日提出維持台美關係的法案，即所
謂的「綜合法案」送達國會後，因未能有效提供美國官方對台灣安全
的政策聲明，而飽受參眾議員的抨擊。其時因國會所冀求者似不僅於
此，故白宮決定不如讓國會先行發動。[57]卡特政府並作出了這樣的判
斷：「如果由國會而不是由行政當局來處理與台灣的安全關係，中國
會比較原諒。」[58]

---

[55] 　同前註，頁 121-123。
[56] 　原文引自美國國防部副部長一九七九年二月二十一日致邱池參議員函。轉引
　　　自同前註，頁 123。
[57] 　同前註，頁 77。
[58] 　唐耐心，前揭書，頁 251。

　　基於美國內部對台灣的戰略地位和安全看法不一的情況,「台灣關係法」的制定,與其說是美國對台灣安全問題的真正考量,還不如說是基於當時國內與國際局勢的雙重考量。就國內局勢而言,美國行政部門乃基於安撫國會中的親台保守勢力,使其不致影響卡特總統繼續執政的前途;另在國際局勢方面,由於中共在與美國建交後,立即於一九七九年二月發動懲越戰爭,美國惟恐中共勢力擴張至整個東南亞或西太平洋地區,因此意欲藉由對台灣安全保障的承諾,伺機以武力介入台海,俾平衡中共在該地區的勢力擴張。若說美國對台灣本身安全問題的關心,早於一九七四年十一月廿六日,季辛吉和鄧小平在北京人民大會堂針對兩國「關係正常化的所有問題」進行會談時,季辛吉即指出美國為了達成與中共關係正常化,「我們(美國)並不需要台灣,這不是問題所在。」[59]足見美國在亟欲與中共建交的過程中,並不把台灣問題當成主要的考量。為了安撫國會及後來中共發動越戰時的權力平衡考量,美國在一連串的辯論、協調聲中,順利的解決行政和立法雙方的重大歧見,最後眾議院和參議院分別於一九七九年三月二十八日和二十九日的院會中,以絕大多數票通過「台灣關係法」(the Taiwan Relations Act),並由卡特於該年四月十日正式簽署,成為美國的國內法,作為規範未來台美關係的運作架構,並訂定有關「台灣安全」的條款以為依據。

　　「台灣關係法」中有關對台政策及安全的主要規定為:(一)維持及促進美國人民與台灣人民間廣泛、密切及友好的商務、文化及其他各種關係,並且維持及促進美國人民與中國大陸人民、及其他西太平洋地區人民間的等同關係;(二)西太平洋地區的和平與安定符合

---

[59]　William Burr, op. cit., p.297.

美國的政治、安全及經濟利益，而且是國際關切的事務；（三）美國
決定和中華人民共和國建立外交關係之舉，乃基於台灣的前途將以和
平方式來決定之期望下達成；（四）任何企圖以非和平方式來決定台
灣前途之舉，包括使用經濟抵制及禁運手段在內，將被視為對西太平
洋地區和平及安定的威脅，而為美國所嚴重關切；（五）提供防禦性
武器給台灣人民；（六）維持美國的能力，以抵抗任何訴諸武力，或
使用其它方式的高壓手段，而危及台灣人民安全及社會經濟制度的行
動。從以上之內容顯示，「台灣關係法」雖然是美國的國內法，但該
法不啻為美國國會與總統相互妥協的產物，反應國會對我國安全之關
切，也成為中美斷交後非官方關係的法律架構。[60]從上述的內容來看，
亦確實反映了美國國會關注台灣的焦點在於台灣的安全問題。在北京
看來，該法的通過表明美國保守反共力量不願徹底從台灣問題脫身，
乃利用立法部門對行政部門的制衡作用，為美國繼續介入台灣問題，
推行「雙軌政策」提供了法律基礎，所以美國的對華政策是從介入到
有條件的不介入。[61]「台灣關係法」無疑落實了美國行政部門之新中
國政策，同時亦彌補了行政部門與中共簽訂正常化協定時之缺失。

　　另在中共的反應方面，當卡特政府與中共關係正常化的談判過程
中，中共始終不願放棄以武力解決「台灣問題」的立場。但是中共與
美國的建交不但使中共減少了來自蘇聯的軍事威脅，也為中共帶來外
交與經濟方面的利益，包括：解除了自身在國際上孤立處境，打開了
與發達國家進行經濟、貿易與科技交流的管道，也獲得這些國家多方

60　周煦，〈台灣關係法的回顧與檢討〉，《理論與政策》，第 12 卷第 4 期，1998 年，
　　頁 24。
61　陳毓鈞，《戰爭與和平——解析美國對華政策》，前揭書，頁 238。

面的援助，並在國際上孤立中華民國。另一方面，對中共而言，需要一個穩定的外在環境，包括台灣海峽某種程度的穩定狀態，以吸引外來的資金和技術。中共認為此時必須在台灣問題上採取較低的姿態，以取信美國並獲取美國的其他讓步和協助。因此，中共便開始對台灣採取一連串全面性的和平統戰，並呼籲國民黨和共產黨展開對等談判以統一中國。[62]一九七九年一月一日，中共以「全國人大常委會」的名義發表「告台灣同胞書方除了強調「實現中國統一，是人心所向」外，並表示「反對台灣獨立」。[63]文告中同時提出「三通」（通郵、通商、通航）及「四流」（學術交流、文化交流、科技交流、體育交流）的主張。而為了配合和平統一的攻勢，中共停止對大金門、小金門、大膽、二膽等島嶼的砲擊，使台海的緊張情勢暫時獲得紓解。而中共也想藉此一姿態，製造海峽兩岸和平接觸的環境。

事實上，根據過去的經驗顯示，每當中共在外交上有突破性發展時，必然會向台灣提出和談建議。過去，中共與美國開始領事級談判、中共進入聯合國、中共與美國發表上海公報，中共都曾利用新情勢向台灣建議和談，因此在與美國建交後，北京當局便立即向台灣提出三通四流的和談建議。對中共而言，與美國關係的改善以及台海局勢的穩定，將可杜絕美國軍售台灣的藉口，並且可以運用美國對台灣施壓，迫使台北接受中共的統一模式。[64]

中共和美國建交之後，一九七九年一月一日，中共宣佈停止對金馬離島單打雙不打的砲擊行動，倘依此預言台海不再有武力衝突事件

---

[62] 陳威任，《美國與台海兩岸關係之研究（一九七七～一九九四）》，中國文化大學美國研究所碩士論文，1995 年 6 月，頁 52-53。

[63] 人民日報（北京），1979 年 1 月 1 日，第 1 版。

[64] 陳威任，前揭論文，頁 54。

發生尚屬言之過早。因為中共從未宣稱放棄以武力解決台灣問題。美國自一九五〇年代開始,透過日內瓦、華沙大使級談判與建交談判,要求中共放棄以武力解決台灣問題,但一再被中共拒絕。一九七九年開始,中共以「統一」代替「解放」,但仍不願宣佈在台灣問題上放棄使用武力。[65]中共認為若承認不以武力解決統一問題,台灣當局就會高枕無憂,而更加拒絕中共的統一談判。此外,中共認為在美國壓力之下,若宣佈放棄使用武力,中共對台灣的主權就會受到侵犯。所以中共辯稱此一立場是針對外國,不是完全針對台灣。[66]為此,鄧小平曾經公開表明,不放棄使用武力是原則問題,也是實際需要,他說:「卡特總統表示希望台灣問題能和平加以解決。……我們則明白指出解決這一問題是中國內政。我們不能承諾一定使用非武力的方法來達成統一。我們不能在此一問題上自己綁自己的手。」[67]

雖然當時中共提倡三大任務:四個現代化(農業、工業、國防及科技)、反霸、統一,且在七〇年代末,中共為了反霸決定教訓越南並發動懲越戰爭,然而對於統一問題,中共以武力攻擊台灣並強迫統一的可能性不大。[68]但是這不表示台灣可以高枕無憂。根據鄧小平在一九七九年四月,對美國參議院外交委員會主席邱池率領的五名參議員訪問團表示:中共在兩種情況之下,會考慮以武力對付台灣。一、台灣當局繼續拒絕和中共談判;二、蘇聯介入台灣事務。[69]此外,中

---

[65]   林正義,《台灣安全三角習題─中共與美國的影響》(台北:桂冠圖書公司,1989 年 11 月),頁 68。

[66]   同前註。

[67]   Beijing Review, No. 2 (January 12, 1979), p.17.

[68]   林正義,《台灣安全三角習題──中共與美國的影響》,前揭書,頁 58。

[69]   *New York Times*, April 20, 1979, p.A9.

共國務院台灣小組負責人之一的羅青長曾於一九八〇年四月，在香港〈明報〉詳加說明關於中共以武力對付台灣的幾種情況，其中以下幾點是鄧小平所未提及的：第一、台灣內亂又拒絕與中共談判。第二、沒有美國與蘇聯干預，特別是美國不再與台灣防衛發生關係。第三，中共軍隊有否能力渡海攻擊台灣，有否能力對台灣海峽實施有效封鎖。第四、台灣是否有獨立建國行動，想完全切斷與大陸的聯繫。至於台灣發展核子武器是否構成中共以武力對付台灣的先決條件，鄧小平及羅青長都沒有提到。[70]中共解決台灣問題最感到憂心的是美國的介入，倘若中共以武力犯台，首先考慮到的外在因素就是美國的因素。尤其美中（共）建交後，中共對於美國以國內法的形式訂定「台灣關係法」，作為保障美國在台灣利益的依據，中共對美國此舉大表不滿乃意料中之事。然而邱池在一九七九年四月率團訪問中國大陸的行程中，鄧小平曾向該團表達對美國國會制訂「台灣關係法」的不滿，但鄧小平並沒有威脅要使中美關係倒退。鄧的態度顯示：（一）北京的抗蘇懲越需要美國的支持；（二）北京當局對於卡特的自由裁量權似乎深具信心；（三）新關係的破壞將不利於剛剛才鞏固權力基礎的鄧小平領導。[71]顯然中共當時權衡大局，在必須討好美國而且犯台的能力有限的情況下，對於美國的對台政策，還是先得止於口頭上的抗議罷了。再者，中共當時考慮到台灣問題的複雜性，非一朝一夕可以解決，且在有美國不支持台獨的保證下，甚至可以等上一百年，[72]因

---

[70]　林正義，《台灣安全三角習題——中共與美國的影響》，前揭書，頁59-60。

[71]　陳毓鈞，《戰爭與和平——解析美國對華政策》，前揭書，頁238。

[72]　一九七三年十一月美國國務卿季辛吉訪問北京時，與毛澤東進行對話，毛宣稱台灣問題很複雜不易解決，中共可以等，甚至等上一百年。一九七二年二月廿二日尼與周會談時，楬櫫對台政策五原則，其中一條即是不支持台灣獨

此不想在此節骨眼上破壞與美國的既定正常化關係，恐也是主要的原因。

有關中共處理台灣問題的能力，自一九七九年以來，由鄧小平的談話記錄顯示，中共對台用兵其中一個不可忽視的條件，是中共攻台的軍事能力已否具備。一九七九年四月，鄧小平對美國參議員訪問團表示，在五年之內，美國不用擔心中共會攻打台灣，因為中共根本沒有此種軍事能力。雖然中共無渡海攻台的軍事能力，卻可用各種不同層次的手段對台灣施加壓力，包括：一、阻擾外國銷售武器給台灣；二、拒絕放棄以武力解決台灣問題；三、在台灣附近領域進行軍事演習；四、對中華民國國軍戍守離島施以攻擊；五、封鎖台灣海峽。此外，中共除了運用政治、經濟及軍事高壓手段，也將以和平談判對台北誘降，靈活運用拉、打的兩手策略。[73]

為了確保台灣的整體安全，台灣關係法在安全方面承諾提供台灣防禦性武器，並對於台灣的安全表明高度的關切，使台灣方面可以減少安全上的顧慮。但是在對台軍售上，美國因為顧慮中共方面的不滿與反彈，因此，儘管在台灣關係法中明確規定提供台灣防禦性武器與服務，卡特政府仍採取低調處理方式。由於台灣關係法的許多規定皆是國會的主張，並非卡特政府所樂見，所以卡特政府未嚴格遵照該法的精神和文字，並且造成一些既成事實，即使與該法的文字和精神不符，國會亦無可奈何。卡特政府斷然宣佈廢止中美兩國於一九四六年簽訂的空運協定，違反了台灣關係法第四條第三款規定。另外，卡特

立。有此保證，毛似乎吃了定心丸，才有在台灣問題上可以等上一百年的回饋說法。參閱傅建中編著，前揭書，頁159-160。

[73] 林正義，《台灣安全三角習題——中共與美國的影響》，前揭書，頁64-82。

政府與中共建交的談判中，因應中共所提美國切斷與台灣的一切軍事
接觸之要求，同意於一九七九年對台軍售停止一年。由於中美協防條
約是依約宣告廢止後一年方始失效，因此卡特政府在該約仍然有效的
期間，停止對台軍售，並不符合該約的精神，更與台灣關係法的規定
相違。中美斷交後，卡特政府禁止中華民國中校以上軍官至美國接受
軍訓，亦明顯違反台灣關係法第三條 A 款之規定。凡此皆是卡特政府
不忠實執行該法，而使華府與台北關係冷淡的主要顯例。[74]面對種種
不穩定的因素，使台灣方面更相信必須擁有及加強自己的防衛能力，
不能僅依靠美國的支援。此種觀點亦促使台灣逐漸向美國以外的國家
尋求軍需購買的可能性，以降低對美國的依賴。

　　中共與美國建交後，使得台海兩岸之間長期的軍事對峙有了緩和
的開始。中共一改過去強硬的「解放台灣」之政策，代之以較軟性及
和平的訴求。就台灣而言，如果和中共政權處於高度緊張的敵對狀
態，長此以往對本身的各項建設發展並無助益。因之，雖然初期對於
中共的和平統戰攻勢，仍採取「不接觸、不妥協、不談判」的三不政
策，但已逐漸強調政治面向，尤其在參與國際活動方面更逐漸採取務
實的作為，以因應中（共）美建交後的國際新情勢，並求降低台海衝
突，同時改以政治競爭和經濟互動的方式，以因應中共的一連串和平
攻勢。這種互動關已為日後的兩岸關係奠立良好的基礎。

---

[74]　周煦，〈台灣關係法的回顧與檢討〉，前揭文，頁 17-19。

第四節　小結

一九七〇年代，中共與美國彼此都需要對方，其目的只有一個，就是對抗蘇聯。但是美國在拉攏中共的過程中，卻絲毫沒有考慮到理想主義及意識型態的顧忌，也沒有想藉由與中共的接觸和交往去改變中共的意圖，美國的理念只是純粹現實主義戰略的考量，[75]從中共與美國認真接觸到一九七二年「上海公報」的簽署也不過短短的不到三年的時間，中共與美國的關係就從尖銳對立、孤立的情形，進展到實質性的共禦大敵，顯然美國也是置國家利益於最大的考量。

在美國與中共戰略互動以共同對抗蘇聯的時期，美國終於在現實主義的驅力之下在一九七九年和中共建立外交關係。美國因需「聯中制俄」以致於對台灣的關係由正式邦交轉變為非官方的關係，而美國終止與中華民國所訂的「中美共同防禦條約」，更是對台灣的安全造成不利的影響。美國「聯中制俄」及中共「聯美制俄」使得美國與中共關係更趨好轉，但是該兩國好轉的關係卻沒有為台灣帶來相對提升的美台關係或增進台灣的安全。[76]

雖然中共與美國建交後，使得台海兩岸之間長期的軍事對峙有了緩和的開始。中共一改過去強硬的「解放台灣」之政策，代之以較軟性及和平的訴求，並主動宣布停止對金門、馬祖等外島的砲擊，但是其不放棄對台灣使用武力的隱憂仍然是存在的。此外，美國對台灣的未來及安全，仍不足以有一極為明確的保障。

---

[75] 張亞中，孫國祥，《美國的中國政策——圍堵、交往、戰略夥伴》（台北：生智文化事業有限公司，1999 年 2 月），頁 51。

[76] 陳文賢，〈美國與中共戰略互動下的台灣安全——一九七〇年代以來的觀察〉，前揭文，頁 12。

　　由於美國與中共關係的改變，也影響到其對台灣地位的認知。一九七二年的上海公報解決了自一九五○年代美國所主張的「台灣地位未定論」問題。在公報中，美國表示「認識到（acknowledge）在台灣海峽兩邊的所有中國人都認為只有一個中國，台灣是中國的一部分。」到了一九七九年的建交公報中，則已默許中共將"acknowledge"一詞原本的「認識到」譯文為「承認」，顯示美國在態度上的讓步。此外，不論是在「上海公報」或是在「建交公報」中，美國始終堅持「未來台灣的前途應由兩岸中國人以和平的方式解決」，因此，美國是否會介入兩岸問題的解決仍是未知數，而台灣的安全更不能完全依賴美國。

　　縱使美國與中共建交後，美國國會通過「台灣關係法」，將美國與台灣間的非官方關係以美國的國內法形式固定，使「台灣關係法」成為美國對台灣安全政策的法理基礎。然而「台灣關係法」的制定，一方面係為了安撫美國國內親台的保守勢力，另一方面乃基於一九七九年二月中共發動懲越戰爭，美國惟恐中共勢力擴張至整個東南亞或西太平洋地區，因此意欲藉由對台灣安全保障的承諾，伺機以武力介入台海，來平衡中共在該地區擴張的勢力。

　　依據台灣關係法第二條，美國將「非和平方式包括抵制和禁運來解決台灣前途的任何努力，看作是對西太平洋地區的和平與安全的威脅」，美國將繼續向台灣提供「防禦性武器」，以及「維持美國的能力，以抵抗任何訴諸武力、或使用其他方式高壓手段，而危及台灣人民安全及社會經濟制度的行動。」再就台灣關係法的意義而言，美國等於將台灣納入為被保護的政府，自我授予在如果北京用武力解決台灣問題時，有干涉的權利。尤其台灣關係法乃是美國行政部門與國會相互

妥協之下的產物，美國行政部門又擁有極大的解釋空間，而且可以否認台灣關係法的相關規定，例如一九八二年美國與中共達成了「八一七公報」，其中有關對台灣軍售的問題，很明顯的與台灣關係法的內容相抵觸（此部分將於下一章繼續作討論），因此，美國雖然訂定國內法來維護台灣的安全，但是美國是否介入台海兩岸衝突？其介入程度又如何？就台灣關係法的規定而言，美國仍具有一定的彈性空間。基本上，長久以來美國原則上不介入兩岸事務，主張中國人的事情應由中國人自己去解決，如此方符合美國的國家利益，因為同時與台海兩岸交往對美國最為有利，反之如果捲入兩岸爭端，美國亦將蒙受其害，此為美國所不樂見，不過在全球戰略利益以及權力平衡的考量之下，攸關美國的重大國家利益時，則又另當別論了。

　　另就台灣而言，如果和中共政權長期處於高度緊張的敵對狀態，對本身並無助益。所以已逐漸強調政治面向，尤其在參與國際活動方面更逐漸採取務實的作為，以因應中（共）美建交後的國際新情勢，並求降低台海衝突，同時改以政治競爭和經濟互動的方式以為因應。這種互動關係已為日後的兩岸關係奠立良好的基礎。

第四章　解構冷戰時期的美中戰略互動

第一節　戰略大三角關係的轉變

在五〇年代初期，中共全面倒向蘇聯，並依賴蘇聯的軍事保護傘以獲取國家的安全。此間中共與蘇聯之間結盟，並存有互助合作的條約關係，這是以美國為假想敵的同盟夥伴關係。從五〇年代末期開始，中共與蘇聯之關係產生變化，由「文鬥」發展到六〇年代的「武鬥」，從而使得美國、中共、蘇聯的三角關係產生了急遽的變化。美國在「聯中制蘇」的戰略考慮下，進行與中共的關係正常化。[1]

美國學者狄特摩（Lowell Dittmer）曾以「三角模型」來描述及分析美俄中（共）戰略三角關係的演變，他認為從一九四九年到一九五九年，是中蘇共同合作對抗美國的年代，屬於「結婚型」（Marriage）模式。從一九六〇年到一九六九年，美蘇進行有限和解，而北京既反美又反蘇，類似「單位否定型」（Unit Veto Triangle）模式，亦即三國維持著一種否定關係。從一九七〇年到一九七五年，美國同時與中蘇進行和解，但後者卻不斷交惡，屬於以美國為樞紐的「浪漫三角型」（Romantic Triangle）模式。從一九七六年到一九八一年，中美則密切合作，以共同反蘇為主，屬於另一種不同於五〇年代的「結婚型」模式。不過，此種促成中美兩國共同戰略反蘇的國際格局自一九八二

1　趙春山，〈面向廿一世紀的美、俄、中三角「戰略關係」〉，《實踐季刊》第 844 期，1998 年 8 月，頁 12。

年起逐漸轉變，這種轉變也可以說是解構冷戰時代的開始，國際秩序
已經走進後冷戰時期的醞釀期。[2]

　　自從一九八一年美國總統雷根上任後，雖然在美蘇國力對比有利
於蘇聯之下，可是華府仍決定基於美國與中共邦交的基礎上試圖與中
共發展全面性的關係以牽制蘇聯。但是並非所有的雷根幕僚都贊成此
項策略。例如國防部長溫伯格（Caspar Weinberger）即認為美國應該
獨立做軍事準備以對抗蘇聯，而不能依賴與中共做任何策略上的合
作。然而國務卿海格（Alexander M. Haig）則以為，以中共當時居於
冷戰時期東西對抗和南北對抗的樞紐地位，使得中共對美國而言，有
可能是八○年代早期在世界上最重要的國家。[3]為了強化與中共的關
係，美國也不得不正視台灣問題所造成的影響。因為海格曾經說過：
「就戰略的急需而言，強化與中國（中共）關係及維持台灣的非官方
關係，我們看不出有什麼衝突。」[4]而且海格也在參院聽證會答覆葛倫
參議員時，談到美國對華關係的看法時說，「台灣關係法」與「上海
公報」，以及關係正常化的聯合公報，是能並存的，這等於間接地駁

2　陳毓鈞，《戰爭與和平──解析美國對華政策》，前揭書，頁 295-296。有關美
　　國學者狄特摩(Lowell Dittmer)以「三角模型」來描述及分析美中蘇戰略三角關
　　係的演變，他認為三國之間可區分四種模式；（一）「三邊家族式」(Menage a
　　Trois)：即三個國家間維持一種肯定、正面的關係；（二）「浪漫三角型」(Romantic
　　Triangle)：即其中一國同時與另外兩國維持友好關係，但後者卻存在著一種相
　　互否定的關係；（三）「結婚型」(Marriage)：即兩個國家間維持著友好關係，
　　而同時與第三國交惡；（四）「單位否定型」(Unit Veto Triangle)：即三國維持
　　著一種否定關係。參閱 Lowell Dittmer, "The Strategic Triangle : An Elementary
　　Game-Theoretical Analysis," *World Politics*, Vol.33, No.4 (July 1981), pp.485-515.

3　Alexander M. Haig, Jr., *Caveat : Realism, Reagan, and Foreign Policy* (Macmillan,
　　1984), p.194.

4　U.S. News & World Report, May 18, 1981, p.29.

斥了中共所謂「台灣關係法」違反了「聯合公報」的言論。[5]為了化解雙方之歧見，海格於一九八一年六月訪問北京，意圖與中共建立更密切的戰略關係，除了承諾考慮軍售中共外，又提到美國將對中共實施出口管制的解禁。海格表明他此次中國大陸之行的目的有四：（一）澄清氣氛，排除誤解；（二）傳達雷根總統的願望；（三）為美中（共）雙方關係注入新的動力；（四）特別商討環球戰略情勢之重大發展。[6]顯然海格此行的主要目的在於「聯中制俄」，並意圖化解中共在美國對台政策上的疑慮。然而令海格驚訝的是中共對美國的提議並不熱衷，不僅高層軍事交流一再拖延，甚至中共對美國所願意出售的武器也不表興趣。當時中共不表興趣的原因有三：（一）中共認為美國無非想以此做為因應默認美國將發展對台灣友好關係的條件；（二）美國當時在對台軍售案上和中共仍有齟齬，使得中共不願和美國更深入合作；（三）國際局勢的變遷讓中共在發展對美軍事關係上急流勇退。

　　根據中共分析家的觀察指出，一九七〇年代蘇聯積極從事全球性的軍事攻擊，陸地上深入非洲、中東、東南亞等地，海上則深入西太平洋以及印度洋。但是到了一九八〇年代，整個局勢已全然改觀。蘇聯在布里茲涅夫（Leonid Brezhnev）時代對阿富汗戰爭陷入僵局，以及支持越共對柬埔寨的戰爭等對國內日漸蕭條的經濟更加重負擔。蘇聯不僅在第三世界的擴張遭遇愈來愈嚴重的挫折，而且它的經濟停滯不前，也使得蘇聯無法再像七〇年代那樣以每年百分之四至百分之五的速度增加軍費開支。[7]尤其蘇聯處心積慮的擴大侵略活動，使得和亞

5　許明雄，前揭書，頁 125。
6　同前註。
7　鄭宇碩，〈中國的現代化外交政策〉《中國與亞洲》（香港：商務印書館，1990年），頁 4。

洲諸鄰近國家的關係已降到了最低點。由於美蘇之間的權力平衡原本較傾向蘇聯一方，此時已逐漸改變為對美國較有利，因此中共分析家甚至斷言，蘇聯的消褪加上美國的復甦，使得全球的戰略環境起了決定性和永久性的變化。蘇聯已不再是主導攻擊的一方，反倒是美蘇兩大超級強國未來一段長時間會再達成權力平衡，兩國的競爭也會趨於緩和。[8]

在此前題之下，中共認為蘇聯對中共的態度也會改變。這種看法是正確的。一九八一年初，蘇聯已表現出與北京改善關係的極大意願。首先是蘇聯外交部遠東司司長卡比查（Mikhail Kapitsa）於一至二月間二度秘訪北京。三月七日，蘇聯正式建議雙方討論在中蘇邊境採取建立信心的措施，例如事先通知雙方軍事演習及部隊調動的消息。[9]一九八二年初，中共和美國雙邊關係因對軍售問題有可能導致關係倒退的危機時，蘇聯更主動積極地向中共採取和解攻勢。一九八三年三月二十四日，布里茲涅夫在塔什干發表演說，向中共傳達和解之意，其要點如下：（一）不否定中國大陸內部社會主義體制的存在；（二）不支持「兩個中國」，承認中華人民共和國對台灣擁有主權；（三）蘇聯對中國大陸無領土野心，願意討論在中蘇邊界採取建立信心之措施；（四）不設立任何先決條件來改善雙方關係，但不能損害第三國。[10]但是中共考量到權力平衡已從蘇聯一方倒向美國一方時，便選

---

[8]　Harry Harding, *A Fragile Relationship*, op. cit., p.121.

[9]　Chi Shu, "China and the Soviet Union : Principled, Salutary and Tempered Management of Conflict, "in Samuel S. Kim ed., *China and the World* (Boulder, Colorad : Westview Press, 1984), p.137.

[10]　倪孝銓，〈中國因素對蘇聯制訂對美安全政策的影響〉，《美中蘇三角關係：七〇年代—八〇年代》（北京：人民日報社，1993 年），頁 98。

擇較為獨立的姿態，不向蘇聯一方傾倒。同時中共也不選擇倒向美國一方，為了是要平衡蘇聯的威脅。尤其中共在面對內部經濟優先的選擇以及形勢的變化，決定積極奉行「獨立自主」的外交政策。一九八二年九月一日，中共中央總書記胡耀邦在向中共十二屆全國代表大會所作的報告中，正式向世界宣告其「獨立自主外交政策」的路線。他說：「我們堅持執行獨立自主的對外政策，同我們履行世界和平，促進人類進步的崇高的國際義務是一致的。建國三十三年來，我們以實際行動向全世界表明，中國決不依附於任何大國或者國家集團，決不屈服於任何大國的壓力。」[11]鄧小平也在「十二大」會上公開宣示繼續堅持「獨立自主」的外交政策，鄧小平說：「獨立自主，自立更生，無論過去、現在和將來，都是我們的立足點，中國人民珍惜同其他國家和人民的友誼和合作後，更加珍惜自己經過長期奮鬥得來的獨立自主的權利，任何外國不要指望中國做他們的附庸，不要指望中國會吞下損害我國利益的苦果。」[12]

此外，中共總理趙紫陽又於一九八四年五月十五日在中共第六屆全國人民代表大會第二次會議上提出「政府工作報告」，其中「關於外交工作」的部分也指出「我們奉行的是獨立自主的外交政策」，「互相尊重主權和領土完整，互不侵犯、互不干涉內政、平等互利、和平共處五項原則早已載入我國憲法，它是我國處理同一切國家關係的基本準則。國家不分大小、強弱、和貧富都應當一律平等、互相尊重、和平共處、友好合作、各個國家的事情應由各國人民自由做主，別國

[11] 陳毓鈞，《戰爭與和平——解析美國對華政策》，前揭書，頁299。
[12] 宋筱元，《八九民運後中共對外政策之研究》，國立政治大學三民主義研究所博士論文，1994年6月，頁95。

無權干涉，這是我們堅持和平共處五項原則的主要依據。」[13]趙紫陽一面呼應鄧、胡的主張，一面加強宣示中共「獨立自主」外交政策的重要性。此外趙紫陽又於一九八六年三月在中共第六屆全國人民代表大會的第四次會議上，對中共新時代外交政策的主要內容和基本原則做了新的說明。他重申「中國絕不依附於任何一個超級大國，也絕不同任何一方結盟和搞戰略關係」[14]此一「獨立自主」的外交政策根據西方觀察家的認為，乃是北京想執行與美蘇之間的「等距外交」。而且此一政策可提供北京不少益處。首先，北京藉此擁有最寬裕的籌碼，可以和每個超級強權發展或改善關係，同時又可置身於他們之間的敵對關係之外；其次，可使北京和廣泛的國家建立新關係，而不需要積極支持任何特殊國家的政策或行動；再者，可使北京根據自身的經濟發展來挑選投資方案，以及促使那些希望從中國大陸獲取經濟與政治利益的國家對北京讓步。中共「十二大」後，中蘇共關係日漸和緩，這顯示北京打算在美蘇之間保持彈性的空間來爭取其所需要的切身利益，以及在三角關係中居於以北京為樞鈕的「浪漫型」模式之地位。[15]

面對美蘇中戰略三角關係的變化，以及美中（共）兩國政策的調整，美國蘭德（Rand Corporation）公司在一九八三年五月主持了三十五位政府官員和著名的外交事務學者參加的研討會，專門研討戰略三角關係的問題。會議上共同看法是，戰略大三角的性質已經起了重大變化，以往華府在三角關係中所處的樞紐地位已經被北京所取代。主

---

[13] 同前註，頁 89。
[14] 同前註，頁 106。
[15] 陳毓鈞，《戰爭與和平——解析美國對華政策》，前揭書，頁 300-301。

要的原因是中蘇關係已經好過美蘇關係。因此根據與會學者的建議，華府最明智的做法，是讓蘇聯明白中美關係的整體是穩定的，如果蘇聯擴大威脅，中美兩國有潛力共同對抗蘇聯；如果蘇聯不咄咄逼人，美國並不願意提高中美軍事合作的水準。[16]這種聲音反映了不少美國戰略專家主張美國應回到一九七二年尼克森和季辛吉強調的權力均衡路線。亦即美國應在中蘇共之間維持平衡地位，不應特別偏向任何一方。所以，在中蘇改善彼此關係的時刻，美國不應忽視與蘇聯改善關係的機會。一九八四年三月初，雷根和布希、舒茲、溫伯格以及國家安全顧問麥克法蘭（Robert McFarland）一齊研究與蘇聯改善關係的措施，然後寫了一封信給契爾年科，雷根表示美國絕無進攻蘇聯之意，也願意就雙方關切的問題舉行高層談判。[17]同年九月一日，契爾年科透過「真理報」表示願與雷根政府進行誠實而認真的談判。然後莫斯科接受華府的邀請，派葛羅米柯在參加聯大會議之後訪問華府與雷根會晤。同年九月二十八日，美蘇雙方方舉行高層會談。會後蘇聯外交部發表聲明表示：如果美國願意在改善雙方關係方面採取行動，蘇聯將對此表示感激。[18]至此，美蘇逐漸走向改善關係之路。

　　正當中蘇共迅速邁向和解之時，美國和蘇聯的緩和也同時在加速腳步。一九八七年，戈巴契夫一方面在國內加強民主化和公開化的政治改革，一方面在國際上突出宣揚外交新思維，靈活地推進美蘇和解政策。同年九月，雙方在中程導彈協議上達成共識，促成戈巴契夫在

---

[16] Norman D. Levin and Jonathan Pollack, Managing the Strategic Triangle ： Summary of a Workshop Discussion (Santa Monica ： Rand, 1984).

[17] Ronald Reagan, *An American Life* (N.Y. ： Simon and Schuster, 1990), pp.594-596.

[18] 資中筠編，《戰後美國外交史：從杜魯門到里根》（北京：世界知識出版社，1994 年），頁 887-888。

十二月七日訪問美國，這是一九七三年之後蘇聯最高領導人第一次訪問華府。進入到一九八九年，五〇年代冷戰時期所形成的中美蘇戰略三角關係，經過長時期的演變發展，首次出現「三邊家族模式」的關係，也就是說，三國之間皆維持著一種肯定、正面的關係。這種積極性的三角關係，對世界和平的建構是有利的，而且更顯示出冷戰時代已趨向解體的微兆。對美國的對華政策而言，由於美蘇力量的對比已經發生了有利於美國的變化，美國對處理與蘇聯的戰略關係已經降低了北京的重要性。雖然從某種意義上來說，北京在處理三角關係方面獲得很大的成功，但其在美國全球性的戰略考量方面，地位的重要性已下降。[19]

第二節　美中戰略互動本質的變化

　　美國自從與中共建交以後，雙方除了在政治、經濟方面不斷加強合作關係，在軍事方面也開始建立合作關係。雷根入主白宮後，美國對外關係的重心逐步以亞洲為重心。

　　對於進入八〇年代的中共與美國戰略關係，早在一九八〇年美國亞太事務助理國務卿郝爾布魯克（Richard Holbrook）向國會報告美國與中共關係，提出雙方軍事聯繫的準據，其原則如下：（一）美國視中共為區域性角色，替代了早先在三角架構下的全球性戰略角色。（二）美國視中共為一友邦（Friend Nation），而非盟國（Allied Nation），排除了雙方進行同盟式的軍事層次關係。（三）美國支持強大、和平與安全，但不考慮與中共進行軍事合作計劃。因此雷根入主

---

[19]　陳毓鈞，《戰爭與和平——解析美國對華政策》，前揭書，頁 320-321。

白宮後，基本上也是依據上述觀點來看待美國與中共之關係。[20]尤其自舒茲上任之後，並不再那麼重視北京的戰略價值份量。舒茲認為中華人民共和國是一個重要的區域性大國，但其在全球力量對比中的影響力並不如前任國務卿海格想像中的那麼重要。重視經濟因素的舒茲，也不願意為了和北京進行戰略合作而犧牲美國的其他利益，所以他主張美中（共）軍事合作要採取低姿態。對於保守派的雷根政府，舒茲的意見與其它高級官員的意見是比較接近的。因此，關於北京在華府安全政策中的作用問題，雷根政府內部已取得一致意見，即中華人民共和國在美國對外政策中的重要性已經下降了。[21]

有關雷根政府降低對中共的戰略觀，依據美國主管太平洋事務的助理國務卿伍伏維茲（Paul Wolfowitz）於一九八三年四月視察泰棉之間的戰場，並在新加坡訪問時，談及美國與中共的關係，他說：「美國對中共的看法已經有了改變，雷根總統現在主要是從區域性的觀點，而非從全球性的觀點來看中國。」、「這並不是說中國全球性角色已經不重要，據我的看法也許過去太過於重視中國的全綠性角色，而從區域性的觀點所作的考慮則不足。」[22]伍伏維茲這番話，充份說明雷根政府對北京的政策已與以往有所改變。

雷根總統在八〇年代初期改變了對中共的戰略看法，並降低與中共的戰略關係，其主要的原因如下：[23]

---

[20]　陳威任，《美國與台海兩岸關係之研究（一九七七～一九九四）》，前揭論文，頁 69。

[21]　羅伯特・羅斯，〈七〇和八〇年代的美國對華政策：戰略背景和決策過程〉，《美中蘇三角關係：七〇─八〇年代》（北京：人民日報社，1993 年），頁 314。

[22]　引自袁文靖，《雷根政府對華政策》（台北：國際現勢週刊社，1984 年），頁 249。

[23]　同前註，頁 256-257。

一、美國與中共全球性戰略，極少保持平行，雙方除了反對越南入侵
　　高棉及反對蘇聯入侵阿富汗的政策一致外，對其他全球性問題的
　　政策都是相對立的。例如：（一）一九八二年美國由中立轉為支
　　持英國在福克蘭島的戰爭，受中共指責；（二）美國反對蘇聯和
　　古巴在中南美洲輸出革命，支持中南美洲左派勢力反對政府，中
　　共則對中南美洲左派勢力表示同情，聲稱左派勢力是民族解放運
　　動；（三）一九八三年十月二十五日美國進軍格瑞那達島，中共
　　在安理會投票，指責美國侵略行為；（四）在中東美國支持以色
　　列反抗阿拉伯國家包圍攻擊，中共則指美國煽動以色列侵略阿拉
　　伯國家；（五）美國反對蘇聯及波共對波蘭工會的壓迫，中共站
　　在蘇聯及波共這一邊反對波蘭團結工聯之主張和平要求；（六）
　　中共支持北韓侵略南韓，並在一九八二年要求美國自南韓撤軍，
　　指美與南韓聯合軍事演習為準備戰爭和侵略的行為。

二、北京與蘇聯於六〇年代破裂的關係，已逐漸修好，蘇聯在遠東部
　　署 SS—二〇型飛彈，迫使中共與蘇聯修好。

三、中共在核子武力與傳統武力均不足以對抗蘇聯，美國若加強與中
　　共的戰略關係，可能引發中蘇共之衝突，而將美國牽涉其中。

四、日本新任首相中曾根康弘強調與美國的關係，並加緊整軍以對抗
　　蘇聯的威脅，美國決心扶持日本輕視中共。

　　此外，美國與中共雙方在台灣問題上的歧見，使得美國不得不改
變對中共的評估。在台灣問題方面，一九八〇年八月二十五日，雷根
在洛杉磯發表的一篇「遠東政策特別聲明」，對美國的遠東外交做了

具體的說明，並且對於台灣與中共的政策也有所說明，其聲明之主要
內容如下：[24]

(一) 美國與中共的關係對雙方利益均屬重要，係屬於全球性和戰
　　略性的。當尋求與中共改善關係時，美國將把友誼範圍擴大
　　至全體中國人，並將繼續擴大與中國大陸的貿易、科學與文
　　化關係。

(二) 美國保證與日本、中共、韓國、中華民國致力於西太平洋地
　　區的和平與經濟成長。

(三) 美國將與這個地區內所有國家進行合作與協商，共同努力以
　　堅決抵抗侵略或霸權之追求，因該地區的和平與穩定已受到
　　威脅。

(四) 美國將根據「台灣關係法」發展與中華民國的關係。

(五) 美國總統執行美國法律時，將不容許外國勢力的干預。

　　上述聲明中，雷根明確表示將依「台灣關係法」來發展與台灣的
關係。事實上，自雷根總統於一九八一年上任以來，雖然在其競選政
綱中曾抨擊卡特的亞太政策，但並無意大幅修改「聯中共制蘇聯」的
基本戰略構想。然而國務卿舒茲（George P. Shultz）認為，由於美國
過去一直太在乎以中共來抗衡蘇聯，因此對中共的利益及其所關切的
問題也就特別在意。舒茲認為，從一九七八年美國與中共建交以來的
兩國關係可說是幾乎完全由北京在主導。例如，中共認定何者為美國
與中共關係發展的「障礙」，而美國就會加以謹慎處理。而這些「障

---

[24]　譚溯澄，〈雷根當選總統與美國對外政策〉，《問題與研究》，第 20 卷第 2 期，
　　1980 年 12 月，頁 15。

礙」包括了台灣問題、科技轉移與貿易等。[25]就台灣問題而言，舒茲曾說過：「繼續與中華人民共和國發展關係是一椿重要的事，不過那並不意味著我會躊躇於支持我們與台灣既有之關係。」[26]因此，雖然舒茲基本上仍然走美國政府傳統的平衡路線，亦即「聯中制俄」的路線，但是他卻以中共在世界局勢中角色之演變為主要考量，據以策劃對台之政策。

有關「台灣問題」，雷根原本欲將此一問題與「亞太反蘇體系」之構想分開處理，以免徒增爭執與困擾，但中共堅決認為「台灣問題」是阻撓華府與北京發展「反蘇戰略體系」的最大障礙。[27]尤其美國仍對台灣感到興趣，這使得北京更為不悅。雖然美國與中共建交，但是美國在「台灣關係法」的基礎上仍與台灣維持相程度的關係。美國繼續對台軍售以及提升高科技，並維持商業及文化的交流。此外，美國雖然承諾要解決台灣問題，但拒絕站在中共一方為之背書，也拒絕壓迫台灣和中共和談。北京方面未能領悟美國政治體系的複雜性，特別是美國的三權分立以及中央和地方政府的權力運作，使得雙方關係為之倒退。許多美國方面的行動被中共認為嚴重影響到雙方的關係，實際上非出於聯邦政府的行政決策。例如一九八二年許多美國的州以及地方政府決定慶祝中華民國國慶，造成北京方面強烈的抗議。而美國國會不定期對台灣所做的議案或決策，使中共方面常常感到無法接

---

[25] George P. Shultz, Turmoil and Triumph : My Years as Secretary of State (New York, N.Y. : Macmillan Publishing Company, 1993), p.382. 轉引自陳文賢，〈美國與中共戰略互動下的台灣安全：一九七○年代以來的觀察〉，前揭文，頁 6-7。

[26] U.S. News & World Report, July 26, 1982, p.25

[27] 區鉅龍，〈布希亞太之行與當前的亞太反蘇戰略構想〉，《問題與研究》，第 21 卷第 9 期，1982 年 6 月，頁 17。

受。更糟的是，許多中共領導人懷疑這些事件係由白宮方面所主導，目的是要讓中共難堪。[28]由於這些問題的產生，中共於是開始質疑華府對北京友好關係的忠誠度。

美中（共）雙方的關係在彼此缺乏共識並且產生歧見之下，步入一段不信任期。一九八三年中，雙方關係不斷出現摩擦。是年，華府以堅定的態度悄悄地回絕了北京在「台灣問題」上的抗議。例如關於台灣在亞洲開發銀行中的會籍一事，華府就拒絕了北京所提出將台北取消會籍的要求，華府告訴北京說將台北從亞銀驅逐出去，會給美國繼續對該銀行出資造成嚴重的影響。結果北京作了讓步，接受台北使用一個不那麼具有挑釁中國主權的名稱而留在亞洲開發銀行。[29]此外，雷根政府時期，幾椿突發事件都造成美國與中共之間關係的倒退。例如「胡娜政治庇護事件」、「湖廣債券案事件」、「汎美恢復台北航線事件」等，都曾引起一連串的爭議與不快。季辛吉、布里辛斯基、奧森伯格等人在評述中美關係時，都認為這些原本屬於雙方制度、經濟、法律不同而引起的歧見，原本可容易解決，但卻引發嚴重爭執，主要係因雷根政府忽視了北京在全球戰略上的地位所致。他們表示美中（共）關係有如一座蓄水池，底下佈滿了雙方的歧見，如台灣問題、經貿問題等，上面則覆蓋著為加強雙方戰略關係所制訂的政策，一旦此覆蓋袪除，則雙方之矛盾就極易顯現出來。因此，自尼克森政府以降，美國重視中美雙方戰略合作關係的重要性所獲致之成果，終因雷根政府早期重視美國個別利益、意識型態對立以及互不信任而逐漸被

[28]　Harry Harding, *A Fragile Relationship*, op. cit., pp.132-133.
[29]　羅伯特・羅斯，前揭書，頁 317-318。

腐蝕。[30]綜觀一九八三年中，美國與中共之關係不斷出現摩擦，尤其華府又不顧北京抗議，繼續出售台灣所需的防禦性武器，雙方關係一直緊張，直到一九八四年一月，中共總理趙紫陽訪問美國及一九八四年四月雷根訪問中國大陸，雙方的關係才漸漸穩定下來。趙紫陽訪美期間一再發言強調中共將繼續不變地實行開放政策，宣稱「中國已敞開大門，絕不會再關上這扇大門。」[31]雷根自中國大陸訪問回美後，也觀察到中共在一九八〇年代中期，積極實施改革開放政策，因此雷根斷言，雖然中共領導人不作公開宣布，卻是朝著放棄馬克斯主義、採行自由市場、促進私人企業以及民主化的路程邁進。雷根認為中共正開始採用美國人的價值觀，如果官方對中共的共產主義大加撻伐，也只不過是陳腔濫調而已。[32]由於雷根的上述觀點，美國對中共的意識型態也就沒有那麼對立，這使得雷根政府後期對中共採行和解的政策。

　　八〇年代有關美國與中共戰略關係發展的障礙，中共最在意的應是美國對台的軍售問題。[33]由於軍售攸關中華民國的國家安全，中共常以之作為抨擊美國玩弄「兩個中國」的口實，使得美國對台灣的軍售一直是其和中共之間爭執不休的問題。中共在一九八〇年至八二年間，與美國談判有關對台軍售時態度強硬，甚至以之要脅美國做為降低雙方關係的籌碼，其主要原因如下：

---

[30]　陳毓鈞，《戰爭與和平──解析美國對華政策》，前揭書，頁305。

[31]　賓暉，《中華人民共和國對外關係概述》（上海：上海外語教育出版社，1989年），頁163。

[32]　Harry Harding, *A Fragile Relationship*, op. cit., p.171-172.

[33]　陳文賢，〈美國與中共戰略互動下的台灣安全：一九七〇年代以來的觀察〉，前揭文，頁9。

(一) 蘇聯對中共的威脅減輕，中共對美國之依賴度降低。一九八二年三月俄共總書記布里茲涅夫（Leonid Brezhnev）在塔什干發表演說，強調與中共改善關係的意願。[34]

(二) 中共對美國援助現代化的表現失望。[35]

(三) 中共內部反對親美改革派的勢力形成。中共內部部分高層人士深信，鄧小平對美採開放門戶政策，是被美國所愚弄，因此反對派在中共對內和對外政策上，要求採取強硬路線。[36]

(四) 雷根早期政策親台。一九八二年，鄧小平曾表示有必要與美國協商，在限制美國對台軍售問題上取得美國諒解。因為雷根一直在對台政策上玩弄詭計。一九八三年胡耀邦亦表示，一九八一年至一九八三年之間美國和中共關係的惡化，乃肇因於美國政府玩弄詭計的結果。[37]

(五) 海格重視中共，予以可乘之機。海格傾向中共的態度明顯，上任之後即積極推動排我友中共的行動，如拒售 FX 戰機給台灣、將中共的貿易地位改為「友好但非結盟國家」、放寬對中共科技轉移、以逐項審核方式出售防禦武器給中共等，均是海格力爭的結果。[38]

---

[34] 吳鵬翼，《鄧小平時期中共外交政策之研究》，國立政治大學東亞研究所博士論文，1986 年 12 月，頁 235。

[35] 陳威任，《美國與台海兩岸關係之研究（一九七七～一九九四）》，前揭論文，頁 71-72。

[36] 高立夫(Ralph N. Clough)，〈從歷史觀點看雷根政府的中國政策〉，中國時報（台北），民國七十年五月二十七日。

[37] Harry Harding, *A Fragile Relationship*, op. cit., p.133.

[38] 裘兆琳，〈美國對中共政策的府院之爭〉，《美國月刊》，第 1 卷第 5 期，1986 年 9 月，頁 68-69。

　　雷根任命海格為國務卿，主要是基於兩人對蘇聯的看法一致。海格是個極端反蘇者，但是對於中共的看法，兩人則有天壤之別。海格極力想討好中共，手段則是不斷減損台灣地位，甚至不惜犧牲台灣來做為討好中共的籌碼。海格認為「台灣，這個複雜的感情和政治包袱，會破壞替雷根政府制訂一項中國政策的努力，那項政策將打消中共對美國的實力與決心的懷疑，協助中共解決內部經濟問題，並創造出戰略共識的環境，可以有力量頓挫蘇俄在東亞與太平洋的野心，從而促進該地區以及全世界的穩定與安全」[39]因此，雷根上任之初，海格就反對台北的代表進入美國政府的辦公室或白宮內，這種舉動他認為將使北京與華府的關係受到嚴重而無法彌補的破壞。

　　儘管雷根政府認為中共在對抗蘇聯擴張主義上有其戰略利益，但是雷根總統本人並沒有任何背棄中華民國的意思。白宮幕僚也與雷根持相同的看法。首席幕僚米西就認為美國應依「台灣關係法」全力支持台灣；在台灣目前所面臨的政軍情勢下，繼續協助台灣維持進步與繁榮。如果中共履行其和平解決中國問題之諾言，台灣增加防禦資源之需要自然會降低，但在此一時刻來到之前，美國仍應全力支持台灣所需之防禦性資源。[40]國家安全事務助理克拉克也反對給予中共任何停止對台軍售的保證，他認為美國仍當遵守對台的承諾，繼續提供防禦性武器給台灣。[41]

---

[39]　〈雷根政府對華政策的內幕〉，中國時報，民國七十三年三月二十六～二十八日。轉引自姚俊明，《美中（共）「八一七公報」之研究》，中央警官學校警政研究所碩士論文，1988 年 6 月，頁 29。

[40]　中國時報（台北），民國七十一年十一月十三日。

[41]　中國時報（台北），民國七十一年七月十九日。

　　一九八一年，中共不斷抨擊雷根政府的對華政策，尤其是軍售部份。攻擊的焦點則是 FX 戰機對華銷售案，希望增加美國的壓力，迫使美國改變其對華軍售政策。但實際上，中共關切的是廣泛的政治問題，其目的在要求美國設定對華軍售的終止日期，甚至不惜以同意美國出售 FX 戰機給中華民國做為交換條件。[42]雷根面對美國對台軍售問題，除有北京強大壓力外，基於以下三點原因，不得不在對台軍售方面有所讓步：

(一) 雷根政府也受到內部爭議以及民主黨陣營的挑戰。由民主黨所控制的眾議院國際關係委員會之亞太小組委員會在舉行了一系列關於對台軍售的聽證會後致函雷根，表示向台灣出售 FX 及任何其他先進戰機將是一個錯誤。[43]因此雷根不得不採取較為妥協的政策。

(二) 海格勸服雷根同意加速與中共達成協議，因為美中（共）關係一旦動搖，民主黨勢將借題發揮，把它變為一九八四年大選期間的議題。拒絕在軍售上尋求折衷方案，可能引起的外交禍害，雷根須對共和黨負起嚴重的政治責任。海格表示，雷根終於被說服，積極推動談判。[44]

(三) 蘇聯領袖布里茲涅夫於一九八二年三月二十四日在塔什干（Tashkent）發表演說，表示承認北京對台灣主權的一貫主張，反對美國搞「兩個中國」政策，呼籲中蘇雙方恢復邊界

---

[42]　Janice M. Hinton, *The Sales of FX Aircraft to Taiwan*, Santa Monica, California：The Rand Corporation, 1982, p.26-28.

[43]　冬梅編，《中美關係資料選編》（北京：時事出版社，1982 年），頁 332。

[44]　〈雷根政府對華政策的內幕〉，中國時報（台北），民國七十三年三月廿六～廿八日。

談判，努力促成雙方關係的緩和。[45]蘇聯意圖向北京伸出和解之手，使得美國方面非常注意。因為雷根政府的全球戰略係以反蘇為首要目標，若中蘇共再度攜手合作，將使美、蘇、中共之間的權力平衡再受破壞。從全盤戰略考量，雷根以現實主義為基礎，認知還是必須在對台軍售問題上和北京有所妥協。

就中共而言，「十二全黨代表大會」即將召開之際，鄧小平必須就台灣問題有所交代，藉以鞏固其領導地位。再者海格於一九八二年六月二十七日辭職，多少意味著雷根政府在軍售上不再讓步。隨著海格辭職，美國保守勢力抬頭，中共深怕其與美國既有的談判基礎會遭破壞。

基於以上雙方的因素，美國和中共終於各自讓步，於一九八二年八月十七日在上海達成協議並發表關於台灣地位以及軍售問題的「八一七公報」。

第三節　「八一七公報」與台灣安全

美國與中共雙方於一九八二年八月十七日在上海簽訂「八一七聯合公報」（簡稱「八一七公報」）。其內容有九個主要部分：（一）美國承認中華人民共和國政府是中國的唯一合法政府，並認知中國的立場，即「中國只有一個，台灣是中國的一部分」；（二）表達中美雙方認識到對台軍售問題若不解決，將會嚴重妨礙中美關係的發展；（三）互相尊重主權和領土完整，互不干涉內政是指導中美關係的根本原

---

[45]　聯合報（台北），民國七十一年三月二十五日。

則；（四）中華人民共和國政府重申，台灣問題是中國的內政；（五）
美國政府非常重視它與中華人民共和國的關係，並重申它無意侵犯中
國的主權和領土完整，無意干涉中國的內政，也無意執行「兩個中國」
或「一中一台」的政策。美國政府理解並欣賞一九七九年的「告台灣
同胞書」和一九八一年的「九點和平方針」以爭取和平解決台灣問題
的決策；（六）美國將不尋求執行一項長期向台灣出售武器的政策，
而向台灣出售的武器在性能上和數量上將不超過中美建交後近幾年
供應的水準，美國準備逐步減少它對台灣的武器出售，並經過一段時
間尋求最後的解決；（七）兩國政府將盡一切的努力，採取措施，創
造條件，以利於徹底解決這個歷史遺留的問題；（八）中美關係的發
展不但符合兩國人民的利益，而且也有利於世界和平與穩定；（九）
兩國政府重申遵守「上海公報」和「建交公報」中雙方一致同意的各
項原則，並要發展和維護世界和平，反對侵略擴張。[46]

　　「八一七公報」中引發最大的爭議，厥為對「台灣主權」的爭議
和對台軍售問題，以及其與「台灣關係法」之間的牴觸問題。在對台
灣主權的問題方面，最為國會所關切，因為它與台灣關係法互相衝
突。「八一七公報」中第四段中共聲明「台灣問題是中國的內政事務」；
第五段美國表示「無意侵犯中國之主權與領土完整或干涉中國內政，
或採行『兩個中國』或『一中一台』的政策」，分權小組委員會的委
員認為，任何暗示中共擁有台灣主權的文字，都違反了台灣關係法。
例如，高華德參議員認為公報中此兩項聲明「暗含中共對台灣擁有主

---

[46] 《中美關係報告：一九八一～一九八三》（台北：中央研究院美國文化研究所，
　　1984 年 7 月），頁 181-185。

權之意思」。[47]亞太事務助理國務卿何志立（John H. Holdrige）就「八一七公報」向記者作簡報時，表示「美國對於台灣主權問題所持的立場，沒有任何改變」。但迦維（John W. Garver）認為「事實上美國在八一七公報中對台灣主權問題所做的讓步，遠比何志立所承認的還多」，因為：(一)美國同意逐漸減少對台軍售以使台灣問題獲致最終之解決；(二)美國表示了解和體諒中共和平解決台灣問題之政策；(三)在簽訂「八一七公報」後，美國與中共所爭論的已非台灣問題之結果，而是經由何種方法達成統一之問題。這三點均暗示美國接受中共對台灣之主張。[48]因此，雷根政府雖未修改「台灣關係法」，但「八一七公報」在精神上已與「台灣關係法」相違背，也削弱了美國對台灣主權的一貫立場。

次就中共方面的反應而言，儘管雷根政府一再保證「八一七公報」並不會改變「台灣關係法」的精神和內涵，但是北京仍然對以有條件的方式解決台灣問題感到不滿。所謂有條件的方式意指美國首度提到台灣問題的「和平解決」與美國對台軍售之間的關係。為此，中共官方的「人民日報」發表社論聲明：「台灣是中國的領土，用什麼方法解決台灣問題純粹是中國的內政。美國無權要求就解決台灣問題的方式向它承諾任何義務，更不能把中國人以和平方式解決台灣問題作為它停止向台灣提供武器的條件，否則就是對中國內政的干涉。」[49]「八

---

[47] See *Taiwan Communique and Separation of Powers*, Hearing Before the Subcommittee on Separation of Powers of the Committee on the Judiciary, United States Senate, 97th Congress, Second Session, Sep. 17 and 27, 1982 (Washington D.C. : U.S, Government Printing Office, 1983), p.4.

[48] 姚俊明，《美中（共）「八一七公報」之研究》，前揭論文，頁53。

[49] 人民日報（北京），1982年8月18日。

一七公報」中美國限制對台軍售，根據公報之規定，美國答應逐漸減少對台的軍售，使中共在此一議題上得到極大的進展。但是美國政府亦強調，如果中共當局和平解決台灣問題的意向改變，則美國此項軍售的政策亦會隨之改變。易言之，美國政府將對台軍售與和平解決台灣問題正式掛鉤。[50]這也是在此一問題上，季辛吉即認為，沒有任何一位美國總統在八一七公報中可能比雷根對北京做更多的讓步。[51]然而很明顯的，公報所規定的與台灣關係法所明定，美國將供應台灣足以維持其自衛能力所需要數量的防衛武器與防衛性設備的條文是相牴觸的。美國聯邦參議員伊斯特（John P. East）指出兩文件關於對華軍售政策最顯著的衝突有三：（一）「台灣關係法」供應武器給中華民國無時間的限制，是無限的（infinite）。而八一七公報聲稱「最終解決」意謂著趨向終止，將無限的承諾轉變為有限的承諾。（二）「台灣關係法」決定台灣防禦的需要，係根據美國與台灣的諮商，和美國軍事當局對台灣正當防禦的判斷。而八一七公報顯示中共未來的「態度和行為」與美國對華軍售相關連。（三）「台灣關係法」並沒有任何文字提到或暗示美國對即台灣軍售應有任何「質」與「量」的特定水準限制；而八一七公報將質量凍結在卡特時期的水準。[52]儘管雷根政府官員聲稱，該公報與台灣關係法並不衝突，然而台灣關係法對出售台灣武器並無質量限制之規定，而完全以台灣防衛需要為出售與否之考量標

[50] George P. Shultz, *Turmoil and Triumph : My Years as Secretary of State* (New York, N.Y. : Macmillan Publishing Company, 1993), p.385.

[51] Henry A. Kissinger, *Observations : Selected Speeches and Essays, 1982~1984* (Boston : Little, Brown and Company, 1985), p.144.

[52] Taiwan Communique and Separation of Powers, Hearing Before the Subcommittee on Separation of Powers of the Committee on the Judiciary. U.S. Senate, 98th Congress, 1st Session (Washington, D.C. : U.S. Government Printing Office, 1983) p.3.

準，這是與八一七公報最大的不同之處。因此，參眾兩院委員會的聽證會中，議員揆諸上情，在對台軍售問題上，雷根政府同意中共的要求，作質與量的限制，對台灣安全的不利影響，遠甚於其前任。為了彌補公報造成的傷害，雷根政府採取了三項措施。第一：它將通貨膨脹因素計入軍售的金額中，從而使一九八三會計年度對台軍售的金額共達八億美元，超過前兩年的金額。第二：美國出售一些台灣久欲購買的武器，如艦對空標準飛彈、空對空麻雀飛彈；同時藉口原提供的武器已不生產，故只好售給台灣同系列但較新的武器。例如，美國出售 C-130 運輸機給台灣，取代老舊而未繼續生產的 C-119 運輸機，從而迂迴「八一七公報」對武器素質的限制。第三：美國出售協助台灣自製武器所需的科技。中共雖然抗議，但是美國堅持該公報未對軍事科技的轉移有任何規定，美國的行為並未違背該公報的規定。雷根政府透過對該公報的片面解釋，降低對台軍售的傷害。[53]鑑於八一七公報和台灣關係法之間對台軍售條文的牴觸，美國國會曾於一九九六年的國務院預算授權法案中，以附帶修正案的方式，明示以台灣關係法軍售台灣的條款取代八一七公報中的相關條文，惟遭柯林頓總統的否決。

就實際的情況而言，雖然在中共的抗議之下，「台灣關係法」中美國對台軍售條款受到「上海公報」[54]與「八一七公報」的嚴加限制，且自一九八二年起至一九九二年的 F16 軍售案止，美國逐年降低對台

---

[53] 周煦，〈台灣關係法的回顧與檢討〉，《理論與政策》，第 12 卷第 4 期，1998 年 12 月，頁 21。

[54] 一九七二年美國與中共簽訂的「上海公報」中，表示美國「將隨著這個（台灣海峽）地區緊張局勢的緩和，逐步減少美國在台灣武裝力量和軍事設施」，並「確認從台灣撤出全部美國武裝力量和軍事設施的最終目標」。

軍售金額也是一項事實。[55]有關美國自一九八三年會計年度之後,對台軍售總額呈逐年下降之勢,詳如下表:

表 4-1 美國對台灣軍售金額表(1982-1992)

單位:千美元

會計年度	政府間軍售協議	商業出口轉移額	商業出口轉移額加政府間軍售協議額	政府間軍售轉移額	商業出口轉移額加政府間軍售轉移額
1982	524,155	75,000	599,155	386,343	461,343
1983	698,231	85,000	783,231	388,639	473,639
1984	703,893	70,000	773,893	298,327	368,327
1985	697,563	54,463	752,026	337,626	392,089
1986	508,837	228,400	737,237	243,515	471,915
1987	507,056	210,000	717,056	368,406	578,406
1988	501,133	195,069	696,202	484,338	679,407
1989	524,687	84,753	609,440	352,884	437,637
1990	508,419	149,963	658,382	460,085	610,048
1991	457,678	160,041	635,719	556,071	716,112
1992	477,904	95,610	573,514	828,281	923,891

資料來源:Security Assistance Agency, *Foreign Military Sales, Foreign Military Construction Sales and Military Assistance Facts* (Washington, D.C. : Security Assistance Agency, Department of Defense, 1993).

雖然「八一七公報」之後,美國對台軍售總額逐年下降,但是美國透過以下四種方式,繼續對台軍售:(一)依通貨膨脹係數調整軍售數額;(二)以科技移轉補充軍品實售;(三)以較新型武器取代不再生產的武器種類;(四)以租借方式移轉軍品,[56]因此,自一九八〇年至一九九〇年,美國透過軍售及商售,一共移轉五十二億八千萬美

---

[55] U.S. Congress, Senate, Committee on the Judiciary, Subcommittee on Separation of Powers, *Taiwan Communique and Separations of Power*, Hearing, 97th Congress, 2nd Session, September 17 and 27, 1982 (Washington, D.C. : Government Printing Office, 1983), p.95.

[56] 林正義,〈「八一七公報」後美國對台軍售政策〉,《歐美研究》,第 23 卷第 3 期,1993 年 9 月,頁 34-37。

元的軍品給台灣。[57]另就軍售金額而言，一九八二年八月十七日「八
一七公報」公布當天，主管亞太事務的助理國務卿何志立即在參院外
交關係委員會聽證會上指出，美國計劃以美中（共）建交以來軍售台
灣金額最高的一年作為基準，逐年降低對台軍售數額，[58]經查即為一
九七九會計年度之五億六仟五佰十七萬美元（一般以政府間軍售協議
額加上商業出口移轉額計算），經過與通貨膨脹指數換算，在一九八
二年八月約值八億一仟萬美元。美國政府遂決定將一九八三會計年度
對台軍售限額設定為七億八仟三佰萬美元，降幅為兩仟多萬美元。雖
然後來自一九八三到一九八九會計年度美國對我國的軍售顯現出下
降的趨勢，但其幅度並無一致，少則一仟萬美元，多則幾達九仟萬美
元。由此可知「八一七公報」所構成的限制著實無多，完全由美國政
府作彈性運用，只要美國政府有意對我國移轉武器，行政部門總以各
種方法規避國會、公報，甚至自己宣布之政策的限制。[59]儘管雷根政
府的對台軍售限制政策對台灣造成不小的震撼，然而雷根總統為減輕
負面衝擊，特於公報簽署前一個月向台北提出「六點保證」，其中直
接有關軍售的三點分別為：（一）美國未同意在對台軍售上設定結束
期限；（二）美國未同意修改「台灣關係法」；（三）在未來對台軍售
問題上，美國將不與中共諮商。[60]依照雷根的說法，假如有朝一日台
海兩岸以和平方式成為一個中國，美國就無需出售武器給台灣。[61]

[57]　同前註，頁 28。
[58]　U.S. Congress, "Senate Committee on Foreign Relations, U.S. Policy Toward China and Taiwan," Hearing, August 17, 1982, Washington, D.C. : Government Printing Office, 1982, p.16.
[59]　陳一新，〈中美兩國關係的延續性與變遷性（四）〉，《美歐月刊》，第 10 卷第 3 期，1995 年 3 月，頁 30。
[60]　外交部，《外交報告書：對外關係與外交行政》（台北：正中書局，1993 年

　　有關美國在「八一七公報」的動機及立場，嗣後根據美國國務院負責亞太事務的助理國務卿羅德（Winston Lord）於一九九六年三月十四日，在眾議院國際關係組織委員會亞太事務小組委員會的證詞，作了再一次的解釋：「在該文件（指「八一七公報」）中，中華人民共和國表明其『基本政策』是『努力爭取以和平方式解決台灣問題基於中華人民共和國的保證，美國政府也在對台軍售上做了對等的承諾，即美國無意提高軍售的數量與質量，而且事實上有意逐漸減少對台軍售，在簽訂該聯合公報時，美國的意向是以中共能繼續遵守其致力於與台灣和平解決問題的基本政策為前提」」。[62]因此，美國的解釋是，當年和中共簽訂「八一七公報」，同意逐年減少對台軍售，乃因為中共在一九八一年作了和平解決台灣問題的聲明，美國方面認為，只要中共不改其和平解決政策，美國也將會遵守其在八一七公報中的承諾，但是只要中共仍不放棄武力解決，美國的對台軍售仍將持續。這一種論點與一九八二年八月十七日何立志在參議院外交委員會所說的證詞是一致的。他說：「雖然我們沒有理由相信中國（共）會改變其政策，此種互賴（mutually interdependent）政策，一項無法逃避的自然結果是，若中共改變政策，我們的政策將重新評估。」[63]據此可

　　第 2 版），頁 175。另請參閱中央日報（台北），民國七十一年八月十八日，第 1 版。

61　美國國務卿舒茲(George P. Shultz)於上海之談話。See *Department of State Bulletin*, Vol. 98, No. 2122 (May 1987), pp.10-11.

62　Winston Lord, Assistant Secretary for East Asian and Pacific Affairs, March 14 : The United States and the Security of Taiwan, Testimony before the House International Relations Subcommittee on East Asia and the Pacific, Washington, DC, March 14, 1996. Available from : http://www.state.gov/www/current/debate/china_us_taiwan_strait.html

63　U.S. Congress, Senate, Committee on Foreign Relations, *U.S. Policy Toward China*

印證當時美國的政策為：若中共改變和平解決台灣問題的立場，美國施行「八一七公報」的政策就必須改變。更進一步的推論是，美國對台軍售的原則，除了考慮美國與中共的互動關係外，應是提供台灣有基本自衛的能力，足以在台灣海峽與中共維持相當的均勢，使台海不致發生立即且明顯的危機。

就美國在「八一七公報」的原則而言，誠然美、中（共）、台三方在認知上和解釋上都有差距。事實上，公報亦沒有解決對台灣主權和軍售的歧見。正如前美國喬治城大學國際戰略研究中心專家杜南（Robert L. Downen）認為公報的文字相當模糊，內容亦模稜兩可，其目的是想達成一個不明確的協議，使不同人可以有不同的解釋，所以新的公報並沒有解決任何問題，它只是延緩問題的解決而已。[64]惟可以肯定的是，美國在八一七公報事後的說明對於台灣的安全似乎屬於正面的回應，而且美國不介入兩岸事務的立場仍是明確的。美國與中共簽署「八一七公報」前的一九八二年七月十四日，美國向台灣表達六項保證中，除了有三點關於軍售台灣問題已如前述外，另外三點乃有關美國介入兩岸問題之態度：（一）美國無意扮演任何台灣與中共之間調人的角色；（二）美國並未改變其對台灣的一貫主張；（三）美國無意對台灣施加壓力與中共進行談判。從這些保證中，傳達了一項重要的訊息，即美國在軍售案中除了作為客觀的平衡者外，也保證在兩岸中作為客觀的觀察者，不介入作為兩岸的調停者。[65]

and Taiwan, Hearing, August 17, 1982 (Washington, D.C. : Government Printing Office, 1982), p.13.

[64] 聯合報（台北），民國七十一年八月十九日。
[65] 張亞中，孫國祥著，前揭書，頁67-68。

「八一七公報」簽訂之初，一般咸認對美國對台軍售定會造成極大的衝擊，然而事後揆諸美國的作法，顯示公報規定之外，有許多彈性解釋的空間。這些對台灣有利的解釋及作法，亦正彌補了八一七公報對台灣安全的傷害。透過種種擴張解釋的作法，華府對台北的軍售政策並未因八一七公報而受到重大的影響。[66]八一七公報中對我軍售限制與台灣關係法「美國將供應台灣必要數量之防禦軍資與服務」之規定，兩者之間顯有差異，其優先適用順序對於台灣的安全確有關鍵性的影響，因此也引發美國政府諸多爭議與廣泛的討論。一九九四年間美國國會曾針對此引起爭議，最後僅以通過不具拘束力的修正案，以「國會表達意願」的方式，說明台灣關係法優於八一七公報。一九九六年四月十二日，美國行政部門也否決了參眾議院所提之台灣關係法優於八一七公報之提案。[67]未來，八一七公報仍將對台灣關係法發揮相當牽制的作用。[68]亦正由於八一七公報與台灣關係法在文字部分上的落差與兩者適用優先順序位階上的模糊，使得美國行政部門在解釋上深具彈性，這個彈性除了反映行政部門對於兩岸軍力平衡之主觀判斷外，更有可能是做為獎懲兩岸任一方的籌碼。[69]

就行政部門的作法而言，一九八九年至一九九一年之間，布希政府大體上遵守八一七公報之規定，直至一九九二年競選連任期間，布希宣布售予台灣一系列精密武器，包括一百五十架F16戰機，及四架

[66] 陳一新，〈中美兩國關係之延續性與變遷性（四）〉，前揭文，頁24-32。

[67] 〈白宮否決台灣關係法優先案〉，《台灣時報》，民國八十五年四月十四日，第4版。

[68] 林郁方，〈台灣關係法對我國安全承諾之探討〉，《美歐月刊》，第9卷第5期，1994年，頁96。

[69] 張建邦總策劃、林正義審校，《未來台海衝突中的美國》（台北：麥田出版股份有限公司，1998年1月），頁93。

E-2T 鷹眼式（Hawkeye）預警機。中共雖然數度抗議美國的決定，惟或因布希在天安門事件後極力維護與中共的關係，抗拒國會的壓力，因此中共亦未在布希任內繼續追究。柯林頓政府時期亦未改變布希所做出售 F-16 戰機的決定，並繼續出售台灣所需的防衛性武器。[70]包括魚叉飛彈、OH-58 型直升機、AH-1W 型超級眼鏡蛇直升機及改良型防空系統等武器，皆是美國過去未曾售予台灣的精密武器。一九九八年初，美國國防部更宣布出售三艘諾克斯級巡防艦及配購的武器彈藥給台灣，總價三億美元，此為美國首次出售該種軍艦給台灣。[71]但是在一九九六年三月台海飛彈危機期間，美國同意出售車射型刺針飛彈

---

[70] 根據一九九六年美國國防部所公布的近年交運給台灣所訂購武器和裝備的清單，總計有以下項目：
  (一) 九套勝利女神飛彈
  (二) 二十套鷹式飛彈
  (三) 三十三具地對空從樹飛彈
  (四) 十七架 C-130H 海克力巨型軍用運輸機
  (五) 四架 E-2T 型預警機
  (六) 二十四架 S-2T 型反潛機
  (七) 六艘租借的諾克斯級巡防
  (八) 四艘租借的掃雷艦，另有數目不詳可運送坦克的登陸艦
  (九) 三十五枚魚叉飛彈
  (十) 二十六架 OH-58 型直升機
  (十一) 四十二架 AH-1W 型超級眼鏡蛇直升機，以及可以配備使用的「獄火（Hellfire）飛彈」
  (十二) 空對空響尾蛇飛彈
  (十三) 四百五十輛 M-48H 型坦克戰車
  (十四) 一百六十輛 M60A-3 型坦克戰車
  (十五) 一百五十架 F-16 戰機
  (十六) 改良型防空系統（MADS），即愛國者反飛彈；
  (十七) 不在外國軍售（FMS）項下的商售武器與設備。
  參閱中國時報（台北），民國八十五年三月二十一日，第 1 版。
[71] 中國時報（台北），民國八十七年一月三十日，第 1 版。

及精密的瞄準與導航系統給台灣，惟在避免過於激怒中共的考量之下，仍拒絕出售台灣所欲採購的六艘柴油動力潛艦、空對地雷射導航的小牛（Maverick）飛彈、中程空對空飛彈、P-3 獵戶（Orion）型反潛飛機及空對地魚叉飛彈。準此觀之，雖然「八一七公報」之後，中共不斷要求美國停止對台軍售，然而美國對台軍售的原則一向是在維持台灣防衛力量及避免過分刺激中共兩項原則中求取平衡。[72]

第四節　小結

　　從一九七〇年代初期一直到一九八〇年代初期，美國中共的戰略互動是以蘇聯為共同抗衡之對象為基礎，而在蘇聯愈擴展其勢力範圍的情形下，美國聯合中共抗衡蘇聯的戰略利益就愈一致。一九八一年美國總統雷根上任後，雖然在美蘇國力對比有利於蘇聯之下，可是華府仍決定基於美國與中共邦交的基礎上試圖與中共發展全面性的關係以牽制蘇聯。然而促成中共和美國共同戰略反蘇的國際格局自一九八二年起逐漸轉變，這種轉變也可以說是解構冷戰時代的開始，此時國際秩序已經走進後冷戰時期的醞釀期。

　　由於美蘇之間的權力平衡原本較傾向蘇聯一方，此時已逐漸改變為對美國較有利，因此中共分析家甚至斷言，蘇聯的消褪加上美國的復甦，使得全球的戰略環境起了決定性和永久性的變化。蘇聯已不再是主導攻擊的一方，反倒是美蘇兩大超級強國未來一段長時間會再達成權力平衡，兩國的競爭也會趨於緩和。中共考量到權力平衡已從蘇聯一方倒向美國一方時，便選擇取較為獨立的姿態，不向蘇聯一方傾

---

[72] 周煦，《冷戰後美國的東亞政策(1989-1997)》（台北：生智文化事業有限公司，1999 年 2 月），頁 230-232。

倒。同時中共也不選擇倒向美國一方，為了是要平衡蘇聯的威脅。尤其中共在面對內部經濟優先的選擇以及形勢的變化，決定積極奉行「獨立自主」的外交政策，這等於是宣布了中共將在美蘇之間採取「等距外交」。

　　基於以往華府在三角關係中所處的樞紐地位已經被北京所取代，致使美、蘇、中（共）戰略大三角的性質已經起了重大變化，其主要的原因乃是中蘇關係已經好過美蘇關係，因此不少美國戰略專家主張美國應回到一九七二年尼克森和季辛吉強調的權力均衡路線。亦即美國應在中蘇共之間維持平衡地位，不應特別偏向任何一方。所以，在中蘇改善彼此關係的時刻，美國不應忽視與蘇聯改善關係的機會。這種積極性的三角關係，對世界和平的建構是有利的，而且更顯示出冷戰時代已趨向解體的徵兆。對美國的對華政策而言，由於美蘇力量的對比已經發生了有利於美國的變化，美國對處理與蘇聯的戰略關係已經降低了北京的重要性。雖然從某種意義上來說，北京在處理三角關係方面獲得很大的成功，但其在美國全球性的戰略考量方面，地位的重要性已下降。至此，美國自尼克森政府以降，重視中美雙方戰略合作關係的重要性所獲致之成果，終因雷根政府早期重視美國個別利益、意識型態對立以及互不信任而逐漸被腐蝕。這導致雷根時期美國與中共搖擺不定的戰略關係更加明顯。美國與中共的戰略合作關係，始終是雙方之間的老問題，當美國面臨蘇聯的強大威脅時，美國便升高了對中共的戰略關係和軍事合作，當世界情勢緩和時這種關係和合作又鬆懈下來。

　　綜觀八〇年代的美國與中共之關係，因美、中（共）、蘇戰略大三角關係的改變，而產生些微的變化，對美國而言，當中共的戰略地

位已不若以往重要，雙方便在台灣問題上時有齟齬，尤其在對台軍售方面，一度造成雙方關係發展的障礙。可是當蘇聯意圖向北京伸出和解之手，卻又使得美國方面非常在意。因為雷根政府的全球戰略係以反蘇為首要目標，若中蘇共再度攜手合作，將使美、蘇、中共之間的權力平衡再受破壞。從全盤戰略考量，雷根不得不以現實主義為考量，認知還是必須在對台軍售問題上和北京有所妥協。因此，有關美國對台軍售，在一九八二年的「八一七公報」中便提出了限制，致使該公報的規定與「台灣關係法」相牴觸。在「台灣關係法」中，規定美國將向台灣提供使其維持足夠自衛能力所需要的防衛性武器，但在「八一七公報」中卻又表示將逐年減少，直到最後解決。

　　美國對台軍售問題的考量，除了權衡以上所述美國、中共與蘇聯的戰略大三角關係的發展外，另在美國、中共、台灣的小三角關係上也是其所考量的因素。揆諸美國在「八一七公報」的動機及立場，美國的意向是以中共能繼續遵守其致力於與台灣和平解決問題的基本政策為前提，亦即台海兩岸的均勢、台灣的軍事能力、中共的兵力部署及能力等，都是美國對台軍售考慮的因素。美國對台軍售不是使台灣有能力去侵略中共，而是使台灣具有基本的自衛能力，使台灣海峽不致發生危機。倘若中共武力大肆擴張，足以改變台海局部均勢平衡時，美國亦會重新評估其對台軍售的政策，這也是符合美國一貫支持兩岸問題和平解決的立場。未來，美國在對台軍售方面，八一七公報仍將對台灣關係法發揮相當牽制的作用。美國行政部門將運用深具彈性的解釋空間，對兩岸軍力平衡做出主觀的判斷，並在維持台灣防衛力量及避免過分刺激中共兩項原則中求取平衡，更有可能將對台軍售做為獎懲兩岸任何一方的籌碼。

　　綜合「台灣關係法」和「聯合公報」、「建交公報」、「八一七公報」，即所謂的「三法一公報」的規範，美國與海峽兩岸的三角關係形成了一種模糊的穩定關係。美國方面的態度一直遵循著幾項原則，包括：（一）美、中（共）、台三方建立對於「一個中國」原則的共識；（二）美國希望兩岸問題能和平解決，但是不介入對兩岸統獨的事務；（三）美國希望台海的穩定，以符合美國最大利益，但是不會介入對兩岸的調停等。在這些原則之下，也證明了美國在兩岸之間，擔任了客觀平衡者以及觀察者的角色。同時美國在兩岸除了作為客觀的平衡者及觀察者之外，並無意介入兩岸作為調停者的角色，也不會向台灣施壓走向談判桌。

第五章　冷戰後美中戰略互動的變化

第一節　「六四事件」的衝擊

　　自六〇年代末期以來，美中（共）兩國關係的主要基礎在於反對蘇聯擴張之共同戰略利益，然而時至一九八〇年代末期，兩國的關係已經潛伏著危機。美國與中共的戰略關係，已因雙方對蘇聯的態度改變而產生了本質上的變化。當雙方都感到蘇聯威脅減弱而又均有意和蘇聯進行和解時，美國與中共關係之中，有關戰略以外的其他因素就容易浮上檯面，產生磨擦矛盾而激化尚在互相適應調整的關係。這些因素包括：人權、貿易、武器管制等問題。[1]雷根總統下台後，一九八九年元月，由布希就任美國總統。布希政府在面對中國大陸的改革開放以及蘇聯、東歐局勢的變化，已經傾向於認定冷戰時代圍堵共產主義的政策目標業已大致達成，遂轉向構思後冷戰時代美國的世界性角色與地位的問題。就在美國積極與中共和蘇聯發展雙邊關係，以建構後冷戰時代的國際新秩序時，在中國大陸發生了震驚世界的「六四天安門事件」，美國與中共在有關人權方面的問題上，成為衝擊雙方關係的焦點所在。

　　當時中共在歷經十年經改獲致相當成效之際，卻因一九八九年四月中旬，大陸青年學生與知識分子藉悼唁胡耀邦，發起了大規模的民主運動，引起了大陸人民廣泛的回應。及至同年六月四日凌晨中共當局調派大軍，在天安門廣場實施武力鎮壓青年學生的請願示威活動，

---

[1]　陳毓鈞，《戰爭與和平──解析美國對華政策》，前揭書，頁373-374。

造成傷亡慘重。[2]不但引起舉世的嚴厲譴責，並導致中共政局的變動，更使得美國與中共的關係再度陷入僵局。

「六四事件」發生後，引發國際社會一致的強烈譴責，尤以重視人權的西歐和美國的反應最為激烈。在輿論和民間團體的壓力下，布希政府立即在隔日，即六月五日表示，美國必須明確表明對天安門事件之譴責，同時下令以下的制裁行動：[3]

(一) 停止所有政府與政府間以及民間對中共之武器出售。

(二) 停止二國間軍事領袖訪問。

(三) 優予考慮中共留美學生申請延長居留。

(四) 透過紅十字會，那些在殘殺中受傷者提供藥物和人道的協助。

(五) 視未來情勢發展需要，檢討雙方其他層面的關係。

在布希總統發表禁令後，美國國務院立即宣布撤銷邀請中共國防部長秦偉基訪美的計劃。[4]一九八九年六月二十日，布希鑑於中共當局以暴力報復民運分子的不當措施，進一步下令美國政府停止所有與中共的高階層交換訪問，同時促請國際金融機構延緩考慮對中共新的貸款。[5]在此禁令下，美國商務部長莫斯巴克（Robert Mossbacher）取消了原訂七月十日訪問中共的計劃。[6]此外，參議院和眾議院亦分別以一

---

[2]　根據「國際特赦組織」的統計，初步估計中共在六月四日鎮壓天安門廣場群眾運動的行動中，至少有一千三百名民眾和學生在中共軍隊的戰車和自動武器下喪生。參閱《天安門民主運動資料彙編》（台北：中共問題研究雜誌社，1989 年 12 月），頁 359。

[3]　The President's News Conference, June 5, 1989, *Weekly Compilation of Presidential Documents*, Vol.25, No.23, June 12, 1989, p.839.

[4]　中國時報（台北），民國七十八年六月七日，第 10 版。

[5]　*New York Times*, June 21, 1989, p.1.

[6]　中國時報（台北），民國七十八年六月二十二日，第 1 版。

百票對零票以及四百零六票對零票無異議通過譴責中共案，要求布希
總統和盟國磋商，對中共共同採取制裁行動；接著美國又採取撤退所
有駐北京外交人員眷屬暫停科技合作交流，取消既定之中共外長錢其
琛訪美計劃，並且取消中共「最惠國」待遇，削減向中共出口電腦、
武器、衛星及信用貸款等制裁措施。[7]美國參眾兩院又在隨後的半年內
通過一系列制裁中共的決議，如眾議院於九月二十七日通過的反對向
中共提供財政援助決議，十一月十五日和十六日，參眾兩院又先後通
過制裁中共的議案，表示支持美國政府對中共所採取的各項制裁措
施。十九和二十日，兩院又通過移民緊急救援法案，取消大陸留美學
生在學業期滿後必須返回大陸之限制，以方便大陸留學生在美長期居
留，免遭中共迫害。[8]

　　在輿論方面，據「紐約時報」六月十三日公布的蓋洛普民意調查，
有 75%的美國人贊成對中共停止軍售，讓簽證到期的中國大陸學生繼
續留美。另據「洛杉磯時報」的一項民意測驗表明，以六月與三月相
對比，美國公眾對中共的態度發生了一百八十度的轉變，對中共好感的
人從 72%降為 16%，而對中共表示厭惡的人，則從 13%增加到 78%。[9]

　　儘管美國在朝在野，對指責中共之能事不分軒輊，但是如何對待
美中（共）兩國的關係，就出現了強硬派與務實派的分歧。尤其在美
國行政部門與立法部門之間就存在明顯的差異。例如一九八九年六月
十三日，已被任命但還未經參院外委會批准的主管亞太事務助理國務
卿索羅門，向參院外委會作證時，外委會主席克藍斯頓認為，自從中

---

[7]　馭志，〈六四後中共與美國關係〉，《中共研究》，第 26 卷第 10 期，頁 53。
[8]　陳英，〈一九八九年的中共外交〉，《匪情研究》，第 33 卷第 2 期，頁 30。
[9]　陳有為，《天安門事件後中共與美國外交內幕》（台北：正中書局，1999 年 5
　　月），頁 41。

共使用武力鎮壓學生運動以來,「美國已不可能再和這個政府維持原有的關係了,不管這要付出多大的代價。」[10]但索羅門則說:「中國國內的形勢仍在演變發展。當我們檢討美國對華政策時,我們不希望做出會切斷兩國關係的事來。」,索羅門又說:「中(共)美關係是經歷了二十年艱苦努力之後才發展起來的」、「美國不應該輕易放棄所有這些聯繫,因為它代表了中國大陸過去十年發生的巨大變化。」[11]

　　儘管美國行政部門與國會對於如何處理日後的美中(共)關係,看法並不一致,不過布希政府基於美國長遠利益的考量,以及中共內部複雜的情勢變化,對中共所採取的實際制裁行動,嚴格說來象徵性的意義較大,同時美國也不願因採取強烈的制裁引發中共過激的反應,以致影響雙方關係的維持,因而布希總統甚至還否決若干國會所通過的制裁決議案(如移民緊急救援法案),並在七月間即派遣白宮高階官員如國家安全事務助理史考克羅和副國務卿依戈柏格(Lawrence Eagleburger)密訪北京。無論如何,美國對中共種種制裁的宣示與作為,還是足以顯示美國政府和民間對中共暴行的反對和不滿,而美國政府的此種態度也導致中共與美國建交以來,雙方關係降至最低點,同時在民間和國會的反對聲浪下,美國政府亦不敢公然採取任何與中共增強關係之行動,此外,美國在事件發生後立即對中共採取制裁行動,對其他國家亦有示範性的作用。[12]

　　在美國對中共一片制裁的激情聲浪中,布希總統始終是以美國的戰略地位和國家利益作為施政的考量,並以局部制裁中共作為準則。

---

[10]　同前註,頁 47。
[11]　同前註,頁 47-48。
[12]　宋筱元,《八九民運後中共對外政策之研究》,前揭論文,頁 148。

以當時的國際環境而言，從一九七〇年代到八〇年代初期的美蘇中（共）三角關係，一直是美國對中共開展關係的重要依據。然而，一九八〇年代後期蘇聯領袖戈巴契夫與美國和中共改善關係以來，三角互動關係已不再明顯存在。一九八九年五月間戈巴契夫訪問中國大陸，改變了雙邊多年對峙的關係。儘管如此，中蘇共之間軍事力量的不平衡仍是不爭的事實。尤其在海空方面前者遠不及後者。對中共而言，表面上莫斯科已經在柬埔塞問題作了相當的讓步，但是，從長遠角度來看，真正危及中共安全與戰略利益的恐怕還是蘇聯在南中國海的軍力。如果幾年後，美國被迫放棄其在菲律賓的軍事基地，則蘇聯在東南亞軍事存在，將對此一地區國家構成更大的威脅。中共需要美國牽制蘇聯的潛在事實自然會令中共當局三思。而布希的制裁行動將會對中共軍事現代化造成重大衝擊。這也是為何布希堅持其局部制裁方案的主要原因之一。[13]

　　六四事件之後，布希於同年六月二十七日記者會上為其局部制裁的政策作辯護，他表示：「美國極為重視與中國之間的關係，而雙方均在此戰略關係中獲益。……中美的戰略關係並非一般所謂的玩中國牌的想法，而是中國有它的重要地位。……以太平洋地區的均勢考量來說，與中國維持良好關係也是符合美國的利益。」[14]之前六月二十六日，國務卿貝克在美國亞洲學會上，以「太平洋新伙伴關係：未來的架構」為題目發表演說，並為布希政府的行動做辯護，他說：「過去二十年來苦心建立的美中關係一旦瓦解，對我們和中國人民都沒有

---

[13]　劉珩，《「六四天安門事件」後美國與中共關係之研究》，中央警官學校碩論文，1991 年 6 月，頁 81-82。

[14]　聯合報（台北），民國七十八年六月二十八日。

好處。……我們在對挫折感採取反應時，必須出之於能夠刺激進步而非扼殺進步的方式。」[15]

　　相較於布希政府，美國前總統尼克森和學界也有相同的看法。尼克森認為北京的作為確應受到舉世的譴責，但主張全面經濟制裁中國大陸，非但無效而且會產生反作用，以感情用事取代理性的外交政策實非明智之舉。美國的目標是使中國大陸持續改革，所以維持和北京之間的接觸，才有可能促使北京在區域性衝突中及在全球性議題上和華府進行合作，如果企圖藉著外部威嚇以求改變中國內部，將是白費力氣。因此，他支持布希總統所採取的慎重手段，是一種最好的策略。[16]至於學界及研究界方面，一九八九年七月八日至九日，美中關係全國委員會在威斯康辛州拉辛舉行名為「動盪的中國：對美國政策的含義」之研討會，參加者有學者、白宮國安會代表、國務院官員、各大基金會及企業界與中國事務有關的代表。經過兩日來的討論與交換意見，基本上有以下的共同看法：華府一方面應該強烈表達對北京最近行動的反感，但與此同時也應該充分考慮戰略與經濟利益；一個得到有效治理而不是一個被孤立的中國較符合美國和廣大國際社會的利益。[17]此外，美國一些有影響力的中國問題學者，如鮑大可與哈定等人，對美中（共）關係亦提出了務實的看法。例如鮑大可在眾議院外交委員會上就中國大陸局勢作證時，表達了以下的見解：[18]

[15]　聯合報（台北），民國七十八年六月二十七日。

[16]　陳毓鈞，《戰爭與和平——解析美國對華政策》，前揭書，頁 380-381。

[17]　資中筠、姬虹，〈美國學術界對中美關係的研究〉，《美國研究》（北京：中國社會科學院美國研究所），第 9 卷，1995 年第 1 期，頁 63。

[18]　陳有為，前揭書，頁 48-49。

(一) 中國大陸的改革力量並未消失，使中國大陸保持與外界的聯繫會有助於中國大陸的改革開放。

(二) 美國的政策目標應當是使中國回到改革的道路上來。應當承認國外力量影響中國內政的可能性很小。美國對中國施加強大壓力，只會使中國延緩而不是加速改革，只會鼓勵中國強硬派的敵意。

(三) 不能要求中國領導人一下子做所有的事情，對中國制裁會引起反效果。

(四) 中（共）美蘇大三角關係的終結並沒有使中（共）美兩國之間進行磋商的必要性消失。

(五) 對於史考克羅的北京之行，應當從更為根本的基礎上加以考慮，不必拘於形式。

在美國各界一陣激情與震撼之後，美國政界採取現實主義人士紛紛試著為雙方惡劣的關係進行修補。於是海格、尼克森、季辛吉分別於十月初、十月下旬、十一月初到北京訪問。雖然布希政府強調採取謹慎的現實主義對華政策以符合美國的國家利益，而且可以促使北京改變強硬政策，但是當時由民主黨所控制的美國國會卻繼續在對華政策上向共和黨的布希總統挑戰，他們將目光轉向經濟制裁中的最惠國貿易待遇問題。

中共方面，為了回應布希總統局部制裁的行動，中共外交部發言人聲明美國政府對中國內政的批評是完全無法接受的。改革、開放政策與獨立和平外交依然是北京的基本政策。中共希望美國能夠避免損及雙方既存的友好關係。然而六四事件發生後，中共除了國內政局陷於不隱定的狀態，在外交上，由於各國爭相指責，使其國際地位下降，

與西方國家的外交活動陷於困境；另在經濟方面，由於歐美各國採取
經濟制裁，使得中共在資金和技術的引進大受影響。再加上蘇聯和東
歐發生了巨大的變革，更令中共不得不調整其對美國的政策，並亟思
與美國改善關係。為加強對美國的外交造勢，中共刻意迴避了美方高
層接觸，並同意尼克森、季辛吉以及白宮國家安全事務助理史考克羅
等人訪問中國大陸。

其實天安門事件在國際上所引起的強烈反應，中共方面是可以預
料的。當時的國內情勢和國際局勢雙雙對鄧小平領導的中共政權產生
鉅大的衝擊。以美國為首的西方國家，出於價值觀念與政治思想的不
同，支持中國學生要求民主自由的運動，對中國（中共）政府不斷施
加政治、外交與經濟壓力。加上東歐局勢的演變與蘇聯內外政策的變
化以及加速解體的過程，更使得中共原來利用中（共）美蘇大三角關
係來為自已謀取利益的外交謀略基礎發生動搖。由於美中（共）關係
日趨惡化，而美蘇關係不斷緩解的趨勢，中共面臨從七十年代初尼克
森訪華以來，第一次處於既不能對蘇聯打美國牌，又不能反過來對美
國打蘇聯牌的不利境況。[19]職是之故，鄧小平不得不就國外的反應、
東歐和蘇聯局勢的演變、中共在世局急劇變動中處於何種態勢等方
面，認真思考其政策取向。鄧小平的主要對策是採取強硬姿態，把內
政與外交分開，強調中國（中共）政府對天安門事件採取什麼行動是
中國的內政，中國決不會屈服於任何壓力，而對外交涉的主要對手是
美國。[20]鄧小平亦深深地了解到中（共）美關係對中共的重要性，中
共要發展經濟，實現現代化，不能不需要美國的資金、技術和市場。

---

[19] 同前註，頁 85-86。
[20] 同前註，頁 93。

中共要提升自己在國際上的地位與影響，也少不了與美國的合作。而
且在世局劇變的時刻，要對付美國，主要得靠中共自己的力量與手
段。因此，鄧小平對美國採取強硬態度是有目的、有限度的。鄧的目
的不是要使美中（共）關係繼續惡化破裂，而是要使它恢復正常，但
不能用退讓屈服的辦法來達到此一目的。換句話說，鄧的策略是一種
「以鬥爭求聯合」的策略，鬥的目的不是要破裂，而是要聯合，要把
美中（共）關係扳回到正常、交往與繼續合作的道路上來。根據這種
策略，鄧小平在一九九一年秋天提出了對美政策的「十六字令」，即
「增加信任，減少麻煩，發展合作，避免對抗」。[21]事實證明，鄧的這
套策略，對於改善中共的國際處境，以及改善當時美中（共）陷入困
境的雙方關係是有助益的。

　　總體來看，六四天安門事件發生之後，中共對「帝國主義」、「霸
權主義」的美國仍採發展友好關係的策略，即使美國對中共發動經濟
制裁，並譴責有關大陸人權問題，影響雙方的互動，但值得注意的是，
中共除了在文件及口頭宣示上表達過較強烈的反應，要求美國等其他
國家勿干涉中共內政外，在行動上並未作出太大的反制行動，不但堅
稱中共的對外開放政策不變，默許中共所謂的天安門事件「重要叛亂
份子」方勵之夫婦赴美，更在一九九一年十一月發表「中國的人權狀
況」白皮書，對中國大陸的人權狀況提出辯護與說明，因應美國「干
涉內政」的強大壓力，中共並未採取積極對抗的政策，反而多所忍
讓。[22]尤其中共在史考克羅訪問中國大陸之後，陸續採取了以下的步
驟，對於改善美中（共）關係，又創造了有利的條件：[23]

21　同前註，頁98-100。
22　許志嘉，〈鄧小平時期的中共外交政策〉《問題與研究》，第36卷第7期，1997

(一) 允許「美國之音」記者 Stepheni Mann Niler 到北京常駐。

(二) 解除對美國駐華使館的特別警戒。

(三) 決定接受美國和平隊派二十個人到中國工作。

(四) 同意中美雙方就恢復美國富爾布萊特計畫與中國交流的項目進行協商。

(五) 保證除了沙烏地阿拉伯之外，中國未向中東出售導彈，否認出售導彈給敘利亞。

(六) 宣布釋放天安門事件後的五七三名在押犯。

　　無論如何，中共在六四事件後的下半年對美國在強烈抗爭之餘，同時又輔之以妥協的姿態與政策，確實為恢復與美國的雙邊關係留下了轉圜的空間。美國在處理與中共的互動關係上，亦有其善意的回應。一九九○年七月初於美國休斯頓召開的七國高峰會議上，有關援助中共方面，七國建議有限度恢復貸款，美國對於日本決定援助中共五十五億美元貸款之舉，雖不支持，但也不再反對，這也說明中共與美國關係的緩和，連帶的也改善中共與整個西方國家的關係。[24]之後，一九九○年八月二日，伊拉克入侵科威特造成「波斯灣事件」，中共趁此機會，利用其在聯合國常任理事國的身分，握有決定性的否決權，迅速重返國際舞台，並突破了西方國家的經濟制裁。

　　正當美國全神貫注的處理六四事件後的美中（共）關係時，蘇聯與東歐的情勢也起了急遽的變化，使得美國不得不再調整其對華政策。自一九八九年六月中旬，波蘭共產黨在大選中遭到失敗，到十二

　　年 7 月，頁 43-44。
[23]　陳有為，前揭書，頁 147-148。
[24]　劉珩，前揭論文，頁 91-94。

月二十五日羅馬尼亞共產黨總書記西奧塞古（Nicolase Ceausescu）被處決，短短的六個月之內，東歐六個政權相繼崩潰。那時美國有一些人主張介入東歐並主導整個形勢，但是布希鑒於戈巴契夫在莫斯科處於困難的處境，假如華府不謹慎從事，激怒蘇共內部原來就反對戈巴契夫改革的人，不但蘇聯內部情勢有可能逆轉，就連東歐形勢也會失去控制。[25]同時，布希政府內部及美國蘇聯研究學界也正展開對蘇聯政策的辯論，然而這些對蘇政策的辯論，實際上也直接涉及到對華政策的原則方針，也是一場有關冷戰後美國政策新目標的辯論。

　　在這場辯論中大致有三派觀點：[26]第一派是比較屬於現實主義的。其觀點是從地緣政治及權力政治的現實主義觀點來看美蘇中（共）之關係，認為美國贏得冷戰是靠圍堵政策以及對蘇聯的強軍事壓力，尤其美中（共）在八〇年代的戰略合作，促使蘇聯不得不尋求和解政策。第二派是屬於理想主義的。其觀點認為美國外交政策一向將「人權與民主」屈從於戰略考慮，這種傾向早就該扭轉了。他們認為冷戰結束是因為西方思想向蘇聯、東歐滲透的結果，而非地緣戰略和軍事壓力。「六四事件」與東歐劇變以及蘇聯的改革開放，顯現出人權與民主的要求是不可抗拒的。因此，他們主張美國外交政策中道德原則應該置於優先地位。因此，他們指責布希的中國政策，要求必須以北京在國內對人權的尊重程度來決定對華關係。第三派的觀點是屬於折衷的看法。他們認為道德理想主義和權力現實主義都是正確的，端賴當時的時空條件來決定。因此提倡有選擇的脫離和有選擇的介入，亦

25　Michael Mandelbaum, The Bush Foreign Policy, Foreign Affairs, Vol.78, No.1, 1990/1991, p.8.
26　陳毓鈞，《戰爭與和平——解析美國對華政策》，前揭書，頁389-392。

即美國應有選擇地將軍事權力、地緣戰略和道德人權、民主自由作良好的結合，也就是說美國的外交政策應有較多的選擇餘地。準此，他們認為華府應當維持與北京的穩定關係，同時正視道德和地緣政治兩方面的現實，用多元化的手段處理和中國大陸和亞洲其他社會主義國家的關係。

據此觀察布希處理「六四事件」的方式，其對華政策大致是採取第一派的觀點，也就是以戰略和地緣的考量置於優先，[27]然而將戰略和地緣考量置於優先的指導方針，卻隨著國際局勢的急劇變化以及蘇聯瓦解而逐漸修正。在東歐諸共產國家紛紛民主化之際，一九九〇年三月，立陶宛提出從蘇聯獨立出去的要求，拉開了蘇聯終將解體的序幕。東歐走向自由化和民主化，德國也邁向統一，蘇聯內部加盟共和國要求獨立，第二次世界大戰之後所形成美蘇集團對抗的冷戰結構已走到了盡頭。

在東歐和蘇聯局勢驟變的當時，美國不得不調整其對中共的政策。美國朝野很多人鑒於東歐和蘇聯的變化，乃主張採取對中共施壓的政策。因此，從史考克羅訪問中國大陸之後，美中（共）關係雖然初步好轉，卻又重新回到了停滯倒退的狀況，從以下幾件事情可以看出端倪：[28]

(一) 美國通知中共，今後世界銀行對中共的貸款將只給有關人類基本需要的項目，只有在中共內部情況有所改善之後，才能考慮放寬貸款。

---

[27] 同前註。
[28] 陳有為，前揭書，頁 152-153。

(二) 布希為了政治考量，下令必須在一九九〇年五月一日之前收回由中國航空技術進出口公司在美國收購的曼可公司。

(三) 美國取消原定為中國改裝「殲八」型戰鬥機的軍事技術合作項目。

(四) 國務院發表年度的世界人權狀況報告，指責中國「鎮壓行動仍在繼續」，人權狀況「急劇惡化」。

(五) 白宮負責亞洲事務的官員拒絕與使館政治官員會面交談。

(六) 國務院不准中共大使館公使去丹佛市會見美商人，理由是北京不許美駐華公使館參贊去西藏參觀。

(七) 美國副總統高爾與白宮國家安全事務助理史考克羅在白宮接見天安門事件中的學生領袖柴玲。

美國與中共關係的退潮，中共本身亦難辭其疚。在一九八九年至一九九〇年中共內部局勢與世界情勢都發生大變動的時候，中共總是在不斷地估量自己和估量美國，一再思索究竟美國還重視不重視中共的作用，然而一旦中共感覺到美國仍然重視中共的時候，中共卻又擺出了高姿態，[29]致使雙方的關係一直處於飄忽不定的狀態中。除此之外，東歐及蘇聯局勢的變動，確實對正欲修好的美中（共）關係發生衝擊，這個衝擊一直到一九九〇年底美國欲出兵波斯灣，始得以稍加緩解。由於美國要對伊拉克動武，而中共又擁有聯合國安理會的否決權，美國不得不再度重視中共。然而蘇聯的瓦解，徹底改變了美、蘇、中（共）此一大三角關係，這使得美中（共）關係又進入了另一個起伏與紛爭不斷的階段。

---

[29]　同前註，頁 156-157。

第二節　蘇聯瓦解對美、俄、中共關係的影響

第二次世界大戰結束後，進入長達四十餘年的東西方冷戰時期，此時由美、蘇、中共形成的三角戰略關係，曾是主導國際形勢變化的一個重要因素。自一九九○年起，東歐及蘇聯的共產政權相繼瓦解之後，全球進入了所謂的後冷戰時期。一九八九年是美蘇兩強走向和解的一年，在戈巴契夫正式宣稱將自我先行裁軍以後，冷戰的結束事實上是另外一個全然不同國際情勢之開始。[30]一九八九年開始，美蘇中（共）在五○年代冷戰時期所形成的戰略三角關係，經過長時期的演變發展，首次出現「三邊家族模式」的關係，也就是說，三國之間皆維持著一種肯定、正面的關係。這種積極性的三角關係，對世界和平的建構是有利的，更顯示出冷戰時代已趨向解體的徵兆。以美國的對華政策而言，由於美蘇力量的對比已經發生了有利於美國的變化，美國對處理與蘇聯的戰略關係已經降低了北京的重要性。雖然從某種意義上來說，北京在處理三角關係方面獲得很大的成功，但其在美國全球性的戰略考量方面，地位的重要性已經下降。[31]

自從一九九一年蘇聯解體後，美國已成當今世上唯一的超級強國。俄羅斯聯邦雖然繼承前蘇聯的國際角色，顯然沒有前蘇聯擁有的起碼能力，不至於成為美國的對手。同時，中共與俄羅斯的關係已全面改善，雙方在邊境地區的軍事對峙，也因此緩和下來。至於中共方面，其綜合國力雖因經濟成長而略有提升，但與美國比較仍難望其項

---

[30]　李本京，《後冷戰時期國際關係》（台北：黎明文化事業股份有限公司，1992年9月，頁107。

[31]　陳毓鈞，《戰爭與和平──解析美國對華政策》，前揭書，頁320-321。

背。在這種情況下，我們很難預測三者之間任何兩國的戰略關係會以第三國為目標。[32]也就是說三者之間缺乏一個共同而且明顯的敵人。

　　學者趙春山認為，後冷戰時期的美、俄、中共大三角戰略關係具有以下之特質：[33]

一、敵友界線的模糊：後冷戰時期的三角戰略關係，存在著一種既聯合、又鬥爭的性質，也就為未來的是敵是友，創造了一個模糊的空間。

二、以相互安全取代絕對安全：冷戰時期，軍事力量被視為強權執行其對外政策的主要工具，並且是構成國家權力的一個關鍵因素。後冷戰時期的三角戰略關係，儘管仍舊存在各種矛盾，但各方均強調以談判來代替對抗，以合作來避免對抗。為了達成此一目標，各方皆必須調整其對安全的觀念，並以必要的妥協來換取彼此合作的意願。

三、經濟扮演重要的角色：以中共與美國的經貿關係為例，根據中共的資料統計，它與美國的雙邊貿易額，已由一九七九年的二十四點五億美元，增加到一九九七年的四百八十九點九三億美元，以平均百分之十九的速度增長。這樣密切的經貿關係，已凸顯出美國與中共發展戰略關係的動力所在。從中共的觀點看，美國是中國大陸現代化所需的資產和技術的主要來源；而在美國方面，中國大陸也被視為一個龐大且具發展潛力的市場。

32　趙春山，〈面向廿一世紀的美、俄、中共三角「戰略關係」〉，前揭書，頁 12-13。
33　參閱趙春山，〈面向廿一世紀的美、俄、中共三角「戰略關係」〉，前揭書，頁 12-15。

　　學者王高成亦認為，就國際形勢的格局而言，冷戰時期的兩極對抗體系崩解，進入到以美國為唯一超強的單極多元體系（uni-multipolar world）。此時國際關係亦產生如下的變化：(一)兩極對抗的陣營瓦解；(二)國家間的互動以談判代替對抗；(三)經貿事務成為國際間的主要議題；(四)國際組織的功能日益重要。[34]

　　基於以上所述的特質，吾人可以瞭解到，後冷戰時期美、俄、中共三者之間並沒有互相牽制的三角關係，亦即不會以和任何一方結盟的方式來對抗另外一方。三者間傾向以合作交往的手段來達成彼此既定的政策目標，因此無論有沒有形成雙方的戰略關係，另外一方都不會覺得憂心或是受到威脅。

　　就國際情勢以觀，八十年代時美國用「中共牌」以平衡蘇聯擴充的用意已經不再存在，在東歐及蘇聯共產主義相繼崩潰後，美國不需要故意向中共示好，更不需要再有所謂的「中國牌」心結，美國於此時當然會秉持其一貫立場，為推動世界人權而努力，當今世界上最缺乏人權的國家之一就是中共，況且美國對中共在人權、軍售及核武等問題的表現相當不滿意，美國政府有鑒於此，目前對中共的政策是，一方面保持溝通管道，一方面則就人權貿易、軍售等問題施以壓力。[35]

　　後冷戰時期，從意識型態來說，西方已經贏得冷戰，蘇聯的威脅大為減弱。在後冷戰時期，美國亟欲建構與維持單極霸權體系，而且美國認為建立單極獨霸的世界體系的時機已經成熟。[36]美國布希政府

---

[34]　王高成，〈「安全兩難」下的兩岸外交競爭〉，《問題與研究》，第 36 卷第 12 期，1997 年 12 月，頁 25。

[35]　李本京，《後冷戰時期國際關係》，前揭書，頁 66-67。

[36]　丁永康，〈冷戰後美國的大戰略：建立單極霸權體系之挑戰〉，《美歐季刊》，第 13 卷第 2 期，1999 年夏季號，頁 169。

在九○年代前後乃以建構國際新秩序為主，在波斯灣戰爭期間及其後，布希總統一再倡議要建立「世界新秩序」（A New World Order）。布希本人認為波斯灣戰爭是新世界秩序的第一個考驗，其理由如下：(一)波斯灣的區域衝突不是超強對抗的代理戰爭；(二)安理會發揮了很大的功能，一致通過十二項決議案，制裁侵略者；(三)所有的國家都加入反對侵略者的行列。[37]一九九○年九月初，布希和戈巴契夫在赫爾辛基（Helsinki）舉行高峰會，雙方同意在波斯灣危機中共同合作以遏阻侵略行為。九月十一日，布希向國會聯席會議發表演說，正式在公開場合提出「世界新秩序」的觀念。接著於十月一日，布希向聯合國大會致詞時表示：「我們想建立起一種超越冷戰範圍的新的國家伙伴聯盟；一種基於磋商、合作和集體行動，且按照原則和法治統一起來的，並得到公平地分擔責任與義務的這一原則所支持的伙伴關係；一種目的是為了加強民主、促進繁榮、增進和平與減少武器的伙伴關係。」[38]不過儘管布希政府對於「世界新秩序」的建立有相當的期待，然究其實，無非是想藉此建立美國在後冷戰時期的單極霸權體系的地位。正如法國前國防部長卻文尼門（Jean-Pierre Chevenement）所說，「世界新秩序」唯一新的特點是它是一種美國的秩序。[39]季辛吉亦曾說，「世界新秩序」的概念是美國人出於為打一場戰爭而尋找漂亮藉口的需要，它不大可能實現布希所表達的理想主義的期望。[40]

---

[37] Lawrence Freeman, "The Gulf War and the New World Order, "*Survival*, Vol. XXXIII, No.3 (May/June 1991), pp.195-209.

[38] 丁幸豪、潘銳，《冷戰後的美國》（香港：三聯書店，1993年），頁 50-51。

[39] 陳毓鈞，《戰爭與和平—解析美國對華政策》，前揭書，頁 396。

[40] 同前註。

　　美國在冷戰結束後，由於建立單極霸權體系的殷望迫切，以美國的對外政策而言，除了在經濟上是維護美國作為頭號經濟大國的地位，在政治上主要是應付蘇聯和東歐的局勢。[41]此外，冷戰結束後，中共戰略地位更替，雖不若以往之美、蘇、中共三角平衡關係之戰略地位，但是在亞洲蘇聯退出之權力真空之下，美國雖為獨立超強，對於中共潛力仍不容忽視。[42]一般而言，中共之戰略地位，雖已無冷戰戰略制衡蘇聯，但是美國學界對中共之未來發展抱持如下的看法：[43]

(一) 中共威脅論──其經改發展，對其軍事科技、武力提昇突破助益很大，因此將威脅亞洲的穩定。

(二) 中共經濟發展其社會結構更與國際社會體系緊密相連，中共與各國之雙邊利益，將會有助於國際新秩序的維持。

(三) 整合中共加入全球戰略安全體系，促成中共廣泛加入與簽訂遵守武器管制體系條約，例如飛彈控制科技、核武禁止擴散、禁試等條約，以及其他國際安全的制度，裁軍限武的規約等。

　　由於後冷戰時期，意識型態的戰爭已經褪色，美國撤出蘇比克灣的象徵意義，正是調整其對亞洲的戰略防禦，難免與中共互別苗頭。而且美國在戰略上已失去對手蘇聯，頗有尋找潛在對手的模擬推演，中共威脅論遂被提出，證明在全球大戰略之下，即使蘇聯退出角逐，中共的戰略地位仍在。可是中共的人權問題仍為世界所矚目，面對美

---

[41]　丁幸豪、潘銳，前揭書，頁 31-32。

[42]　宋宏煦，《國際社會的變遷與二十一世紀》（台北：正中書局，1995 年 2 月），頁 80。

[43]　宋宏煦，《國際社會的變遷與二十一世紀》，前揭書，頁 85-86。

國主導「和平演變」策略,中共對外強調不容許他國干涉內政[44],因此,從美國與中共這種戰略互動來看,印證了後冷戰時期雙方亦敵亦友,以及以談判代替對抗和以合作避免對抗的特質。

　　此外有關美國、蘇聯的關係,美國總統布希在冷戰結束後,面對中共的改革開放以及蘇聯、東歐的變化,提出了「走出圍堵」(Move beyond Containment)的新戰略觀點。布希指出,杜魯門以來的圍堵政策發生了作用,冷戰時代反對共產主義的圍堵政策目標業已達成,美國已到了走出圍堵階段而為九〇年代制定新政策的時候。未來美國便是要尋求使蘇聯融合到國際社會中來,美國必須對蘇聯改革作出積極的反應,也就是美國要走進和蘇聯實行國際合作的新時代。然而在與蘇聯尋求國際合作之時,美國的新戰略仍然強調要在後冷戰時代中保持足夠而強大的武力,而且向蘇聯提出五點要求:(一)削減武裝力量到和正當的安全需要相稱以及威脅性更小的水平;(二)保證支持東歐自由化和自決;(三)採取積極和切實可行的步驟和西方合作;(四)改善人權狀況,實現持久的政治多元化;(五)和美國合作以共同解決毒品、環保、生態等緊迫性的全球問題。[45]由此亦可看出後冷戰時期以和解代替對抗,以及尋求合作的空間仍是美、蘇、中(共)三方所冀求的,這對於創造彼此的國家利益也會有所助益。

　　面對蘇聯解體的變化,對中共帶來的衝擊和挑戰是無庸置疑的。根據香港文匯報的一篇專文分析中共在蘇聯解體後對外關係特色為:(一)衝破制裁難關;(二)遠交近親的局面已然形成;(三)建立多極

---

[44]　同前註,頁 87-89。
[45]　陳毓鈞,《戰爭與和平——解析美國對華政策》,前揭書,頁 376-377。

化國際新秩序。[46]這三項特色雖然是中共自六四天安門事件以來在對外關係方面所致力追求的目標，但是有關建立多極化國際新秩序乃是中共在蘇聯解體之後所亟欲達成的目標。在原美蘇對抗的兩極體系中，中共本是採取配合美國戰略利益的立場，一則可以以之牽制蘇聯，減輕來自蘇聯的重大壓力；二則可以借重西方發展經濟，而今二極格局已不復存在，中共雖然失去往日要脅美國的戰略地位，但是中共經過十年經改，國力已有明顯提昇，從中共主張建立多極化的國際新秩序，即可看出中共不欲接受蘇聯解體後由美國領導與主宰的一極化「世界新秩序」的安排。[47]對於布希政府所提的「世界新秩序」，北京方面除了不予認同之外，還強調「五大和平共處」原則對「世界新秩序」才是最重要的指導方針。北京雖然重申和平解決國際危機的信念，但對於以美國主導的「世界新秩序」則持不以為然的態度。[48]由此亦適可說明後冷戰時期美國與中共既聯合又競爭的戰略模式，也造成了雙方搖擺不定及充滿摩擦的合作關係。

第三節　美中的戰略變化

在布希入主白宮之初，由於蘇聯尚未瓦解，對中共多所縱容，「六四事件」發生之後，堅持對中共採取局部制裁，而不願施以全面制裁；甚至在美國尚未撤銷高級官員不得訪問大陸的禁令之前，派遣國家安全顧問與副國務卿密訪北京，足見其謹慎之態度。然而，隨著國際情勢的轉變與中共內部的變化，美國不得不逐漸調整其對中共的政策。

---

[46] 文匯報（香港），1992 年 1 月 28 日，第 4 版。
[47] 宋筱元，前揭論文，頁 197。
[48] 陳毓鈞，《戰爭與和平——解析美國對華政策》，前揭書，頁 397。

就美國與中共的戰略關係而言，蘇聯的解體應是促使美國與中共戰略關係之本質改變的原因。布希主政初期，蘇聯已不再對美國構成重大的軍事威脅，美國也將其對聯合中共以抗衡蘇聯的戰略，改變為推動與中共的「建設性交往」（constructive engagement）政策以促進亞太地區的安定與和平，同時也期望中共能在有關提升國際安全之問題方面合作。[49]

　　長期以來，美國的中國政策就一直同時存在著兩股不同的力量，其中一股力量希望立即把中共拉進世界市場，使其接受世界秩序的規範；但另一股力量則希望通過長期的施壓，使中共的體制根本轉變。前者如尼克森、季辛吉等人；後者則自卡特時期倡議人權外交後逐漸抬頭，而東歐與蘇聯發生變局，更加凸顯這股理想主義的力量。在布希政府時代，美國國內常出現要求對中國政策重新評估，並對中共採取強硬立場的聲音。[50]一九九一年八月，蘇共反戈巴契夫的政治局委員發動政變，雖然失敗，卻也加速蘇聯的崩潰。戈巴契夫下台後由葉爾辛（Boris Yeltsin）掌權，美國和中共共同合作的戰略基礎受到削弱。在此大形勢之下，尼克森、季辛吉等人所強調的北京可以作為對付莫斯科威脅之主張，於是變得較欠缺說服性了。因此在蘇聯解體後，美國對中共的態度便顯得強硬起來。布希總統於一九九一年十一月十二日對「亞洲協會」（Asia Society）的演講中，直接指明中共、北韓、緬甸為「亞洲不穩定的根源」（the source of instability in Asia）。[51]一九九一年底，國務卿貝克在「外交事務」（Foreign Affairs）季刊上撰文

---

[49] 陳文賢，〈美國與中共戰略互動下的台灣安全：一九七〇年代以來的觀察〉，前揭文，頁7。
[50] 陳威任，前揭論文，頁127-128。
[51] *China News*, November 14, 1991, p.1.

指稱中共政權已和時代脫節；[52]此外，國防部助理部長李潔明於一九
九一年十二月五日在哈佛大學談話中指出華府與北京的戰略關係在
本質上已有重大的改變，又說台灣問題將不會出現在美中談判的議程
上，華府今後不會在台灣問題上向北京作出任何讓步等。這種跡象正
可以顯示美國不再將中共視為對抗蘇聯的夥伴，而是一個既非敵人亦
非朋友的區域性強權。因此，蘇聯瓦解後，美國對中共的新政策可概
列如下：[53]

(一) 布希總統在「亞洲協會」所發表的講詞中，強調美國的新亞
　　洲政策著重於安全、民主與貿易。中共在過去所賴以維繫與
　　美國保持同盟關係的安全因素，已漸次被美國和各國雙邊或
　　多邊的軍事安排或承諾所取代。至於民主與貿易兩項重點，
　　中共雖為對象，但卻成為美國所壓迫的對象，而非重要的
　　「伙伴」。

(二) 中共與美國的關係已經由相對、對等的互動模式，逐漸演變
　　為美國操主動權的不對等態勢。以往中共提出要求，美國相
　　應配合的情況已告逆轉。

(三) 民主價值似已取代安全價值，成為美國的中共政策中最優先
　　的目標。美國將置重點於公開要求中共尊重人權，認識民主
　　潮流或公開否定中共在這方面的表現。換言之，美國已明白
　　宣示其欲「和平演變」中共的政策決心。

---

[52] James A. Baker, "America in Asia : Emerging Architecture for a Pacific Community", *Foreign Affairs*, Vol.70, No.5., Winter 1991/1992, p.17.

[53] 趙建民，〈自霸權穩定理論看美國與中共關係〉，《美國月刊》，第 7 卷第 1 期，1992 年 1 月，頁 38。

(四) 美國與中共在政策上已因外在環境的轉變而產生分歧，而掩蓋雙方本質與制度歧異的人為因素不復存在。因此具體而言，日後雙方在人權、軍售與貿易上的問題，便顯得格外重要，也是分歧的關鍵。

(五) 美國不再顧忌中共的反應，而開始對台灣給予較多的實際考慮。在「六四事件」之前，美國官方一向避免提及台灣，其後，布希和貝克都不只一次提及台灣，並公開支持台灣更積極參與國際事務。

由於國際局勢驟變，美國與中共的關係在此間不斷發生糾葛。進一步而言，過去美國需要中共聯手對抗蘇聯威脅時，可以照顧中共，而在某些小細節方面不予計較。及至蘇聯瓦解，美國沒有必要再單方面處處照顧中共的利益。其次，中共的確在某些方面觸犯了美國的利益，例如對某些敏感地區出售導彈，大規模侵犯美國智慧財產權，對美貿易的大量順差等等。另外，中共在勞改產品出口，導彈技術轉讓以及盜版等問題上一再言而無信，使美國政府、國會和輿論逐漸產生對中共的不信任感。[54]

總而言之，隨著蘇聯的解體，冷戰結束後華府已不再將北京視為具有全球性作用的強權，而毋寧是一個區域性強權。美國當然還是想和中國大陸保持建設性的接觸，但是接觸的條件將由美國採取主動方式，因為此時美國已是全球獨一無二的超級強國。職是之故，原本在冷戰時期居於次要地位的一些問題，在美國與中共關係發展之中就轉變而為突出的問題，並且隨著中國大陸內部情況的發展以及北京和其他國家間多邊關係的開展，這些問題就變得更引人注目，這些問題包

---

[54] 陳有為，前揭書，頁231。

括：人權問題、台灣問題、貿易平衡與知識產權問題、核武擴散與武
器出售問題、中國的軍備開支和國防現代化問題。如此一來，美國與
中共就進入到在雙方關係中的所有問題既有利益重疊又有利害衝突
的年代，也就是說既非敵人又非朋友，以及處在有限的衝突與有限的
合作之間。[55]這種雙方的戰略互動關係與前所分析後冷戰時期的國際
關係特質相較，著實是不謀而合的。

　　蘇聯解體的事實，減弱了美國國內已建立起的與中共交往來平衡
蘇聯的共識，而人權問題又進一步弱化了這項共識。[56]一九九一年十
一月十五日，美國國務卿貝克訪問北京，要求北京必須在人權、軍售、
核子擴散及經貿等問題上和華府進行合作才能維繫雙方之友好關
係。在人權問題上，北京並未同意釋放任何政治犯，僅表示對華府年
初遞交的八百名政治犯名單願提供資訊，若不涉及刑事犯罪行為者將
重新處理。另外，貝克在訪問北京期間，中共將民運人士戴晴和侯曉
天予以拘禁，向華府強烈傳達決不接受干涉內政的訊息。導致貝克的
北京之行未能達成預期的效果。為此，曾引起參眾兩院的抨擊，例如
參議院司法委員會主席拜登（Joseph R. Biden, Jr.）就說布希政府與北
京強硬政權進行建設性交往的政策已充分證明為無效。[57]

　　在軍售問題方面，一九九二年九月二日布希政府決定出售一百五
十架 F16A/B 型戰鬥機給台灣，總值約為四十億美元，如果將有關的

---

[55]　陳毓鈞，《戰爭與和平——解析美國對華政策》，前揭書，頁 400-401。
[56]　陳文賢，〈美國與中共戰略互動下的台灣安全：一九九〇年代以來的觀察〉，
　　　前揭文，頁 7。
[57]　張雅君，〈理想主義下布希對中共政策的困境〉，《美國月刊》（台北：政大國
　　　際關係研究中心），第 7 卷第 1 期，1992 年 1 月，頁 56。

訓練及零件費用計算在內，其價格將高達六十億美元。[58]這是自一九八二年美國與中共簽署「八一七公報」以來，首度大幅提高對台軍售的質與量，不僅可大幅提升台灣的空防能力，也造成美國、台灣、中共三角關係的一個重大轉折。綜觀美國這項軍售案的成立，其主要因素有三：

(一) 在政治層面上，因為布希在波斯灣戰爭後聲望一直下滑，在總統大選年政治情勢顯然對其不利，因此這項軍售案可以說是一項以內政為主導的決定，同時這項軍售決定更超越了所謂的政黨政治，因為德州的民主黨參議員班森（Lloyd Bensten）也強力支持這項軍售台灣的決定。[59]

(二) 在經濟層面上，布希主政期間，美國的經濟景氣持續低迷。布希決定售予台灣一百五十架戰機，可以為美國爭取到六十億美元以及三千人的工作機會。這不僅對布希爭取德州選舉人票極有助益，對當地的經濟亦有正面影響。[60]

(三) 在戰略層面上，美國認為台海兩岸均勢也是一個考慮的因素。美國政府方面宣稱這是可促進台海穩定的一次軍售決定，美國認為這是繼俄羅斯出售蘇愷二十七（Sukoi-27）戰機給中共後，美國認為基於平衡台灣與中共權力關係的需要所做的軍售決定。助理國務卿伊戈伯格即表示，鑑於中共已取得蘇愷二十七型戰機，美國實有必要提供台灣 F16 戰機從事防禦性的任務；他並認為，台灣空軍的戰機多已老舊不

---

[58] 陳威任，前揭論文，頁 130。
[59] William D. Hartung, *And Weapons for All* (New York, N.Y. Harper Collins Publishers, Inc., 1994), p.279.
[60] *The New York Times*, August 25, 1992, p.A14.

堪，必須加以汰換，等到 F16 戰機運到台灣時，台灣空軍的
實力也不過等於一九〇年時面對中共的實力而已。[61]

(四) 在美國與中共互動關係上，自「六四事件」後雙方關係倒退
也可能是布希對台出售戰機的原因之一。雖然六四天安門事
件以來，布希本人對中共多所迴護，雙方關係也偶有改善，
但是美國對中共的不良人權記錄、不公平貿易措施、不負責
任的軍火外銷政策、以及奴工產品外銷等問題則一直施加壓
力，甚至動輒以最惠國待遇或是三〇一條款貿易制裁來威脅
中共。中共對美國這種霸權心態極為不滿，除了批評美國干
涉中共內政的不當作法之外，也曾多次聲言將對美國採取不
合作或反報復措施。[62]

　　總括而言，布希政府之所以打破自一九八二年之「八一七公報」
以來美國不提高對台軍售質與量之既定政策，而決定出售高性能戰機
給台灣，主要的考慮包括：美國國內的政經壓力、國際戰略環境的改
變、台海均勢的維持、美國與中共關係的惡化等因素。然而，綜觀這
些因素，一般以為由於美國經濟不景氣，就業問題成為選民心中的主
要考慮，以至布希以國內政治需要而犧牲了北京的友誼，但是問題恐
怕不是如此單純。美國學者黎安友（Andrew Nathan）認為美國出售
F16 戰機給台灣已經超出美國總統選舉這一單純的因素，而是顯示出
華府對台灣政策一項更深層意義的改變。因為黎氏認為中共千方百計
想將台灣牢牢抓住，無論是以文攻武嚇方式或是保留最後對台使用武

[61]　丘宏達，〈美國與中共關於台灣軍售八一七公報的法律問題〉，《美國月刊》，
　　　第 7 卷第 11 期，1992 年 11 月，頁 8。
[62]　陳威任，前揭論文，頁 131-132。

力的選擇在所不問，均足以說明北京不能坐視台灣落入任何一個非北京之友的國家的掌控，以免威脅到北京的安全。[63]由此觀點說明美國軍售台灣戰機的意義，恐怕是美國對中共與台灣之間權力均衡的考量，以及美國在戰略互動上已採取較為主動的姿態。

就美國的立場而言，布希總統也在其決定出售 F16 戰機演說中表示：提供台灣足夠防衛能力，有助於降低台海兩岸緊張關係，[64]又表明此舉旨在維護亞太地區的和平與安全，並強調此項行動並不違反一九八二年的「八一七公報」。布希表示：

「出售 F16 戰機給台灣將有助維繫我們最關切的亞太地區的和平與安定—這符合美國的法律。經過數十年的對峙之後，近些年來台北與北京已向降低緊張關係邁了一大步。此期間，美國一直提供台灣足夠的防衛能力，以維繫台灣與大陸為降低緊張關係所需之信心。而此一安全感促使台灣大幅邁向民主政治。我今天所作的決定，並不會改變本政府和前任政府對於與中華人民共和國所簽署三項公報之承諾。我們會信守諾言：我們的一個中國政策，我們承認中華人民共和國為中國唯一合法政府。我始終強調，一九八二年關於對台軍售公報的重要性，在於促進共同的政治目標——經由彼此節制維持該地區的和平安定。」[65]

雖然布希這項軍售台灣的決定受到北京方面的強烈批評，認為美國違反八一七公報的協定，但是當新聞報導北京可能採取報復行動

---

[63]　Andrew J. Nathan, "China's Goals in the Taiwan Strait, "*The China Journal*, No. 36 (July 1996), p.89.

[64]　林正義，〈八一七公報後美國對台軍售政策〉，前揭文，頁 51。

[65]　*Weekly Compilation of Presidential Documents*, Vol. 28, No. 36 (September 7, 1992), p.1556-57.

時，國務院官員的反應是：誰還關心這些！他們認為美國與中共關係
的方程式已經顛倒過來了，現在是中共需要美國遠超過美國需要中
共。[66]至此，美國對中共外交政策的自主性似乎也愈來愈強烈。

　　除了軍售問題外，人權與經貿問題亦是後冷戰時期美國與中共互
動關係之焦點所在。受到蘇聯瓦解的影響，美國對中共的政策出現了
微妙的轉變，華府雖然仍強調重視雙方的關係，但是降低了戰略因素
的重要性，轉而提昇人權因素的份量。美國強調人權的普遍性，認為
人權是人民應當享有民主自由的政治權利，而維護人權亦是國際公認
的普遍原則。然而中共在人權問題上的觀念與美國是大相逕庭的，認
為人權沒有絕對的普遍標準，每一個國家的人權問題都是主權問題，
不容外國干涉。鄧小平強調「國權」高於人權，人權必須服從於「國
權」。[67]在此觀點之下，中共把人權問題當作國家主權的問題來處理，
因此指責美國企圖利用人權問題來干涉中國的內政。尤有進者，中共
在人權問題上，不向美國屈服妥協，而堅決抵制外來的壓力，是因為
中共把人權問題看作是西方對其進行和平演變的主要手段。美國越是
壓迫，中共越是頑抗，中共甚至利用美國對人權問題的高度重視來與
美國進行交易，例如把在美國大使館避難的方勵之與在押政治犯當作
交易的籌碼，在關鍵的時候以放人來要求美國對中共作出讓步。[68]

　　由於美國與中共對人權問題的齟齬，使得雙方的互信更顯得脆
弱。而此間，中共武器擴散的問題亦浮現檯面，使美國大為不悅，更
增添了爭執不斷。中共出口武器最引起美國與西方關注的是導彈與核

---

[66]　王日庠、黃仁偉，《中美關係向何處去》（成都：四川人民出版社，1993年），頁74。

[67]　陳有為，前揭書，頁232。

[68]　同前註，頁233。

武技術的轉讓，特別是對中東、南亞等潛在衝突的敏感地區的武器出口。天安門事件後，為了牽制與對抗美國，出售中程導彈遂成了中共的政策。一九九一年一月三十一日，根據「紐約時報」報導，美國情報機構估計，中共還繼續向敘利亞和巴基斯坦出售導彈。美國根據所獲得的情報，認定中共要在一九九一年向敘利亞出售 M-9 型導彈、向巴基斯坦出售 M-11 型導彈，因此一再要求中共參加「導彈技術控制體制」（MTCR），並遵守規定，不再對該兩國出售導彈。因為北京始終不能給美國一個肯定的保證，布希乃以中共仍要擴大出口導彈為由，在一九九一年五月宣布延長中共最惠國待遇的同時，決定扣發出售給中共代外國發射的七顆人造衛星的許可證。只有在中共證明不再出售導彈之後，才能取消這項制裁。由於受到美國制裁，中共外長錢其琛不得不於一九九一年十一月十七日，正式向美國務卿貝克表示，中共決定遵守 MTCR 的規定。揆諸中共遲遲不肯在不出售中程導彈問題上作出承諾，除了基於出售武器是一個國家的主權行為，外國無權干預外，中共在天安門事件後不滿美國壓力，更企圖以武器銷售作為制約美國的一張王牌；此外，中共亦想把出口導彈問題與美國對台軍售問題掛鉤，迫使美國減少對台灣的武器銷售。[69]

　　美國在處理與中共治絲愈棼的問題時，基本上，布希政府仍然傾向於將貿易、武器擴散、人權與民主問題分開處理。因此儘管布希政府為中共六四事件之罔顧人權問題，受到國內一片制裁中共的壓力，布希總統仍然於一九九一年五月二十七日，在耶魯大學畢業典禮上發表演說，宣布他決定再度無條件延長中國大陸的最惠國待遇。布希著眼點在於，取消最惠國待遇，將迫使中共走回孤立，不僅會傷害中國

---

[69]　同前註，頁 237-241。

的經濟和中國一般人民，而且會影響私有化和人權覺醒的前景。布希表示：「延長中共最惠國待遇的緊迫理由並非經濟亦非戰略，而是道德。……假如我們希望影響中國，那孤立中國就是錯誤。……這個國家的外交政策一直都不只是單純表達美國的利益而已，而是一種美國理念價值的表達。這個道德充塞的美國政策要求我們積極活躍地參與世界事務。」[70]綜觀布希的辯護，無非是想將人權問題與經貿問題分開而已，其政策帶有十分濃厚的理想主義色彩，因為美國有維持與中共的貿易關係，繼續兩國的交往，才能使貿易、武器擴散、人權與民主等問題獲致改善。布希並認為，鼓勵中國大陸自由市場力量的最好方式，就是維持經濟接觸，而經濟成長不可避免的將產生更多的國內壓力，要求更多的政治自由。[71]此外，布希政府認為即使冷戰已結束，中共在地緣政治的重要性並未因此而消失，尤其在蘇聯瓦解後，亞洲已出現權力真空，此時中共在亞洲區域安全上所扮演的角色將更為重要。尤有進者，中共身為聯合國安理會的一員，擁有否決權，其態度對國際和平的維繫有舉足輕重的地位。因此美國若撤銷中共的最惠國待遇，日後可能難以要求中共在國際事務方面合作。[72]基於此，布希仍然不斷據以宣布繼續給予中共最惠國待遇。

　　在對中共的最惠國待遇問題上，美國行政部門與國會的立場是不相一致的。繼一九九○年布希總統於五月二十四日宣布延長中共最惠

---

[70]　《中美關係報告：一九九○～一九九一》（台北：中央研究院歐美研究所，1993年），頁241-243。

[71]　中國時報（台北），民國八十年五月二十八日，第1版。

[72]　"Remarks to the Asian-Pacific Community in Fountain Valley, California, June 16, 1991", *Weekly Compilation of Presidential Document*, Vol.27, No.25, June 24, 1991, p.795.

國待遇，遭眾議院表決通過取消該案後（嗣因參院未對眾院通過的這項決議案採取任何行動而胎死腹中），到了一九九一年，美國國會對於布希政府延長中共最惠國待遇的反應更為激烈。一九九一年五月二十七日當布希再度決定給予中共一年無條件的最惠國待遇，立刻遭到國會強烈的抨擊。參眾兩院分別通過了由加州民主黨眾議員培洛西等人發起的 H.R.2212 號法案，參院是五五：四四票，眾院是三一三：一一二票。法案經過參眾兩院代表協商並提出修正案後，其主要內容為：北京政府必須說明並釋放在「六四事件」期間及以後所逮捕的民運分子、中共必須中止對敘利亞及約旦出售飛彈、以及中共必須在人權、防止核子武器擴散和貿易等方面都要有顯著的進步。[73]十一月二十六日參眾兩院再經表決通過這項修正案，送交總統處理，經布希動用否決權予以否決，國會嗣再進行反否決投票，惟參議院未能通過反否決。一九九二年六月二日布希再度宣布延長中共下一年度的最惠國待遇。眾議院於是在七月二十一日，以三三九票對六十二票通過白洛西以及皮斯兩位議員提出的決議案（H.R.5318），其內容規定中共必須在人權、禁止武器擴散、禁止奴工產品輸美、停止宗教迫害、給予中國大陸及西藏新聞自由等多方面有具體的改善後，才能在一九九三年享有最惠國待遇。[74]嗣經參議院通過同樣內容的法案，眾院接受參院通過的內容，並將此法案再度送交白宮。九月二十八日，布希總統使用否決權，反對此項附加條件的決議案。九月三十日，眾院再度以超過三分之二的多數推翻布希的否決，但參院在十月一日的投票則未能

---

[73] Elizabeth A. Palmer, "House Approves Condition on China MFN Status," *Congressional Quarterly*, November 30, 1991, p.3517.

[74] David S. Cloud, "House Tries Again to Restrict MFN Status for China," *Congressional Quarterly*, July 25, 1992, p.2160.

超過三分之二（五十九票對四十票），布希總統再度成功地否決了國會提案。[75]綜觀布希上述處理人權問題與最惠國待遇問題分開的做法，無非是基於現實主義的考量，因為儘管冷戰已經結束，中共在亞洲及世界的地位仍不容忽視，況且布希大力提倡後冷戰時期「世界新秩序」的理念以建構國際社會的新秩序當然亟需要中共的配合才能達成。布希的這種作法一直到了柯林頓上任之後才有所改變，但是旋即又有一百八十度的轉變。

柯林頓在一九九二年競選期間，對中共的人權紀錄強烈抨擊，凸顯出其不同於布希時的政策。他主張對中共的最惠國待遇應附加條件，藉以迫使中共在貿易、核武擴散、人權與民主等方面加以改善。一九九三年一月，柯林頓入主白宮後，美中（共）所處的世界局勢已然不變。由於蘇聯已經瓦解，此時美國政府認為關係美國國家安全的最重要問題，已經朝防止核子武器擴散、飛彈科技的管制及關心人權等方面發展。而其中影響美中（共）最大的問題則是，美國把給予中共之最惠國待遇與中共的人權紀錄相結合，亦即美國將視中共人權狀況的改善來決定是否繼續給予中共最惠國待遇，特別是美國國會方面更是抱持此一原則。這對於一直是問題重重的美國與中共的貿易問題，再與人權問題聯結無疑是雪上加霜。尤其美國國會以中共的人權狀況為由而不支持北京接辦公元二〇〇〇年的奧運會，更引起中共高層的不悅，覺得對美國應持更為強硬的態度。[76]

---

[75] "Senate Rejects MFN Override," *Congressional Quarterly*, October 3, 1992, p.3027.

[76] 陳文賢，〈美國與中共戰略互動下的台灣安全：一九七〇年代以來的觀察〉，前揭文，頁8。

　　有鑒於此，柯林頓上台之初，高舉民主、人權的美國價值向北京施壓，然而效果不佳，引起美國工商界的不滿，多數中國事務界的人士也認為此舉不僅會喪失改善關係的機會，而且將失掉中國大陸日漸擴大的市場。柯林頓在壓力之下，於一九九四年五月將人權問題和貿易問題脫鉤。一九九六年七月，柯林頓接受紐約時報訪問時承認，過去對中共政策中將人權置於貿易之上是不正確的。[77]柯林頓決定不再將人權問題與最惠國待遇政策掛鉤，正式為美中（共）自「六四事件」以來的這項長期性爭議劃下句點。為此，國務卿克里斯多福也在彈約亞洲協會發表的演說中表示，美國必須擴大與中共的接觸，如果中共的最惠國待遇遭撤銷，則美中（共）關係將遭嚴重破壞。[78]

　　紛擾多年的美國給予中共最惠國待遇之爭議，終於在柯林頓任內劃下休止符，其所凸顯的意義值得探究。[79]

　　第一、將人權與貿易脫鉤不僅可免除中共及他國對美國霸權主義的批評，也是柯林頓從理想主義走向現實主義政策的表現。

　　第二、柯林頓於一九九三年九月二十七日在聯合國大會的演說中曾表示：「我們最主要的目標是擴大以市場為基礎的國家所組成的世界社區。」[80]同年十月二十日，克里斯多福在國務院外交政策研討會上發表演說時強調：「經濟與商務考量正成為我們外交政策的核心，我們的經濟利益就是在廣大的新市場中更進一步開發出口及投資的

[77] 陳毓鈞，〈柯林頓連任後「中」美關係的走向〉，《美歐月刊》，第 11 卷第 12 期，1996 年 12 月，頁 26。

[78] 聯合報（台北），民國八十三年五月二十九日，第 10 版。

[79] 陳威任，前揭論文，頁 149-151。

[80] Bill Clinton, "Confronting the Challenges of a Broader World, " U.S. Department of State Dispatch, 4:39, September 27, 1993, pp.649~653. 轉引自陳毓鈞，《戰爭與和平—解析美國對華政策》，前揭書，頁 424。

機會。」[81]由於柯林頓強調外交與經濟結合的重要性，因此，面對中國大陸的廣大市場以及為紓解美國國內企業界的反彈，經濟優先的考量亦是將人權與貿易脫鉤的要因。

第三、後冷戰時期美國雖然是唯一強權，但在許多事務上必須取得中共的合作，尤其中共在聯合國安理會擁有否決權，為維護亞洲區域安全甚至於全球的新秩序，對雙方良好關係的維持是必要的考量。

總而言之，柯林頓對中共政策的急轉彎，完全是以美國的現實利益為出發，而這項決定也正是美國對華政策趨向務實的開端。冷戰結束後，聯合中共抗俄的戰略價值雖然大不如前，但是中共擁有核子與洲際飛彈武器、對北韓仍具若干影響力、又擁有安理會否決權等重要因素，都使美國不得不正視中共的影響力。柯林頓政府認為美國有許多務實的理由要與中共交往，許多區域性的問題要有進展，如台海、北韓、柬埔寨、南海等問題，尤其是禁核武擴散以及全面禁止核子試爆，中共的合作更是舉足輕重。因此柯林頓上任後即強調對中共採取全面性、建設性的交往政策。[82]一九九四年柯林頓並在美中（共）雙方共同的利益上尋求建立雙方的信心和協議，藉由對話以減低雙方的歧見。例如美國與中共互相派員解釋雙方的基本戰略及軍事預算。因為中共身為區域強權，五角大廈與人民解放軍的溝通十分重要，因此美國國防部在九四年建立與中共安全與軍事接觸的新政策，包括國防科技轉移、信心建立、區域透明化等。[83]整體而言，柯林頓總統的「交

---

[81] Warren Christopher, "Economic Policy is at Center of U.S. Foreign Policy," October 20, USIA, 1993.

[82] 裴兆琳，〈柯林頓新政府對華政策之展望〉，《美歐月刊》，第 11 卷第 12 期，1996年 12 月，頁 5-6。

[83] Joseph S. Nye, Jr., "the Case for Deep Engagement," *Foreign Affairs*, Vol.74, No.4

往」外交政策目標和布希總統的「世界新秩序」目標大致相同,即是確保美國的基本價值觀、建立穩定與安全的世界秩序,以維護美國的利益。[84]美國身為後冷戰時期的唯一超強國家,在面對有可能成為另一亞洲超強的中共時,既要與其進行交往,又要防止其破壞後冷戰時期的亞太地區新秩序,在這種情形之下,辛恩(James Shinn)稱之為「有條件的交往」(conditional engagement),即是歡迎將中共導入國際社會,同時也不荒忽其與亞洲國家建立具有穩定亞洲作用的安全關係。[85]

雖然美國對於中共的經貿與人權爭執有了共識,並獲致雙方滿意的結果,然而之前就在美國與中共為了經貿與人權問題產生紛擾和爭執的期間,美國卻於一九九四年九月重新評估其對台灣的政策。

一九九四年九月七日,美國國務院公布對台政策檢討結果,就雙方技術性調整項目而言,包括:[86]

(一) 美國政府同意台灣駐美機構「北美事務協調委員會」(The Coordination Council for North American Affairs)更名為「台北經濟文化代表處」(The Taipei Economic and Cultural Representative Office)。

(二) 在「美國在台協會」(American Institute in Taiwan)主導之下,美國與台灣將建立部長級以下(Sub-Cabinet)之經濟對話。

(July/August, 1995), p.100.

[84] 莫大華,〈從一九九六年台海飛彈危機檢視美國的國家安全與軍事戰略〉,《美歐月刊》,第 11 卷第 9 期,1996 年 9 月,頁 59。

[85] James Shinn, 李巧雲譯,〈美與中共有條件的交往之道〉,中國時報(台北),民國八十五年四月十五日,第 10 版。

[86] "Adjustment to U.S. Policy Toward Taiwan Explained", AIT Wireless File, PFS 502, September 9, 1994, pp.1~15.

(三) 美國允許「經濟及技術性」（economic and technical）部會之高層官員訪問台灣，將視個案決定而且不排除派遣內閣級官員訪台。

(四) 台灣官員可以至經濟、商務、技術性美國官署洽公晤談。

(五) 美國基於禮儀、方便、安全原因，將視個案提供台灣高層首長（如總統、副總統、行政院長、行政院副院長）「過境」之協助。

雖然美國對於台灣的政策經過檢討，企圖顯示其友好的舉動，但是基本上其結構性的政策仍然未變，例如：美國仍繼續維持「一個中國」的政策，不支持台灣加入聯合國及其他以「國家」為入會資格的國際組織，對台軍售仍將完全符合台灣關係法及八一七公報的規定等。[87]至於台北方面，對於美國的調整對台政策反應不一。外交部長錢復對於駐美代表處的名稱、美國未具體承諾高層官員互訪、美國不支持台灣加入聯合等方面表示不滿意與失望，[88]然而綜觀此次美國調整其對台政策仍有諸多較過去改善之處，也證明了美國在增進其與台灣關係作為上之努力。這些方面包括：雙方未來將可建立制度化之「次長級」的經貿正式對話，以及國務院可派遣有關經貿技術層面的次長級官員來台訪問。[89]雙方在這些方面的具體成效為，布希時代美國訪台之最高層次政府官員，除了貿易代表席爾絲之外，一直維持不超過「副司長」級之位階；而柯林頓時代已派運輸部長斐納（Federico Pena）來台灣訪問，他更是美國與中華民國斷交之後十五年來第一位內閣官

---

[87] Ibid.

[88] 中國時報（台北），民國八十三年九月九日，第 2 版。

[89] 聯合報（台北），民國八十三年九月十日，第 2 版。

員訪問台灣，結果引發中共取消對他計畫於一九九五年元月的訪問北京之行。尤有進者，一九九五年六月柯林頓更允許李登輝總統以私人性質訪問美國，此一友好台灣的舉動造成了中共極端不悅，此或為一九九六年台海飛彈危機的發生原因之一。有關一九九六年台海飛彈危機對美、中（共）、台三方的衝擊和影響，本文將於後面續作探討。

第四節　小結

　　一九九一年蘇聯的解體應是促使美國與中共戰略關係之本質改變的主要原因。結戰結束後，布希首度提及「世界新秩序」（new world order），由於蘇聯已不再構成威脅，對美國而言中共在全球的戰略重要性較冷戰期間大為降低，因此對中共改採「建設性交往」的政策。柯林頓上任之初，揭櫫三項對外政策：美國軍事和安全力量的現代化與重構；提升經濟在國際事務中的角色；以及促進海外民主發展。因此柯林頓乃建構他的「擴大」與「交往」政策，自此，「交往」主導了冷戰後美國對外政策的主流政策，而美國自由市場及民主體制的「擴大」則成為其交往政策的主要目標。正如柯林頓在一九九四年二月在其「交往與擴大的國家安全戰略」（National Security Strategy of Engagement and Enlargement）的報告中，揭櫫該項政策的中心是：

> 「我們國內與國外政策的分界線已經逐漸消失──如果我們能
> 夠維持我們的軍事力量、外交政策以及全球影響力，我們必須
> 復甦我們的經濟；如果我們要打開國外市場和為人民創造就業
> 機會，我們必須積極的與外國交往。」[90]

---

[90] The White House, *National Security Strategy of Engagement and Enlargement*

　　後冷戰時期，美國的中國政策一直採取與中共交往，而不再是圍堵的政策，美國認為加強與中共的交往，除了有助於中共對西方價值的了解，也有助於美國本身的經濟利益。另外，美國要維持在亞太地區甚至於全球事務上的影響力，也有必要與中共交往，並將之納入西方國家的體系之中。即使在天安門事件之後，尼克森仍然反對用全面經濟制裁方式對付中共，亦不主張取消最惠國待遇。他主張以鼓勵代替懲罰，以接觸代替孤立，他並且警告：「現在將中國孤立起來，將會是一場歷史大悲劇。」[91]警示的意味極為濃厚。

　　美國不採取圍堵中共，而採取交往的政策，當然有其戰略方面的考量與必要性。第一、美國在全球性及區域性問題上，必須爭取中共的合作與支持才能解決。例如，在北韓核武問題、柬埔寨問題、禁止核武擴散問題及全球禁止核試問題上，中共的合作舉足輕重。第二、美國與中共在若干事務上，例如，台海安定、武器管制上，是既存在利益又含有矛盾的複雜狀態。美國透過與中共的交往對話，在雙方共利之處合作，在彼此歧見之處也能減少緊張。第三、雙方在彼此利益衝突的議題上，可透過交往以便處理、防阻或減少軍事衝突。[92]

　　後冷戰時期，美國的政策雖然是和中共積極交往，但是中共仍然堅持其獨立自主的外交政策。尤其自從蘇聯解體後，使美中（共）建立戰略合作的基礎為之瓦解，美國與中共的關係在此間不斷發生糾葛。以往美國需要中共聯手對抗蘇聯威脅時，在某些細小的議題上可

（ Washington, D.C. : The White House, Feb. 1994 ）.

[91]　Richard Nixon, *Seize the Moment* (New York : Simon & Schuster, 1992)；丁連財譯，《新世界》（台北：時報出版社，1992 年），第 162，168-169 頁。

[92]　奈伊，〈台海不穩定將威脅美國家安全〉，《中國時報》，民國八十四年十二月十四日，第 3 版。

以不和中共計較；如今美國沒有必要再單方面處處照顧中共的利益。其次，中共在某些方面的措施觸犯了美國的利益，例如對某些敏感地區出售導彈，大規模侵犯美國智慧財產權，對美貿易的大量順差等問題上，一再失信於美國，使美國政府、國會和輿論逐漸產生對中共的不信任感。此間雙方也因人權問題、最惠國待遇問題、武器擴散問題，以及台灣問題等產生摩擦。

　　在此環境之下，美國與中共雙方因共同對付冷戰威脅而擱置起來的台灣問題的分歧面突顯出來；而且中共甚至認為美國企圖對其實施和平演變而反感。另一方面美國與中共各自想在亞太事務上增加其影響力，因此雖然雙方在沒有共同敵對敵人的狀況下，反而更容易展開彼此的戰略競爭，如此一來，對台灣的安全非但沒有正面的影響，反而使台灣更容易遭受中共直接的軍事威脅。一九九六年三月的台海危機便是在此一狀態之下最鮮明的例子。這次的台海危機可說是冷戰結束以來，對亞太地區之穩定可能會有相當影響的事件，中共除了欲藉此事件突顯其對台灣的主權不容侵犯外，更欲以此展現其解決台灣問題的決心，並且具有警告美日兩國勿介入此項中共認定之內政問題的意味。若從東亞國際政治的角度來解釋中共的觀點及其戰略重點，則此次的台海危機是中共與美日對於東亞戰略主控權之競爭，而非單純只是台灣與中國大陸統一的問題而已。美國是世界上唯一具有軍事能力足以對中共構成威脅之國家，而日本則具有經濟與科技上的潛力，中共處於東亞這一權力平衡的狀態下，若想挑起戰端破壞平衡，必為美國所不樂見。因此，中共的用意當有試探美國反應之意味，而美國亦似乎不致於對可能會破壞東亞權力平衡現狀的行動坐視不管。有關一九九六年三月台海飛彈危機的發生背景及影響，本研究將續於其後

討論，然而此事件的發生與結果，適正反映出，後冷戰時期東亞的權力平衡結構對於台灣安全應更具有決定性的影響。

第六章　後冷戰時期東亞的權力平衡結構

第一節　美國在亞太地區的新戰略

　　後冷戰時期，亞太地區已無所謂絕對的強國存在，因此目前此一地區並不存有一國軍事干涉他國的威脅。由於亞太地區在冷戰後呈現出權力真空與開放的情勢，一切尚待競爭對抗，來重新分配亞太政經資源，以重建亞太政經秩序。但由於亞洲處於經濟危機，許多國家深具危機意識，認為軍事安全是追求經濟及政治繁榮的一般性穩定條件，一旦出現軍事威脅，將使經濟的解決更趨於複雜，凸顯出軍事安全的重要性，因此各國遂將重點從推動現代化轉移到國家內部安全上。

　　由於亞太地區在冷戰後經濟勃興，日本建立了世界的經濟強權，中共經濟的崛起與軍事的壯大，東協國家為求自壯的集體結合勢力，南韓與台灣自力更生的經濟奇蹟，這些現象使亞太情勢出現了類似「一超多極」的格局，致使美國霸權的穩定受到挑戰，多極的結合力量，足以威脅美國在亞太的勢力。同時，在多極的亞太國際關係中，彼此的抗衡與競爭，醞釀出一種不穩定的危機，脆弱的新亞太國際秩序亟待重建。[1]亞太各國在此經濟高度成長之下，以及處於不穩定的局勢中紛紛尋求國家安全，造成該地區面臨了所謂的「安全困境」。[2]

---

[1]　宋鎮照，〈美國霸權在亞太地區之挑戰〉，《美歐月刊》，第 11 卷第 3 期，1996 年 3 月，頁 24。

[2]　陳文賢，〈美國與中共戰略互動下的台灣安全：一九七〇年代以來的觀察〉，前揭文，頁 9。

　　一方面亞太國家鑑於經濟的高度成長，透過賺得的外匯去添購或更新武器，希望藉軍事武力的增加或軍備的現代化增強對國家安全的保障。但另一方面，也正因為每一個國家都致力於軍事力量的加強，而無形中造成一種心理的壓力，使得在此不穩定的局勢中產生的不確定感再度加深。而一些國家在透過與同盟國加強關係，例如美日安保條約的再次強化，以及個別國家增強其嚇阻潛在敵對國家的力量，例如多數亞太國家軍備的增添及現代化，卻創造了一個讓區域內國家更覺得相對不安全的環境，也因此而陷入了現實主義者所言之主權國家間有關安全問題的「安全困境」。[3]

　　由於冷戰結束之後的亞太安全環境，最為特殊的結構性特徵，就是美國在亞太區域的單極主導地位。其在軍事、經濟、政治、科技等層面均處於相對優勢的地位。因此，美國對於各區域的安全與軍事議題，也扮演著舉足輕重的霸權國角色。如果美國決定減少或撤出對某區域的軍事承諾，則可能因此產生「權力真空」（power vacuum），例如美國關閉其在菲律賓的海空軍基地及裁減駐日韓的駐軍，被認為可能會形成亞太的權力真空，這使得區域內各國在安全困境的邏輯之下，將會進行軍事競賽，或甚至核武擴散，因而將可能導致危機或戰爭的出現。[4]美國政府基於亞太安全戰略是美國整體外交與安全政策設計的一環，而持續美國軍事的存在與安全的承諾，是美國建構其在全球各區域安全與軍事戰略的主要基石。

---

[3]　同前註，頁 9-10。

[4]　楊永明，〈美國亞太安全戰略之理論分析〉，《美歐季刊》，第 12 卷第 3 期，1997秋季號，頁 37。

　　對於美國在亞太地區的安全戰略，曾擔任美國國防部助理部長的奈伊（Joseph Nye, Jr.）在一九九五年指出，美國未來二十年的亞太安全政策的基礎，就是繼續維持美國在亞太地區的軍事力量，以維護美國利益和亞太安全。[5]奈伊也指出，柯林頓政府在冷戰後的東亞政策，係採取維持美國的領導政策（US leadership strategy），亦即採取確保美國在此區域的霸權存在與積極介入。[6]

　　基本上，美國在後冷戰時期，從布希政府到柯林頓政府，所架構的全球戰略並無二致。布希於一九八九年五月二十四日表明支持反映美國價值的「新國際秩序」，以取代冷戰時代的兩極體系，與柯林頓自一九九二年起至一九九七年止陸續提出的報告明定「交往與擴大」為美國的全球戰略目標，兩者的目標是一致的。[7]布希在新國際秩序中追求的目標是民主國家及活力充沛的市場經濟體系之擴展。[8]而柯林頓的「交往與擴大」戰略的運作是依循三大核心原則：(一)全球領導（global leadership）；(二)預防外交；(三)選擇性介入。在此原則之下，「交往與擴大」戰略的中心目標有三：(一)以有效的外交及軍事力量強化美國的安全；(二)增進美國的經濟繁榮；(三)在海外推廣民主政治。[9]

---

[5] Joseph S. Nye, Jr., "Strategy for East Asia and the U.S.-Japan Security Alliance," *Defense Issue*, Vol. 10, No. 35 (March 29, 1995).

[6] Joseph S. Nye, Jr., "East Asian Security : The Case for Deep Engagement," *Foreign Affairs*, Vol. 74, No. 4 (July/August 1995), pp.90-102

[7] 周煦，《冷戰後美國的東亞政策（1989-1997）》，前揭書，頁40。

[8] George Bush, "Security Strategy for the 1990s," *U.S. Department of State Current Policy*, No. 1178 (May 1989).

[9] 周煦，《冷戰後美國的東亞政策（1989-1997）》，前揭書，頁47。

　　在此前提之下，布希政府的亞太戰略一方面追求維持權力平衡，另一方面追求將亞太國家整合為市場經濟和民主政治的共同體（a community of market democracies）。其亞太戰略的特點有四：(一)美國雖然裁減亞太駐軍，但對亞太地區的安全承諾不變；(二)美國仍以雙邊安全關係為重，而不支持多邊區域安排；(三)美國的政策是「經濟整合而防衛分歧」(Integration in Economics, Diversity in Defense)；(四)美國的角色是維持區域的動態平衡。[10]而美國總統柯林頓規劃出新的亞太安全政策，其主要內涵可以綜合歸納為六點：(一)維持與日本、韓國、澳洲、菲律賓及泰國的核心同盟及在亞太駐留軍力；(二)防阻大規模毀滅性武器的擴散；(三)支持多邊安全對話；(四)與亞太主要國家，尤其是冷戰時期的敵國進行交往（engagement）；(五)促進區域性經濟合作或整合；(六)支持民主及人權等。[11]

　　雖然多數亞太國家認為美軍之續留東亞地區有助於維持區域的穩定，但是也有國家持不同的意見，惟恐美軍之續留亞洲反易引起區域內國家的對立。然而東協成員則是予以正面的肯定。一九九三年的東協會議所發表的主席聲明（the Chairman's Statement）即指出：「美國的繼續立足於東亞，及美國、日本與中國和區域內其他國家之間的穩定關係有助於區域的穩定。」[12]

　　有關美國在亞太地區戰略構想的差異，布希政府時期的國務卿貝克（James A. Baker）提出「扇形架構」之說，反對多邊安全論壇，力

[10]　See Martin L. Lasater, *The New Pacific Community : U.S. Strategic Options in Asia* (Boulder, Col. : Westview Press, 1996), pp.14-15.
[11]　周煦，〈美國柯林頓政府的亞太安全政策〉，前揭文，頁 5-6。
[12]　Michael Leifer, *The ASEAN Regional Forum : Extending ASEAN's Model of Regional Security* (London : Oxford University Press, 1995), p.20.

倡美國與亞太國家所締結的雙邊安全條約足以維持和平與安全，其目的即在維護美國在亞太安全方面的主導地位。[13]貝克於一九九一年十一月十一日在日本東京提出的「扇形架構」說，說明美國的亞太戰略必須與亞太及歐洲國家保持交往，方可成功的建立新的國際體系。他並且指出，面對亞太的新局勢，一個繁榮而安定的太平洋共同體（a Pacific Community）的建立，端賴三大支柱：經濟整合的架構、民主化趨勢的獎勵、以及防衛結構的界定。而且，美國在亞太的利益是維持市場的開放及阻止與美國和美國友邦敵對的國家或國家集團稱霸。美國的駐軍及安全承諾在亞太地區形成一個非正式但卻非常有效的「平衡車輪」。貝克並將美國與亞太地區交往的結構體比喻為一把打開的摺扇，底部在北美洲，西向越過太平洋。摺扇的核心扇骨是美日同盟，向北伸展的扇骨是美韓同盟，而向南伸展的扇骨則是美國與菲、泰、澳等國的同盟，連接各扇骨的則是共享的經貿利益，而亞太經合會即是反映該等利益的組合。貝克復認為，美國與亞太國家的雙邊安全條約關係及前置部署的軍力仍是亞洲安全結構的基礎。冷戰的終結，使美軍的結構、防衛活動及維持區域安定的手段皆須加以調整。惟因亞太國家對安全威脅的認知不一致，難以成立類似歐洲的多邊安全組織，而美國此時尚不宜建立正式的多邊安全組織。美國在亞太地區的安全角色，亦由圍堵蘇聯轉為地緣政治上的平衡者、公平的仲介人，及不確定威脅的防阻者。換言之，美國的戰略由圍堵轉而為維持權力平衡。[14]

---

[13]　James A. Baker, III, "America in Asia," *Foreign Affairs*, Vol. 70, No.1 (Winter 1991/1992), pp.1-18.

[14]　周煦，《冷戰後美國的東亞政策（1989-1997）》，前揭書，頁43-44。

　　然而，到了柯林頓政府時期，則朝積極參加並支持區域性對話發展，他認為區域性安全對話可以輔助美國與亞太國家的雙邊同盟及前置軍事部署，而多邊安全對話可以確保冷戰的終結，不致開啟地區性的競爭、混亂及軍備競賽。為此，美國國防部長科恩於一九九八年一月訪問東南亞諸國時表示，美國和日本等亞洲國家已分別維持雙邊安保合作關係，今後將朝多邊安全對話關係架構的方向努力。[15]柯林頓政府亦認為，為了因應東北亞特殊的長程安全上的挑戰，應單獨設立安全對話的論壇。[16]柯林頓政府仍求維持美國的主導與霸權的地位，他一方面強調加強美國與亞太盟國的雙邊同盟關係，另一方面則支持新的多邊論壇，以協助亞太地區的安全。因此，美國積極參加東協區域論壇，推動東北亞安全對話。但是認為美國與盟國的雙邊條約關係仍為亞太安全的基礎，而東南亞及東北亞次區域的安全對話，只是建於該基礎上的輔助性建築群（building blocs）。[17]惟因東協區域論壇由東協主導，美國為了確保亞太安全的主導地位，有意以美國享有較多主導力的亞太經合會為討論整個亞太地區安全的多邊論壇，從而形成三重類似金字塔式的安全結構。[18]

　　美國也許在開始的時候對於亞太多邊安全對話機制抱持懷疑的態度，但是很快就發現其實符合美國的戰略利益設計與利益，而逐漸轉變而支持並積極參與和介入多邊安全機制的對話與溝通過程中。基

[15] 中國時報（台北），民國八十七年一月十三日，第 10 版。
[16] 周煦，〈美國柯林頓政府的亞太安全政策〉，前揭文，頁 7-8。
[17] William Perry, *United States Security Strategy for the East Asian-Pacific Region* (Department of Defence, Office of International Security Affairs, Feb. 27, 1995), p.3.
[18] 周煦，〈美國柯林頓政府的亞太安全政策〉，前揭文，頁 11。

於共同與合作安全理念，亞太多邊安全合作的建構係以對話方式展開，特色是同時建立「第一軌道」（First Track）與「第二軌道」（Second Track）的多邊安全對話機制。第一軌道是指官方的區域安全對話論壇，第二軌道則指非官方之學術界、政府個人、民間智庫組織等共同討論相關區域安全議題。第一軌道的官方機制就是在一九九四年成立的「東協區域論壇」（ASEAN Regional Forum, ARF），其議題對話方向與進程可分為三個階段：建立信心措施（confidence-building measures, CBM）、預防外交（preventive diplomacy）、以及解決衝突取向（approaches to conflict）。第二軌道包含數個重要的非官方機制，其中最為重要的就是成立於一九九三年的「亞太安全合作理事會」（Council for Security Cooperation in the Asia Pacific, CSCAP），其重心在於四個工作小組，分別是海洋安全合作（Maritime Cooperation）、促進北太平洋安全合作（Enhancement of Security Cooperation in the North Pacific Cooperation）、建立信心與安全措施（Confidence and Security Building Measures）、以及合作性暨綜合性安全（Concepts of Cooperative and Comprehensive Security）。CSCAP 和 ARF 的關係十分密切，ARF 成員有資格加入 CSCAP，而 CSCAP 也已經製作多份安全議題報告供 ARF 官方參考，因此，CSCAP 可謂一方面結合亞太各國安全智庫的交流與對話場所，另一方面本身也同樣充分扮演亞太多邊安全合作的「智庫」（Think Tank）功能。[19]

　　揆諸美國在亞太地區的新安全政策，顯然是以其國家利益為主。冷戰時期的美國國家利益，其主要利益之優先次序大致是：（一）阻止霸權的出現；（二）維持和平與安定；（三）確保市場；（四）促進

---

[19]　楊永明，〈美國亞太安全戰略之理論分析〉，前揭文，頁 67-69。

市場經濟及民主政治。而美國現今的主要利益及利益的優先順序似可排列如下：（一）確保市場；（二）維持和平與安全；（三）促進市場經濟與民主政治；（四）阻止霸權的出現。為此，柯林頓的亞太安全政策揭示三大中心目標：即（一）促使各國開放市場；（二）強化安全，維持安定；（三）促進民主政治。[20]美國在亞太的外交發展策略，將從過去政治軍事與經貿事務分開處理原則，轉變為以政治軍事為後盾，開拓美國在亞太的經貿利益，結合政治軍事與經濟雙重考量。從以往政治利益優先觀點，到目前的政治與經濟利益並重的雙管齊下策略，突顯出美國在亞太的經濟利益，建築在軍事安全的基礎上。[21]

在亞太地區多極體系形成的過程中，區域的穩定是亞太國家所共同關切的，權力平衡應可發揮在此一過程中維持區域安定的作用。冷戰結束之後，亞太國家所採取之政策，其目的並不在於抗衡，而在於藉此種政策追求現狀的維持，及建立多邊的對話管道，並進一步追求在軍事安全方面的合作，以降低軍事衝突的機會。[22]

由於亞洲的經濟成長與伴隨而生的「太平洋世紀」（Pacific Century）的概念，促成太平洋共同體理念的產生。[23]在此理念之下，美國依其國家利益，提出建立「太平洋共同體」（Pacific Community）的構想，美國所構築的太平洋共同體基本藍圖，就是經濟上以亞太經濟合作會議（Asia Pacific Economic Cooperation Ministerial Level

---

[20] 同前註，頁 17。

[21] 宋鎮照，〈美國霸權在亞太地區之挑戰〉，前揭文，頁 35。

[22] 陳文賢，〈從權力平衡的觀點看亞太安全〉，《問題與研究》，第 37 卷第 3 期，1998 年 3 月，頁 21。

[23] Robert A. Manning and Paula Stern, "The Myth of the Pacific Community," *Foreign Affairs*, Vol. 73, No. 6 (November/December 1994), p.79.

Meeting, APEC，簡稱「亞太經合會」)作為地區性經濟合作的基石，達成全球性關貿總協定烏拉圭回合談判過程及結論的執行；安全上，美國支持區域性安全對話，柯林頓總統積極促成的亞太經合會西雅圖非正式領袖會議，即是具體的作法，同時美國建議以亞太經合會作為安全對話論壇；另一方面，美國與此區域國家之間的聯盟以及長期駐軍仍將延續，以作為美國維持在亞太區域軍事的承諾。[24]然而亞太區域經濟的快速變遷，初展露頭角的中共、日本區域強權對美國霸權的挑戰、以及俄國對美國意圖質疑的情況下，美國想主導亞太區域的政治、經濟合作，可說是困難重重。[25]被柯林頓政府倚為對外政策重要謀士的漢彌爾敦（Lee H. Hamilton）就曾為文表示：「美國不應該、也不再可能扮演世界警察或救世主的角色，但領導各國對和平的威脅作出集體反應，卻是符合美國利益的。」[26]

　　美國在亞太地區除了實施霸權穩定與多邊安全機制外，也採取「集體安全」的理論與措施。[27]「集體安全」之所以成為柯林頓政府對外政策的原因，乃基於美國看準亞太國家因感受中共之威脅日益升高而對集體安全之需求日益孔急，因此在「強龍不壓地頭蛇」的原則下提出擴張APEC功能的方案。此舉一方面等於間接承認中共在此一地區的「勢力範圍」，一方面又可避免由美國單獨承受安全維護的負

---

[24] 金惠珍，〈亞太區域多邊安全合作的發展與美國的角色〉，《美歐月刊》，第 11 卷第 5 期，1996 年 5 月，頁 40。

[25] 同前註，頁 42。

[26] Lee H. Hamilton, "A Democrat Looks at Foreign Policy," Foreign Affairs, Vol. 71, No. 3 (Summer 1992), p.39.

[27] （一）楊永明，〈美國亞太安全戰略之理論分析〉，前揭文，頁 45-56。（二）向駿，〈「中國威脅論」及「新圍堵」〉，《美歐月刊》，第 11 卷第 4 期，1996 年 5 月，頁 33-35。

擔，因為後冷戰時期美國既無能力也無意願再獨力支付冷戰時期那麼
龐大的資源去維護世界和平，同時又想繼續維持冷戰時期所享有之權
優勢，不過中共接受美國擴張 APEC 功能建議之最重要前題在於必須
將台灣排除在外。[28]針對美國的政策，後冷戰時期的「區域集體安全」
已在亞太地區逐漸形成共識，其理由不外以下三項：（一）美國的政
策搖擺不定，當各國急需幫助之時，美國可能調頭不顧，因此只依靠
美國的支援是十分危險的事；（二）中共軍力的不斷擴充，亞太鄰國
深感威脅；（三）經濟發展使各國得以提高國防開支，用以強化防禦
力量。[29]

　　美國在亞太地區的集體安全自衛戰略設計，就是強化現有軍事聯
盟，包括美日、美韓、美澳紐、美菲與美泰軍事同盟關係。而在這些
軍事聯盟關係中，又以美日安保條約所建構的美日安保體系最為重
要，在一九九七年七月二十八日由美國國務院所發表的美日關係摘要
報告中，明確指出美日關係以及美日的安全合作關係是美國亞太政策
中的基石（cornerstone）。[30]而美日安保條約的新指南（new guideline）
乃是基於集體自衛的概念，一項將兩個亞太強權國家的力量與決心相
加的集體自衛做法，以維護亞太安全與和平的戰略設計。新修正的美
日安保條約希望能夠確保亞太和平與安全的環境，而使得區域內國家
均受惠於這項安保條約，大多數東亞國家也視美日安保條約為維護亞
太安全的主要支柱。因此，美國國防部長科恩（William S. Cohen）曾
評論說：「美日同盟將為亞太地區的未來帶來和平、繁榮與穩定的環

28　向駿，〈「中國威脅論」及「新圍堵」〉，同前註。
29　世界日報，1995 年 12 月 29 日，第 A2 版。
30　楊永明，〈美國亞太安全戰略之理論分析〉，前揭文，頁 52。

境，修正過後的美日安保條約將是兩國同盟共同建構和平與安全二十一世紀的基石。」[31]

盱衡亞太地區局勢的變化，美軍太平洋地區指揮部總司令普魯赫在談到美軍在亞太地區的任務和戰略時認為，美軍在太平洋地區的任務乃是支持亞太地區的安全和穩定；而美軍的戰略就是：預防性防衛、危機反應及可作戰並贏得一場重大戰爭。[32]

所謂預防性防衛是與他國互動，包括出席學術會議、討論後勤事宜，及與他國進行軍事演習等。美國在亞太地區的做法是試圖以衝突以外的方式解決歧見，並建立眾多雙邊關係。美國在和平時期所做的第二部分是進行訓練和準備，以便這些關係出現問題時，準備好邁入下一層次，亦即做好危機因應措施。

冷戰結束後，新的國際局面持續開展，取代美蘇兩極對立的新架構尚未穩定，促成東亞的國際政治架構逐漸朝向美、中（共）、日的「新三極體系」或是包含俄羅斯的「新四極體系」發展，但是就現階段屬於超級強國的美國為對應國際新局，在區域性的安全戰略上，明顯地更動原所採取以美國為首的對抗性集體安全保障體系作法，轉而採取「一極對多元」的戰略性措施，特別是在東亞地區尤為明顯。根據美國國防部於一九九八年十一月二十三日發表的東亞戰略報告即指出「維持東亞地區的全面交往政策」；然而，事實上在冷戰時期，美國對東亞的民主陣營國家採取聯盟，對社會主義國家則是採取圍堵

---

[31]　同前註，頁 53-54。
[32]　聯合報（台北），民國八十七年十二月九日，第 14 版。

以及選擇性交往政策，如今的轉變便清楚地顯示以超級強國的態勢採用「一極對多元」的全面性交往策略。[33]

　　一九九八年六月間，美國越過日、韓雙邊安全保障體系的原有運作模式，遂行「越頂外交」，示意中共扮演「維持亞太地區安全的建設性角色」，並直接與中共開展全面性交往，此舉無異打開中共被動性的外交行為，使美國在東亞的強權行為態勢更得以彰顯。而日本等東亞國家針對此一變化，亦迫切地必須重新定義與其他國家之間的國際新關係。[34]在此東亞國際架構轉換以及美國戰略改變之下，東亞各國的元首紛紛互訪，展開「元首外交」，重新與鄰國建立或強化雙方的夥伴關係，企圖在此變局中取得優勢地位；也因東亞各國處於競爭與合作尚未平衡的狀態，各國元首出訪行程與會談內容的協議等皆成了競爭的籌碼。尤其中共在這一波的互訪熱潮與競賽中，更是積極。不但與俄羅斯建立「戰略性合作夥伴關係」，與韓國建立「合作夥伴關係」，與美國建立「建設性戰略夥伴關係」，連歐盟、印、巴等亦相繼與之建立性質相近、內容不同的「夥伴關係」。

　　大體而言，東協成員認為美國在亞太扮演一個平衡及參與的角色對亞太區域安定相當的重要，由於美國在亞太安全事務的參與，使得日本在安全上較無顧慮，也使日本在軍事防衛力量的加強方面不會朝威脅到鄰近國家的方向發展。中共可減少對日本的憂心，並比較可能在國際間共同可以接受的規範內進行其軍事發展。[35]對於亞太區域建立多邊安全合作機制，美國的參與，可以提供前進部署，具有穩定區

[33]　曹瑞泰，《江澤民訪日的外交競合與美國的「一極對多元」戰略措施》，聯合報（台北），民國八十七年十一月二十五日，第 15 版。

[34]　同前註。

[35]　陳文賢，〈從權力平衡的觀點看亞太安全〉，前揭文，頁 22。

域安定之功能，也為各國所能接受。然而美國與亞太區域各國間的經濟與軍事之「不對稱互賴」的降低，致使美國不再能扮演如同冷戰時期霸權角色。基本上，亞太地區的政治勢力版圖，仍是不外以美、日、中共及俄羅斯四國間的互動為主軸，而亞太安全情勢的持續與演變，雖然有美國的主導，讓亞太國家意識到美國是維持亞太安全不可或缺的勢力，但是對大多亞太國家而言，對美國一直夾雜著愛恨交加、既盼且懼、既愛又恨的矛盾情感。美國欲在冷戰後的亞太地區取得優勢，必須以經貿發展為主，軍事安全為輔。但同時也必須注意，美國在亞太安全之軍事立場更應有明確與強硬的表態，唯有承諾適時介入或派兵支援，保障區域安全，才能有效規範亞太國家之軍事行動，以及遏止不必要的軍備競賽。[36]未來美國必須嘗試與亞太區域國家建立一種較平等的關係，尤其對於東北亞與東南亞安全體制的成立，美國可扮演「平衡者」的角色。

　　自一九九〇年代初以來，從布希到柯林頓總統，作為後冷戰獨一超強國家（unipolar state）的決策者，在外交上約略展現了美國亟欲主導國際事務的態勢。回顧美國近年來的東亞政策，自從柯林頓總統一九九三年七月在日本早稻田大學演說中明確提出「新太平洋共同體」的政策方向開始，美國已為介入亞太事務提出重要宣示。而加速美國執行其積極介入亞太事務政策的卻是一九九六年三月的台海飛彈危機。中共的一次警示性的行動，提供了美國見證其信守承諾亞太區域安全承諾的最佳時機。這可能是中共當局所始料未及的後果。為了修補中共在亞太國家間已然形成的負面形象，北京高層則以積極加強與東協國家的高層互訪來回應。以美國、中共、日本為主，而以俄羅斯、

---

[36] 宋鎮照，〈美國霸權在亞太地區之挑戰〉，前揭文，頁 36-37。

東協和紐澳為輔的新的權力平衡在東亞地區正悄悄的進行中。[37]今後美國想要在迅速變化中的亞太地區持續發揮影響力,則美國的亞太政策必須考慮到區域內國家在亞洲所處的位置、利益之所在及所扮演的角色,特別是美國、中共、日本之間的關係。

第二節　美、中、日在亞太地區的權力平衡

冷戰結束後,由於朝鮮半島、台灣海峽及南中國海群島的主權糾紛等,使得亞太地區於未來在軍事安全方面也充滿著不確定感。亞太國家希望維持區域穩定俾便專心於經濟發展。然而冷戰時代之兩極體系的消失,以及亞太地區缺乏一些有效的多邊安全機制,使亞太的區域穩定相當程度的必須依賴亞太強權間所所維持的一種均勢。[38]

冷戰終結後,美國、中共、日本在東亞儼然形成一嶄新的「三國時代」。一九九六年開始,這三國開始致力於建立彼此的雙邊關係。但是三國都忽略了先處理彼此間脆弱的三角關係的重要性。在布希政府時期,美、日和中共的三角關係受到布希本人的中國情結以及日本對美貿易紛爭的交互影響下,一度出現日本將是美國在東亞最大的威脅之說法。然而隨著中共在國際事務和雙邊經貿問題上與美國衝突日深,日本對美國的威脅相對降低,進而影響到美國在東亞外交政策上的權宜安排,中國威脅論的敏感話題已漸成為當前美國處理東亞政策的最大挑戰。[39]

---

[37] 彭慧鸞,〈柯林頓政府的東亞新政策;奈伊「複合式領導」的理論與實踐〉,《美歐季刊》,第 12 卷第 3 期,1997 年秋季號,頁 91-92。

[38] 陳文賢,〈從權力平衡的觀點看亞太安全〉,前揭文,頁 23。

[39] 彭慧鸞,〈柯林頓政府的東亞新政策;奈伊「複合式領導」的理論與實踐〉,前揭文,頁 89。

　　其實，無論是這三國之間的雙邊關係或是彼此之間的關係，都不是很平均的，而且缺乏建設性的關係。首先就美、日的關係而言，雙方是基於半個世紀密切合作所建立的互信基礎而締結的「美日安保條約」為後盾，而這個聯盟的基礎也是建立在一項諒解之上，亦即日本宣誓放棄發展核武與攻擊性軍備能力，由美國提供日本所需之保護，但日本必須對駐在之美軍提供財務與後勤支持。

　　在後冷戰時期，兩國防衛的假想敵也從蘇聯帝國，轉為中共與北韓，將原本防堵蘇聯的措施，轉為箝制中共與北韓軍事擴張的做法。根據美日安保條約，美國在日本仍駐防了約上萬名駐軍部隊，在與日本維持安保體制現狀，加強防衛合作之下，是最能符合美國在日本與亞太的利益。美日之間的共同防禦條約，被兩國政界人士廣泛的認為是維護兩國國家利益及維持亞太地區安定與和平的基石。日本首相橋本龍太郎在東亞國家及日本國內對美國駐軍在亞太地區所扮演之角色有所疑慮之時，特地在美日高峰會議中表示日本對美國駐亞太軍隊的全力支持。橋本並認為美軍的駐留有助於亞太地區的穩定，而亞太地區的穩定是區域內最重要的事。[40]

　　有關主導美日關係的美日同盟方面，一九五一年簽署的美日安保條約，在一九六〇年時曾經予以修正，在一九七八年時美日以共同公布美日防衛合作指南的方式賦予美日安保條約新的意義。後冷戰時期，布希政府不僅重視美日安全關係，更擴大安全的地理範圍及涉及的議題。美國國務卿貝克在一九九一年十一月所發表的「扇形架構」，將美國在亞太地區的安全架構比喻為一把打開的摺扇，而美日同盟關

---

[40] *Weekly Compilation of Presidential Documents*, Vol.32, No. 16 (April 22, 1996), pp.673~674.

係則是摺扇的中心骨幹，此即是布希政府重視美日同盟的其中一例。美日同盟原是冷戰時期的產物，主要是針對蘇聯的威脅。然而冷戰結束後，即使蘇聯的威脅不復存在，美日兩國仍然重視雙方的同盟關係。為此，美國總統布希與日本首相宮澤於一九九二年一月在東京高峰會中發表共同宣言，雙方重申在美日安保條約中所做的承諾，並確認該約為美日同盟的核心。鑑於後冷戰時期仍多不安定及不確定的情勢，美國表明將維持前置部署，以維持亞太地區的和平與安定。日本則繼續根據美日安保條約提供基地及設施，並增加駐日美軍費用的分攤。雙方將採取步驟，增加兩國軍方的合作及軍事科技的交流。其後兩國簽訂協定，日本同意自一九九一年四月起的五年內，將每年分攤的三十億美元駐日美軍費用增加為三十四億美元，比例由約占全部駐日美軍費的 40%增至 53%。[41]後冷戰時期，美日仍將美日同盟視為重要關係，乃因該項關係在後冷戰時期仍對雙方有實質上的利益。就美國而言，美日同盟關係的利益如下：（一）美國得以利用日本基地，執行「區域防衛戰略」（Regional Defense Strategy），維持亞太的安定，並在東亞扮演平衡者的角色；不僅日本有所保障，其他國家有事時，美國亦可就近馳援；（二）日本提供駐日美軍費用，比其他美軍駐紮國家高出許多。美國如果將駐日美軍撤退回國，則需花費更多的費用；（三）同盟關係使美國可在科技交流與合作的理由下取得日本的軍事科技；（四）同盟關係可使美國在美日雙邊貿易談判中取得優勢地位；（五）可減少東亞國家對日本軍國主義復甦的疑懼，致使美國得以對東亞國家發揮政治影響力。[42]此外，面對亞太地區後冷戰時期

---

[41] 周煦，《冷戰後美國的東亞政策（1989-1997）》，前揭書，頁 114。
[42] 同前註。

詭譎多變的局勢，中共勢力的興起亦為日本未來安全上不可忽視的重要變數，美國亦唯恐中共會填補蘇聯瓦解後的「權力真空」，因此美日兩國對中共仍不敢掉以輕心。對美日兩國而言，美日同盟的續存，對於中共獨霸亞太地區亦有相當的遏制作用。

　　柯林頓政府時代，在初期對日本採取強硬的經貿政策，致使美日軍事合作關係陷入低潮，迄一九九四年之後，美國開始加強對日本的安全關係。一九九四年九月奈伊（Joseph S. Nye, Jr.）出任負責國際安全事務的助理國防部長後，積極主張改變柯林頓政府對日本的安全政策，加強美日安保體制。他認為全球的權力平衡已移向亞洲，致使日本的戰略重要性不減反增；美日同盟對美國將中共納入國際體系的政策非常重要；美日兩國對維護公海航行自由及國界不可侵犯的安全承諾，對中共形成「建設性的壓力」，使之不致將南海及釣魚台附近之海域，劃入其二百浬專屬經濟區。[43]根據奈伊的觀點，美日兩國同盟的意義是基於權力平衡的考量之下，防止中共崛起之後，將對亞太地區的安全產生重大威脅。

　　其後，美國總統柯林頓於一九九六年四月十六日至十八日赴日訪問，與日本首相橋本龍太郎舉行高峰會議，並於十七日發表「日美安保聯合宣言—面向二十一世紀的同盟」（Japan-U.S. Joint Declaration on Security-Alliance for the 21st Century）。[44]一九九七年九月二十三日，雙方又公布新的防衛合作指導綱領，取代一九七八年制訂的「日美防衛合作指導綱領」。而一九九七年針對防衛合作指南修正的指導綱

---

[43]　同前註，頁 123。
[44]　Japan-U.S. Joint Declaration on Security-Alliance for the 21st Century, 17 April 1996. http://www.mofa.go.jp/ju/security/security.html

領，主要是為了面對冷戰結束之後亞太新情勢的共同因應措施。新修
正的美日安保條約指南的關鍵之處，在於舊指南中的防衛合作範圍僅
限於當日本受到攻擊時，但是新指南則將範圍擴及日本的周邊地區。
對所謂的「日本周邊地區」的定義，在修正的新指南中，美日強調不
設定地區的基準或限定範圍，目的是在整體戰略之下，採取以事態觀
點較能保持其戰略設計的運用彈性。[45]對此，日本內閣官房長官涅山
靜六即認為美日防衛合作的區域應包括台灣海峽，他認為日本對中國
大陸可能的對台軍事行動有很大的憂慮，日本自衛隊不會介入台海危
機，但對美軍提供後勤支援則屬必須。[46]對於美日新防衛指針的重新
定義不僅引起中共的嚴重關切，更導致自民黨內部的派系紛爭。[47]對
美日而言，美日安保條約的主要戰略意義有三個層面：一是確保美國
軍事繼續存在日本與亞太；二是日本會在財務上援助美國的亞太軍事
存在；三是日本會進一步協助美國執行其亞太安全戰略。[48]然而，事
實上除此之外，美日安保條約亦有防止日本被形勢所迫而重新武裝之
作用。因為一旦美國大幅減少駐日韓美軍，或美國無法落實維護美日
共同安全利益的承諾時，則在中共及俄羅斯都擁有核子武器和北韓可
能擁有核武的情況下，不能完全排除日本為了維護本身的安全及國家
利益而走向發展核武能力一途之可能性。[49]

---

[45] 楊永明，〈美國亞太安全戰略之理論分析〉，前揭文，頁 54-55。

[46] "Defense Review Covers Taiwan : Kajiyama," *The Japan Times*, August 18, 1997, p.1.

[47] 蔡增家，〈美日安保條約的政經意涵與制度的調適〉，《問題與研究》，第 37 卷
第 9 期，1998 年 9 月，頁 16。

[48] 同前註，頁 55。

[49] 陳文賢，〈從權力平衡號的觀點看亞太安全〉，前揭文，頁 23。

　　綜觀美日安保條約於一九九六年四月之後陸續擴大防衛範圍，其主要目的是針對兩國的雙邊利益，在美國方面，美國想要轉移國內人民對於美日間鉅額貿易逆差的不滿及維持在亞太軍事的影響力，但在經濟能力衰退及東南亞軍事基地關閉的情況下，擴大美日安保防衛範圍可以有助於日本分擔更多的軍事費用；在日本方面，面對中共日益強大及南海潛在衝突的浮現，維持印度洋到日本本土海上交通線的順暢成為日本最重要的軍事利益；及一九九四年爆發沖繩駐紮美軍強暴日本女童事件，使得日本人民質疑在所要防衛目標已經瓦解後，美軍是否有繼續駐紮的必要，因此只能將衝突層次提高，將防衛範圍擴大，製造虛擬的敵人與目標，以獲得美日安保條約的正當性。[50]

　　雖然美日安保條約從一九五一年簽署迄今，其間經過多次修正，確保了美日兩國之安保關係，也有助於亞太安全之保障，但是實際上，美日兩國的安保同盟關係，已經出現了危機。其間矛盾與抗爭之原因如下：（一）日本的軍事力量足以防衛本身的安全，卻處處受美國干預，且日本仍要負擔百分之七十的亞太安全經費，軍費負擔之不平均，將造成兩國的爭議。（二）美國人民對於每年享有五百億美元對美貿易順差的日本，仍要提供安全防衛的承諾無法釋懷。（三）日本欲進行多邊安保合作，與亞太各國改善關係，企圖以多國間的安保對話方式，取代目前美日雙邊安保關係，惟卻未獲得美國的採納，分歧的意圖，將為美日安保合作關係平添變數。（四）日本在細川護熙時期，對外政策開始起了變化，特別是在美、日高峰會議談判，由於日本堅持不讓步，導致談判破裂。直到橋本龍太郎政府對美國的態度

---

[50] 蔡增家，前揭文，頁 17-18。

也採鷹派反美作風，國內「反安保」的勢力也將壯大。在一心一意追求「普通國家」外交策略之際，美國與日本間的敵意將升高。[51]

　　未來在亞太的權力結構中，日本會成為中共的強勁對手，中共仍深恐日本再度興起軍事主義，因此，對有關美日軍事方面的合作均相當在意。中共也深知只有在美日同盟關係下，日本較無充份的理由強化其本身的軍事武力，中共也無須去面對另一個潛在的軍事強國，但是北京也擔心，被強化的美日安保共同宣言，可能是圍堵中共的一環。美日安保條約是日本參與亞太政治及安全事務的一項有利的屏障，美日安保條約亦有在亞太強權關係間維持平衡的隱含目的。[52]

　　其次就美國和中共之間而言，冷戰的結束以及蘇聯的解體，使得美國與中共缺乏了在戰略方面共同的制衡對象，導致互相成為各自在亞太地區的強勁對手。由於中共之崛起，美國軍方乃不斷提醒行政部門應積極防範中共，因為中共不可能友持全部的國際現狀。究其原因有二：一、軍人隨時具備敵情觀念之特性使然。蘇聯解體後，原對抗目標消失，新假想敵之建立乃不可避免。軍隊員額最多、軍備預算不低之中共理所當然雀屏中選。二、由於冷戰結束後美國軍方本身之重要性大不如前，編制、預算均面臨嚴重縮減，不建立新假想敵難以維持既得利益。因此軍方一方面強調中共乃二十一世紀美國最大之挑戰者，一面積極提升與人民解放軍交往層面，進而達到「知彼」之目的。[53]由於美國對中共之顧忌，乃有「中國威脅論」之形成。而學者紛紛從「權力轉移」的理論倡言「中國威脅論」。亦即該理論認為當

51　宋鎮照，〈美國霸權在亞太地區之挑戰〉，前揭文，頁26。
52　同前註。
53　向駿，〈「中國威脅論」及「新圍堵」〉，前揭文，頁27。

兩個敵對團體之政治、經濟、軍事等綜合力量呈現均勢時，戰爭之可能性會增加；而開啟戰端者通常為綜合力量較弱但不滿於現狀之一方。[54]例如普林斯頓大學政治學教授福瑞伯格（Aaron L. Friedberg）從「權力轉移」之理論觀點指出中共之所以具威脅性，乃因自一九七〇年代末期中共即進入所謂「對外擴張結合內部工業化及經濟發展」之階段。[55]而紐約時報記者克利斯多福（Nicholas D. Kristof）亦指出，中共將填補蘇聯及美國退出太平洋後之權力真空，進而擴張其在此一地區之利益。

面對如此不利的國際輿論，中共領導階層不斷透過媒體予以反駁。鄧小平更在一九九二年一月巡視深圳、上海等地，公開發表談話時，針對「中國威脅論」提出指示：「社會主義中國應該用實踐向世界表明中國反對霸權主義、強權政治，永不稱霸，中國是維護世界和平的堅定力量。」[56]此外，中共外長錢其琛也針對美俄陸續撤出在亞太地區軍備後，中共是否有意填補此一真空提出說明。錢氏指出「中共反對霸權主義，中共自己也不做超級大國，因此不存在填補真空問題。」[57]此外，中共國家主席江澤民在接待來訪的澳洲總理時，仍藉機重申「中共一向堅持獨立自主、和平外交政策，且至今仍是發展中

---

[54] 「權力轉移」理論醞釀於一九五〇年代，而於一九八〇年由密西根大學奧根斯基(A.F.K. Organski)以及古格勒(Jacek Kugler)教授等人共同提出。詳見 A.F.K. Organski and Jacek Kugler, *The War Ledger* (Chicago : The University of Chicago Press, 1980), p.19.

[55] Aaron L. Friedberg, "Ripe for Rivalry : Prospects for Peace in a Multipolar Asia," *International Security*, Vol. 18, No. 3 (Winter 1993/94), p.16.

[56] 金羽主編，《鄧小平思想寶庫（下）》（北京：紅旗出版社，1993 年 3 月），頁 2453。

[57] 中國時報（台北），民國八十一年三月二十四日，第 10 版。

國家，不會對任何國家構成威脅，即使將來國力強盛了，也不會去威脅別人，那些指中共在亞太地區『填補真空』及對其他國家構成威脅的看法是沒有根據的。」[58]

事實上，在美國也有相當一部分人士反對圍堵中共，並主張應將北京當作是可以合作而非威脅的對象。例如前總統尼克森就主張美國的中共政策應建立在「鼓勵而非懲罰，接觸而非孤立」的基礎之上。[59]此外，屬於美國的中國事務界主流的前國務卿季辛吉、海格（Alexander Haig）、貝克（James Baker, III）以及具影響力的學界人士如鮑大可（A. Doak Barnett）、奧森伯格（Michel Oksenberg）、何漢理（Harry Harding）、李侃如（Kenneth Lieberthal）、史文（Michael D. Swaine）、沈大衛（David Shambaugh）都批評「中國威脅論」和「圍堵中國論」的不當，他們主張唯有透過接觸、交流、合作才能使「中」美關係順利平穩發展，確保亞太地區的和平和安全。美國其他的重要團體亦作如是主張。[60]

儘管雙方各執論調，在柯林頓政府方面，雖然自一九九四年起一再強調其對華政策是基於接觸而非圍堵，但顯然對中國大陸的日益茁壯耿耿於懷。由於中共毫無疑問的會是美國在亞太地區最強勁的對

---

[58]　聯合報（台北），民國八十三年六月二十六日，第 10 版。

[59]　丁連財譯，《尼克遜新世界透視（*Nixon : Seize the Moment*）》（香港：博益出版公司，1992 年），頁 174-175。

[60]　例如「外交關係協會」（Council on Foreign Relations）、「美國議會」（American Assembly）、「大西洋理事會」（The Atlantic Council）、「美『中』關係全國委員會」（National Committee on U.S.-China Relations）、「亞洲學會」（Asia Society）等，都曾陸續發表報告，主張「中」美雙方應拋棄對抗，加強合作，而美國更不應圍堵中共。參見陳毓鈞，〈柯林頓連任後「中」美關係走向〉，《美歐月刊》，第 11 卷第 12 期，1996 年 12 月，頁 22-23。

手，美政府也相當程度的希望採取避免與中共正面衝突的政策，因而採取了所謂的「和平演變」和「建設性交往」的政策。一九九三年九月，柯林頓總統批准了「廣泛交往」（comprehensive engagement）的對中共政策，其目的在於追求美國利益、追求建立雙方利益匯聚的相互信任及協議、藉由對話減少雙方的差異，也獲致中共相當的善意回應。[61]一九九七年五月，柯林頓政府於一九九七年五月發表的美國國家安全策略更進一步指出，美國必須深化與中國的對話。[62]由此可見中共不必然一定會成為美國的敵人，此一問題端賴美中關係的互動而定。[63]

現階段雙方因台灣問題陷入僵化的關係，已經逐漸舒緩。雙方從一九九六年年中迄今，正密切加緊發展合作關係。一九九六年十月中共國家主席江澤民到美國訪問，一九九七年六月，美國總統柯林頓立即回訪中國大陸以示友好，為兩國關係創造了一個新的氣氛。兩國之間在經濟方面具有高度的互補作用。投資、科學及管理技術，從經濟發展較為先進的美國向正在發展中的中國流注，而低成本勞力密集工業產品則反向從中國流向美國。在後冷戰時期，當美國對中共的政策轉為著重經濟利益之考量，並重視中國大陸龐大的市場潛力與經濟實力，美國對中共已擬放棄以往之高壓手段，代之以建設性的接觸方式。避免雙邊關係日趨惡化，並建立雙邊的合作方式。尤其美國自一九八〇年起每一年都能從美國方面取得最惠國待遇，顯示出美國仍寄望經由經貿的密切交往，以引導中共從事改革。

---

[61]　Kent Wiedemann, "Current State of U.S.-China Relations," *Dispatch*, Vol. 6, No. 30 (July 24, 1995), p.587.

[62]　*A National Security Strategy for a New Century*, The White House, May 1997.

[63]　陳文賢，〈從權力平衡的觀點看亞太安全〉，前揭文，頁 26-27。

　　總之，儘管在柯林頓時期，美國對中共依然堅守交往的政策，然而在關係不穩定且極端脆弱的美中（共）關係中，一些危機可能會再破壞雙方意圖改善關係的努力，並將對雙方關係構成重要的挑戰。在這些危機中，台灣的問題厥為其中之一。因此，美國為了維持在亞洲事務中的影響力，應執行一些由戰略利益，而不是由狹隘的特殊利益所決定的政策，這些政策包括：(一)明確界定美國利益的先後順序，並向北京闡明；(二)繼續與中國發展商業和經濟關係；(三)堅持和強化威懾，加強美國在東亞的雙邊關係。[64]

　　至於第三邊，也就是中共和日本的關係，範圍雖廣卻非常脆弱。日本和中國大陸維持高度的貿易、投資與觀光旅遊往來關係，而且日本對中共的援助遠超過全球任何國家，日本是中共最大的貿易伙伴，中共則是日本第二大貿易伙伴（僅次於美國）。一九九六年，中（共）日兩國貿易額達六百二十四億美金，中共享有一百八十六億美金的貿易順差，是日本最大貿易逆差國。日本在亞洲最大的投資對象是中共，而單在大連的投資就超過二十億美金。自一九七九年起，日本官方開發援助（ODA）的對象，中共是最大的受惠國，已接受超過二兆日圓的貸款或贈與。北京雖抱怨日本的經援愈來愈政治化，但對橋本所帶來的十七億美金的援助貸款卻表歡迎。日本的開發援助資金挹注改善中共鐵、公路、機場等運輸網，間接提升中共快速部署的軍事能力，對台灣形成潛在的威脅。儘管日本對中共誘之以經濟利益，但是日軍在一九三一年到四五年侵略中國大陸的暴行讓許多中國人員憂

---

[64]　吉姆‧赫爾姆斯(Kim R. Holmes)、詹姆斯‧普里斯特(James J. Przystup)主編，《外交與威懾：美國對華戰略》(Between Diplomacy and Deterrence : Strategies for U.S. Relations with China)（北京：新華出版社，1998 年 8 月），頁 34。

慮日本軍國主義的復甦。復次，日本由於天然資源稀少，必須完全仰賴其生產能力，許多日本公司與政府官員對將最新工業科技轉移到中國，都特別謹慎小心，唯恐中國反過來威脅到日本國內的產業，所以儘管中共和日本有高程度的接觸，雙方仍缺乏互信的基礎。[65]尤其隨著日本政局保守化與中共國力日益茁壯，兩國在 T—Territory（領土）、Taiwan（台灣）與 H—Human Rights（人權）、History（歷史）等問題的爭議愈加明顯。

　　按照中共的說法，對中共與日本關係影響最大的有兩個問題，一是台灣問題，一是歷史認識問題。中共認為，這兩年雙方關係已出現好轉的跡象，卻因為日本在這兩個問題上缺乏「深刻覺悟」而受到干擾。關於台灣問題，中共與日本的矛盾癥結，在於去年九月公布的美日防衛合作新指針，把台灣隱含在共同防衛的「周邊」範圍內，中共認為這顯示日本包藏強烈的「台灣情結」；此外，在美國總統柯林頓於一九九八年六月底訪問中國大陸對台灣問題宣示「三不支持」的原則後，日本先是不願呼應中共的要求作相同的表態，繼而又拒絕中共要求宣示「台灣問題」是「中國內政問題」的立場。中共的盤算，無非是希冀藉「三不支持」或「內政問題」，破解美日防衛新指針所謂「周邊事態」包含台灣的用心。日本的不讓步使得中（共）日在台灣問題上糾纏不休。其實，日本的作法，似乎有其深層的考量。簡單地說，無非是要力圖擺脫過去五十年唯美國馬首是瞻的拘束，使其從經濟強權積極轉變為具有相當軍事力量的政治大國。特別是在江澤民與

---

[65]　參閱聯合報（台北），民國八十七年九月十九日，第 11 版。

柯林頓互訪確立中共與美國的戰略合作架構後,日本深感自已在亞太均勢中的主導地位遭到壓縮。[66]

　　至於歷史認識問題,對於中共強調的歷史認識矛盾,日本外務省官員曾說:「祇要中國共產黨執政,即使換了下一代領導人,中共在歷史認識問題上也會窮追不捨地對日本展開批評。建立穩定的框架是不可能的。」[67]據實以觀,一九九七年江澤民訪美期間,刻意要求到珍珠港憑弔,一方面凸顯兩國人民之間的共同歷史經驗,另方面則在挑起美日之間同樣存在的歷史認識矛盾。此外,一九九八年江澤民訪日之前先訪俄,並且是由俄國轉往日本,自然也有凸顯中俄共同歷史經驗的用意。那就是十八世紀末的中日甲午戰爭及十九世紀初的日俄戰爭,中國和俄國分別敗於時正向外擴張的日本。基於以上的台灣問題與歷史認識,中共與日本之間的關係,很難在短時間之內推進到一個具有戰略安全意義的新階段。

　　美國東亞問題專家傅高義(Ezra F. Vogel)教授在新加坡「第二屆吳慶瑞現代中國講座」上發表的一場演說中表示,中共、美國、日本原本可合作並積極經營這三角關係,但由於缺乏刻意經營,非但未能克竟全功,反而有可能急轉直下,成為兩國之間為了競相拉攏第三者而爆發不穩定的競逐,或兩國聯手形成「二打一」的徒然爭戰。因此要妥善經營這三角關係的關鍵,在於任何一邊的任何重大發展,都必須與其他兩邊的對應關係取得平衡。[68]例如美國在一九九四年及一九九五年與日本就重訂兩國安全條約內容進行談判時,並未將談判過程

---

[66]　聯合報(台北),民國八十七年十一月二十五日,第 2 版。
[67]　同前註。
[68]　參閱中國時報(台北),民國八十七年九月二十日,第 2 版。

全盤知會中共，而日本同樣也未照會中共。結果，徒然加深中共疑慮，認為「美日安保條約」之重修乃是衝著北京而來，致使三角關係迄今仍籠罩著這層疑雲的陰影。此外，一九九八年六月美國總統柯林頓訪問中國大陸期間，並未提及美、日間安保聯盟的問題，也未順道訪問日本。結果造成中共內部一些希望以犧牲對日關係來改善對美關係的人士受到鼓舞，也使得日本當局寢食難安，認為華府會以美日關係為代價，改善與北京的關係。

　　從一九九七年江澤民的華府之行，到一九九八年柯林頓的北京之行以及江澤民的東京之行，在短短的一年之間，美國、中共、日本之間的三角關係已發生了本質上的變化。美日雖在安保條約基礎上訂定了防衛新指針，但對於處理亞洲金融危機卻是同床異夢；而美國與中共雖在人權及民主基本價值觀上仍南轅北轍，卻建立了所謂戰略夥伴合作架構，並且就亞洲金融危機針對日本同聲指責。因此有些日本政論家認為，美日中共三角關係已由等邊三角形變成等腰三角形，而美國與中共一邊的距離較近。[69]

　　美國想要在迅速變化中的亞太地區持續發揮影響力，則美國的亞太政策必須考慮到區域內國家在亞洲所處的位置、利益之所在及所扮演的角色，特別是美國與中共及日本的關係。[70]一九九六年三月中共在台灣海峽進行飛彈試射演習，引起美國、日本對中共在後冷戰時期在亞太地區扮演的軍事角色產生疑慮，也破壞美國、日本及中共三角平衡關係，尤其是在南海問題潛在的威脅性及亞太地區的軍備競賽，引起美國的關注，南海對日本經濟航道的重要性，使得日本願意在美

---

[69]　聯合報（台北），民國八十七年十一月二十五日，第 2 版。
[70]　陳文賢，〈從權力平衡的觀點看亞太安全〉，前揭文，頁 24-25。

日安保條約中負擔起更多的責任，日本朝野對防衛政策意先也因此而得到匯合。[71]

第三節　東亞新局勢與台灣安全

隨著冷戰結束、蘇聯瓦解、美國新孤立主義抬頭、中共軍力之擴張、日本逐漸獨立自主、以及越南加入後的東協，構成亞太地區最新的權力分配圖。以美國、中共、日本為主，俄羅斯、東協和紐澳為輔的新的權力平衡在東亞地區正悄悄的進行中。[72]由於亞太地區在朝向多邊安全體系的建構上已有相當的進展，但是距離集體安全的理想尚遠，甚至連要師法歐安會議之模式恐亦很難實現，因為亞太地區並沒有多邊安全機制之基礎，而且國家間社會文化、政治體制、以及經濟上之差異短期內很難消除，加上歷史仇恨及民族主義因素作梗，使亞太國家要合作以解決安全問題顯得困難重重。在集體安全遙不可及而多邊安全機制尚在孕育階段，權力平衡可能是亞太地區未來維繫穩定的基礎。而亞太地區的這種權力平衡關係不僅對台灣安全有所影響，也是台灣制定國家安全政策所要面對的亞太國際環境。[73]

綜觀後冷戰時期亞太安全體系之發展，對台灣之國家安全產生以下幾點影響：[74]

---

[71]　蔡增家，前揭文，頁 16。

[72]　彭慧鸞，〈柯林頓政府的新東亞政策：奈伊「複合式領導」的理論與實踐〉，《美歐季刊》，第 12 卷第 3 期，1997 年秋季號，頁 92。

[73]　林文程，〈亞太安全體系與台灣的國家安全〉，《理論與政策》，第 10 卷第 1 期，1995 年冬季號，頁 30。

[74]　同前註，頁 31-32。

(一) 經貿取代意識形態對抗成為主導國際互動關係之主要因素，密切的經貿往來更加強亞太國家間的相互依賴程度。

(二) 第三波世界民主化浪潮席捲亞太地區，台灣在過去十幾年當中快速政治民主化，已成為一民主國家。

(三) 中共牌對美國的戰略價值已下降，美國已不再事事對中共讓步而犧牲台灣的利益。

(四) 雖然亞太地區很難建構一集體安全體系，但是在亞太權力平衡體系中，台灣是一股重要的力量，因為台灣地理上掌控日本生命線之樞紐位置，並位於中共向海洋發展的要衝，而且中共軍力擴張已經成為亞太國家之共同威脅，使台灣存在的戰略重要性更為強化。

(五) 面對中共軍力的增強，台灣直接且立即感受到來自中共的威脅，雖然亞太國家肯定台灣的戰略重要性，但是一旦中共對台使用武力時，這些國家是否會給予台灣實質的幫助仍有疑慮，甚至連美國介入之程度如何也是高度不確定。

由以上之分析顯示，後冷戰時期亞太安全體系之演變有不少對我國有利的發展，例如藉著對外投資及經貿交流，我國與亞太國家之實質關係已不斷提升；我國的政治民主化大大地提升台灣的國際形象，增加其他國家對台灣的同情與支持；但是因為中共軍力之增強以及其在亞太地區影響力的提高，台灣並不見得比以前更安全。[75]

台海的和平與安定，一直被視為是目前影響亞太地區安全的潛在重要因素。而美國被認為是在亞太地區扮演著平衡者的角色。亞太諸國也都一直認為亞太地區的穩定與安全有賴於地區內強權的權力平

---

[75] 同前註。

衡，而美國是維持此一平衡所不可或缺的國家。前蘇聯總統戈巴契夫曾言，「美國是一太平洋強權，有關太平洋地區的合作及安全問題的解決，若沒有美國的參與，將不可能以在讓太平洋內所有國家都能滿意之情況下的方式來進行。」[76]

現階段美國的亞太政策對台灣的安全影響，有利亦有弊。但是總的來說，不利的程度似是大於有利的程度。其理由如下：[77]

第一、美國支持民主國家，而台灣地區已經民主化，相對於中共的威權政治或一黨專政政治，自可獲得美國較多的同情與支持。因此，一旦台灣安全遭受中共的威脅時，美國應不致袖手旁觀。至於美國會作出何種方式及程度的支持，則是另一問題。

第二、美國在亞太地區繼續維持十萬名駐軍，中共如以武力犯台必須考慮及此，這對台灣的安全有利。然而，對台灣安全不利之處是，亞太地區的美軍，大部分駐守日、韓兩國。美國一直認為，北韓是美國東亞安全上的最大威脅來源，因而可能不致抽調駐韓美軍，以應付台海情勢。況且駐日美軍雖然兼有維持東亞安全之責，但是美軍調往日本以外的地方，亦須徵得日本政府的同意。一旦中共武力犯台時，日本願否同意駐日美軍馳援台灣，尚難逆料。

第三、美國防阻飛彈及飛彈技術的擴散，顯然不利台灣發展中程飛彈的企圖。除非台灣在研製飛彈時能完全不依賴國外的技術協助，否則台灣的研製行為似將受到美國主導的國際飛彈技術管制之限制，而無法順利進行。

[76] 陳文賢，〈美國與中共戰略互動下的台灣安全：一九七○年代以來的觀察〉，前揭文，頁 10-11。
[77] 周煦，〈美國柯林頓政府的亞太安全政策〉，前揭文，頁 14-15。

　　第四、美國與中共全面交往，不採取圍堵政策，可能使得美國無意在台灣安全問題上，與中共發生正面的衝突，換言之，不會出兵協助台灣抵抗中共。由於美國依據台灣關係法，有提供台灣防衛所需武器的具體承諾，因此，中共武力犯台時，美國出售武器的承諾應可兌現。然而，美國出兵協助台灣的可能性非常低，當然美國仍可能派遣艦隊巡弋台海，展示軍力，但此行為不屬於美國政府所指的「出兵」。[78]

　　除了美國的因素外，在後冷戰時期，影響台灣安全的因素亦須考量亞太強權之間的互動以及權力均勢的變化，特別是美、中（共）、日本三者之間的互動。

　　在美國與日本方面，美日的安全合作被視為是一股可以平衡中共在亞太地區日益增加的影響力的重要力量。而其象徵性的意義尤格外重要，因為美國一旦降低對日本的安全協助力量或承諾，則很可能引發東亞其他美國盟邦及友邦對美國承諾之信用的懷疑，而間接影響美國做為亞太強權的看法，如此，東亞諸國可能會紛紛採取偏向中共的政策，以求自保。例如美國在冷戰結束後，關閉其在菲律賓的海空軍基地，並減少在亞洲的駐軍時，恰逢中共崛起而被認為是亞太地區新興的區域強權，在此雙方均勢互相消長之情況下，東亞諸國普遍希望能和中共保持密切而友好的關係，此對於台灣安全自有較為負面的影響。一九九六年三月台海飛彈危機發生時，東協國家深怕被捲入這場可能的軍事危機中，多不願偏向美、中（共）、台任何一方。由此可明顯看出，近年來美國與東協國家間的關係發展，逐漸從依賴、順從、配合的關係，轉為互賴、對抗、妥協的關係。[79]

---

[78] 同前註，頁 16-17。
[79] 宋鎮照，〈美國霸權在亞太地區之挑戰〉，前揭文，頁 32。

因此,美國的亞太安全政策仍然是強化美國與區域內盟邦的關係,特別是強化美日安保條約,以為平衡中共在亞太地區勢力的擴張,如此對美國本身的利益也較有好處。美國如果強化美日安保條約,對台灣的安全會有正面的影響,畢竟台灣和日本是美國亞太防線上的兩個民主國家,而柯林頓總統的前國家安全顧問雷克(Anthony Lake)曾列出七項攸關美國國家利益,值得美國政府動用軍事力量去加以保護的項目,其中維護、促進與保衛民主政治即為其中之一。[80]正如學者 Robert Dujarrie 所言:「假如美國不繼續支持台灣的話,則整體的日本安全政策可能會崩潰,畢竟台、日是沿靠中國的兩個以貿易為導向的民主國家,假如北京以為可以不必理會美國在台灣問題上對中共的警告,那麼沒有任何日本人會覺得自己是安全的。」[81]

為了加強美日的雙邊關係,在奈伊(Joseph S. Nye, Jr.)的力促之下,柯林頓授權國防部與日本商談加強雙邊安全關係。之後,美國國防部於一九九五年二月公布了「亞太戰略報告」,同年十一月日本亦公布了「國家防衛計畫大綱」。美國方面在報告中強調:「沒有其他的雙邊關係比美日關係來得重要。此種關係是美國太平洋安全政策和美國全球戰略目標的基礎。美國與日本的安全關係是美國在亞洲安全政策的制輪楔(linchpin)。美日的安全關係不僅對兩國有利,而且是維持亞洲穩定的重要因素。」[82]至於日本公布的「國家防衛計畫大綱」,

[80] Anthony Lake, "American Power and American Diplomacy," *The Fletcher Forum of World Affairs*, Vol. 19, No. 2 (Summer /Fall 1995), pp.89-90.
[81] Robert Dujarrie, " Thinking Strategically about East Asia : Japan and the Sino-Taiwanese Crisis, " *Strategic Review*, Vol. 24, No. 4 (Fall 1996), p.76.
[82] *United States Security Strategy for the East Asia-Pacific Region* (Washington, D.C. : Department of Defense, Office of International Security Affairs, February 1995).

則全盤接受美國的倡議，聲稱美日同盟對日本的安全不可或缺，並將在維持日本「周邊地區」和平與安全上繼續扮演主要的角色；為了增加美日安保體制可信度，雙方必須努力促進資訊的交換及政策之協商，加強裝備及科技的廣泛交流。[83]有關「日本周邊地區」的觀念和範圍，根據一九七八年十一月日美兩國簽訂的「日美防衛合作的指導綱領」，雙方安全合作範圍除日本本土外，僅限於遠東地區，亦即指朝鮮半島、台灣和菲律賓以北的地區。惟根據美日兩國在一九九六年四月十七日發表的「日美安保聯合宣言—面向二十一世紀的同盟」，正式重新界定美日安全合作體制，將防衛範圍由「遠東」擴大到「日本周邊地區」，且將以往所用的「遠東有事」改為「日本周邊地區事態」（situations in areas surrounding Japan）。因此，美日兩國因而可能針對朝鮮半島有事、中共和台灣之間發生爭端，以及在南沙群島發生武裝衝突、海上運輸線發生海盜行為和第二次海灣戰爭等危機，研究共同對付這些事態的計畫，以便自衛隊對美軍實施後方支援。而所謂「日本周邊地區」之範圍包括對日本可能產生重大影響的中東、麻六甲海峽、南沙群島和台灣海峽等，從而擴大日美防衛合作的對象。[84]為此，日本政府發言人內閣官房長官涅山靜六數度公開表明，日美安保條約的「遠東」涵蓋菲律賓以北的地區，包括台灣海峽和朝鮮半島。所以台灣海峽當然屬於日美共同協防的「周邊有事地區」。[85]然而此項說法卻引起中共的抨擊。中共認為，日美安保條約訂立於日本承認中共之前，而日本在建交公報中，已承諾尊重台灣是中國領土不可分割

---

[83] National Defense Program Outline in and after FY 1996, http://www.mofa.go.jp/region/n-america/us/q&a/ref/6a.html

[84] 周煦，《冷戰後美國的東亞政策(1989-1997)》，前揭書，頁 127。

[85] 聯合報（台北），民國八十六年八月二十日，第 10 版。

的一部分，因此，日美安保範圍如果包括台灣海峽，則是干涉中共內
政。[86]由於中共的強烈反對，導致日本內部對「周邊有事」之範圍應
否包括台灣海峽之爭論，最後日美兩國決定對「周邊有事」一詞刻意
加以模糊，不作地理範圍的認定。然而今後若台海發生衝突，美日兩
國根據安保條約，因而可能針對台海軍事衝突共同研商因應之道。一
九九六年台海飛彈危機發生後，日本首相橋本龍太郎據說曾下令防衛
廳提出支援美軍在台海戰爭的全盤計畫。今後美國如果決定介入台海
衝突，事先可以期待日本的「後勤支援」，從而強化美國嚇阻及因應
中共武力犯台的力量。[87]

　　對於美日安保條約的爭議，導致中共極度不悅，日本與中共的關
係為此而倒退。為了加強與中共的互動關係，日本首相橋本龍太郎在
一九九八年九月四日至七日訪問北京、瀋陽、大連，其意義包括：（一）
紀念建交二十五週年與開展下一世紀關係；（二）建立穩定友好互信
關係；（三）共創亞太及世界有利發展的雙邊關係；（三）在國際組織
加強合作關係等。同樣地中共認為有必要重新建構與日本的夥伴關
係，江澤民乃於同年十一月訪問日本，並且刻意將訪日行程排定於訪
問俄羅斯之後，以便達成下列預期目標：（一）附加順道訪日以及壓
低中（共）日建立邦交二十五週年的重要性意義；（二）協調兩國經
濟政策，扮演亞洲金融風暴中的協調者與穩定者的角色，進而稍加貶
抑日本為亞洲經濟強國的國際性地位，以求相對為其區域強權的角色
做定位；（三）持續獲得日本在資金與技術上的支援，繼續其經濟建
設與發展；（四）爭取中（共）日兩國是否建立與他國相當的「夥伴

86　同前註。
87　周煦，《冷戰後美國的東亞政策(1989-1997)》，前揭書，頁229。

關係」協議的有利籌碼；（五）透過日本的承諾，孤立台灣在國際上的生存空間，順勢打破日美防衛合作新指針包含台灣的架構等。

　　針對台灣問題，江澤民曾敦促日本嚴格遵循中（共）日聯合聲明和中（共）日和平友好條約，並盼日本做出類似美反對台灣加入聯合國的表態。橋本曾多次提出對中共外交「四原則」：相互理解，認識多樣性；強化多層次對話，尤其是安全議題；擴大合作關係，尤其在環保、能源、貿易、投資等領域；聯合創造亞太與世界共同政、經秩序。然而，令北京關切與不安是日、美防衛合作指導綱領涵蓋台灣海峽的日本官員談話。李鵬對橋本有關日、美防衛合作指導綱領不針對特定對象，而「周邊有事」沒有特定地理範圍，不會超越美、日安保條約的範圍，以及不違反日本憲法及符合國際法與國際承諾等等解釋，卻仍有疑慮。根據中共官方刊物「瞭望」週刊，發表一篇評論美日安保合作的文章，抨擊美日安保已由「防衛型」轉向「進攻型」，並成為美國建立以其為霸主單極世界的戰略工具。文章說，舊的美日防衛合作指針是以日本本土遭到直接侵略為前提，但修改後的版本卻把日美合作範圍由「日本本土」擴大到「日本周邊地區」，然而卻在「周邊地區」的涵蓋範圍上語焉不詳，對到底包不包括台灣或台海也未明確表態，只說不是地理概念，而是由事態性質決定。[88]

　　對此，北京認為，「周邊」並無地理範圍的限制，只要日美視事態發展的需要，隨時可以把亞太地區的任何一個地方納入防衛合作的範圍，進行軍事干涉。其次，修改後的日美防衛合作指針內容大大增加，使日本自衛隊將參與美軍作戰的有關軍事活動，如公海掃雷、對可疑船隻臨檢、警戒監視和蒐集情報、為美軍運送武器、彈藥和燃料，

---

[88]　中國時報（台北），民國八十八年五月二日，第14版。

向美軍提供日本民用機場和港口，並與美軍進行「聯合作戰計劃研究」
等。此外，日本還突破憲法所規定關於「不得向海外派兵和行使集體
自衛權」的限制，得以「協助聯合國維護和平」之名，派遣自衛隊去
海外執行任務。由於這些變化意味著美日兩國已從過去的防守轉為進
攻的態勢。[89]

　　然而從中共的抨擊言論中，亦可以看出以下三個端倪：

(一) 美日兩國在亞太地區仍視中共為潛在的威脅，事實上，從尼
　　克森以降至柯林頓，美國始終無法擺脫中共情結的糾葛，總
　　以中共的反應作為其亞太外交的一大考量。美國一方面恐懼
　　中共的壯大，威脅美國的利益，另一方面又不得不與之交往
　　謀利。[90]

(二) 美國對台海兩岸的政策，乃以模糊不明確的做法為上策，亦
　　即一方面需與中共維持面子上的關係，另一方面卻又須與台
　　灣保持裡子的聯結。而以「戰略性的曖昧不明」姿態來遏止
　　北京，俾能進可犧牲台灣利益而與中共妥協謀利，退可結合
　　台灣施予中共壓力，此乃美國之上策。[91]

　　相較於中共的抨擊，日本首相小淵惠三於一九九九年五月起程訪
美之前，日本國會眾議院通過美日安保新防衛指南，並對「日本周邊」
作了一些模糊的描述。這些描述給人的印象是新防衛指南沒有明文把
台灣納入適用範圍，但也迂迴地讓人了解，如果台海有事，那應該在
適用範圍之內。對此，美國總統柯林頓在與小淵的聯合記者會上更直

---

[89]　同前註。
[90]　宋鎮照，〈美國霸權在亞太地區之挑戰〉，前揭文，頁 30。
[91]　同前註，頁 31。

接了當地說，美國對日本國會眾院批准新的美、日新防衛指南感到滿意，此項指南使美國得以「彈性及迅速的應付亞洲的任何地區性危機。」[92]美國所謂的「任何地區性危機」的用詞，不但可以包括台灣地區，而且可以包括南海地區，柯林頓如此表明美國的態度，其動機乃在防範中共因為錯估情勢而企圖以武力破壞亞太地區的和平。柯林頓的兩手政策，一手支持「一個中國」政策，另一手支持台灣與中國大陸以和平手段解決彼此分歧。美國的著眼點在於，只要美國堅持其「一個中國」的政策，並堅持台灣與中共的問題必須以和平手段解決，而美國也願意採取任何措施以免和平的破壞，那麼亞太地區的穩定與和平便不致失控。此外，柯林頓在與歡迎小淵時，兩人的措詞幾乎一致，強調「共同的價值、共同的目標、互信、合作、民主、自由」這些字眼，使日本與美國的關係不同於中共與美國的關係。柯林頓希望美國、日本及中共在廿一世紀能合作，而不是戰爭；他並且強調，美國也希望合作是基於「共同的價值」，而中共還不到能與美國及日本談「共同價值」的程度。[93]

　　美國、中共、日本的三角互動攸關著亞太局勢與平衡。雖然美、中（共）、日三國元首尚未能舉行高峰會議，但美、中（共），美、日及日、中（共）三組雙邊的年度高峰會議卻已成形。然而，此一三角關係不是等邊三角形，美、日關係較中（共）美、中（共）日關係來得緊密。北京主張多極化國際格局，反對美國單一霸權，並與俄羅斯、東協加強戰略合作以平衡美日安保壓力，顯示美、中（共）、日三角關係的脆弱性。今後唯有美國、中共、日本三方共同建立起牢固的三

---

[92] 聯合報（台北），民國八十八年五月五日，第 4 版。
[93] 同前註。

角關係，彼此密切合作，才能確保亞洲的和平和安全。東亞的和平及繁榮唯有在這三國達成穩定的權力平衡，及達成一種能因應區域危局的高度合作水準之後才有可能。這些危局包括金融危機、政治動亂、武器競賽、環境破壞、自然災害、邊界衝突、難民及能源供應中斷等問題。

　　在台灣安全問題方面，美國、中共、日本應思考如何避免像一九九六年台海危機所可能引發的對抗險局，以及化解繼美日安保條約重修之後，中共所感受到的焦慮和不安。三方不當的誤解可能引發衝突，造成台灣安全陷入危險的境界。

第四節　小結

　　隨著冷戰結束、蘇聯瓦解、美國新孤立主義抬頭、中共軍力之擴張、日本逐漸獨立自主、以及越南加入後的東協，構成亞太地區最新的權力分配圖。以美國、中共、日本為主，俄羅斯、東協和紐澳為輔的新的權力平衡在東亞地區正悄悄的進行中。

　　由於亞太地區在冷戰後經濟勃興，創造了以美國為主的「一超多極」格局，致使美國霸權的穩定受到挑戰，在此多極的亞太國際關係中，醞釀出不穩定的危機，也使得該地區面臨了所謂的「安全困境」。冷戰結束後，由於新的國際局面持續開展，取代美蘇兩極對立的新架構尚未穩定，促成東亞的國際政治架構逐漸朝向美、中（共）、日的「新三極體系」或是包含俄羅斯的「新四極體系」發展，但是就現階段而言，東亞在區域性的安全戰略上，原所採取以美國為首的對抗性集體安全保障體系作法，已轉變為採取「一極對多元」的戰略性措施。

　　就美、中（共）、日三角關係而言，未來在亞太的權力結構中，日本仍會成為中共的強勁對手，中共亦深恐日本再度興起軍事主義，因此，對有關美日軍事方面的合作以及美日安保條約的作法與動向相當在意。北京方面更擔心，美日安保條約是日本參與亞太政治及安全事務的一項有利的屏障，美日安保條約亦有在亞太強權關係間維持平衡的隱含目的，然而被強化的美日安保共同宣言，可能是圍堵中共的一環。當然中共方面也深知只有在美日同盟關係下，日本較無充份的理由強化其本身的軍事武力，中共也無須去面對另一個潛在的軍事強國。在此雙重矛盾的環結之下，中共對於美日安保條約較在意的反而是有關「日本周邊地區事態」將台灣納入的爭議方面。無論中共如何看待，美日安保條約確是日本積極參與亞太政治及安全事務的一項有利屏障，而且美日安保條約亦能有效的在亞太強權關係間維持權力平衡的目的。

　　在後冷戰時期，影響台灣安全的因素，除了美國的因素外，亦須考量亞太強權之間的互動以及權力均勢的變化，特別是美、中（共）、日本三者之間的互動。從區域與全球的角度分析，中共與美國雙方關係的發展，將不會像冷戰時美、蘇一般的對抗，也不會回到戰略三角共同制蘇時期的和諧，而將會是一種既聯合又鬥爭的形式。在中共、美國與日本三角關係上，中共會致力於避免任何他方成為亞太地區的主宰，並且避免美、日聯合對付中共。其策略可能是在經濟議題上，偏向日本，制衡美國；政治與軍事上則希望能運用美國因素，防止日本成為軍事與經濟大國。

　　由以上之分析顯示，後冷戰時期亞太安全體系之演變有不少對我國有利的發展，例如藉著對外投資及經貿交流，我國與亞太國家之實

質關係已不斷提升；我國的政治民主化大大地提升台灣的國際形象，增加其他國家對台灣的同情與支持；但是因為中共軍力之增強以及其在亞太地區影響力的提高，台灣並不見得比以前更安全。

現階段美國的亞太政策對台灣的安全影響，有利亦有弊。但是總的來說，不利的程度似是大於有利的程度。首先，台灣地區雖然講求民主自由，相對於中共的威權政治或一黨專政政治，自可獲得美國較多的同情與支持。但是美國會作出何種方式及程度的支持，則是另一值得討論的問題，其出兵協助台灣的可能性是非常低的。其次，中共如以武力犯台必須考慮到美國在亞太地區仍有十萬駐軍。然而，對台灣安全不利之處是，亞太地區的美軍，大部分駐守日、韓兩國，頗有鞭長莫及之感。況且駐日美軍雖然兼有維持東亞安全之責，但是美軍調往日本以外的地方，亦須徵得日本政府的同意。一旦中共武力犯台時，向有恐中症的日本是否願意同意駐日美軍馳援台灣，尚難逆料。第三、冷戰後，美國採取與中共全面交往的政策，更使美國無意在台灣安全問題上，與中共發生正面的衝突，因此出兵協防台灣的可能性微乎其微。縱使美國依據台灣關係法，有提供台灣防衛所需武器的具體承諾，或出售武器的承諾應可兌現；然而，美國出兵協助台灣的可能性非常低，充其量只可能以派遣艦隊巡弋台海、展示軍力、提供情報等方式為之。

總而言之，台海的和平與安定，一直被視為是目前影響亞太地區安全的潛在重要因素。而美國被認為是在亞太地區扮演著平衡者的角色。亞太諸國也都一直認為亞太地區的穩定與安全有賴於地區內強權的權力平衡，而美國是維持此一平衡所不可或缺的國家。除了美國的因素外，在後冷戰時期，影響台灣安全的因素亦須考量亞太強權之間

的互動以及權力均勢的變化，特別是美、中（共）、日本三者之間的
互動。在美、中（共）、日三角關係中，地緣政治乃是最主要的考量。
對中共而言，雖然對美日的安保聯盟有所批評，但是最重要的關鍵仍
是有關台灣是否屬於共同防衛的部分。中共與美國建立戰略夥伴關
係，等於是相對地減弱了美日安全同盟的絕對重要性。台灣的部分關
鍵在美國的態度，而非在安保聯盟的文字解釋。一九九六年的台海危
機，可以視為中共有意測試東亞新局勢下權力平衡的試金石，同時也
可藉以了解美、日的態度和反應，而美國派遣航空母艦前往台灣海峽
的行為，正可證明美國不願見到東亞權力平衡遭任何一方破壞。今後
台灣安全若能在美國、中共、日本三方關係謹慎經營下，較能得以確
保，美日安保條約重修之後，中共所感受到的焦慮和不安極為嚴重。
三方應避免不當的誤解以及可能引發的衝突，如此才不致造成台灣安
全的險境。

第七章　後冷戰時期美中戰略關係之發展與挑戰

第一節　一九九六年台海飛彈危機的衝擊

自一九八九年六四天安門事件及一九九一年蘇聯瓦解後，美國與中共之間雖仍維持著交往合作的關係，但兩國之間的競爭與磨擦也益加明顯。中共人權的不彰、向世界敏感地區出售武器以及盜版問題等，使美國國會相當不滿。過去美國與中共之間的磨擦可以輕易解決，美國政府大可持美中（共）之間的戰略關係來說服美國人民容忍中共與美國的利益衝突。但是冷戰之後，美國政府無法提出清晰明確的美中（共）關係來引導兩國之間的合作，美國人民的要求便容易經由各種國內的利益團體，對於柯林頓的政策產生影響，以至於難以維持一貫性的美中（共）政策。[1]事實上，在這段期間內，美國與中共之間的爭執不只於此。其他方面尚包括北京爭取公元兩千年奧運主辦權的失敗；加入世界貿易組織（World Trade Organization）的限制；在香港及南海問題上，美國漸漸表示其強硬的立場；復加上美國與印度、越南與俄羅斯的交好，使中共方面興起了美國有意包圍及分化大陸之說。[2]

---

[1]　Leon T. Hadar, "The Sweet–and-sour Sino-American Relationship," *Policy Analysis* (Washington, D.C. : CATO. January 23, 1996), p.6.

[2]　韓璐，《美國處理中共飛彈演習之研究》，淡江大學美國研究所碩士論文，1997年6月，頁39。

在以上所述美國和中共一連串的爭執期間，柯林頓又修正其對台政策，並於一九九五年決定改變以往的政策，給予李總統登輝先生赴美訪問其母校康乃爾大學。柯林頓之決定，可能原因有三：

(一) 冷戰後，美國在外交上較無顧忌，即使可以預判中共必然會有強烈的抗議行為，但是畢竟比較不用顧慮到有關美國本土受到攻擊的威脅。

(二) 中共在外交上並未充分與美國合作，例如核子試爆及武器擴散等方面，相較於台灣方面，則台灣推動務實外交的著力點也比較多。美國此時對台灣提出李總統訪美之要求順水推舟，藉以試探「台灣牌」的作用，並可報復中共的不合作。[3]

(三) 在柯林頓個人的考量上，由於美國國會全面性支持李總統訪美，如果動用否決權，國會方面可能會有更強硬的反駁，而且柯林頓考慮到即將來臨的總統大選選情，不願意讓選民覺得他與人權紀錄不佳的中共十分親近。畢竟李總統以康乃爾校友的名義參加母校的校友活動，在美國人眼中是合理的人權，也因此這個決議案能在國會中得到不分黨派一致的支持。所以柯林頓在與參議員羅布（Charles Robb）和努恩（Sam Nunn）以及其他重要議員秘密會商後，決定駁回國務院的主張，並同意給予李登輝總統赴美簽證。[4]

中共方面對於美國同意李總統訪美政策，其反應正如預期般之激烈。由於美國和中共自冷戰結束以來，在許多方面起了爭執，已如前

---

[3] 楊志誠，〈後冷戰時期美國的中共政策〉，《美歐月刊》，第 10 卷第 10 期，1995 年 10 月，頁 13。

[4] David Shambaugh, "The United States and China. A New Cold War?" *Current History*, Vol.94, No.593 (September 1995), p243.

所述，而針對這些事件中共所能抗議的地方有限，但是當美國准許李總統訪美時，中共乃持著美國有意干涉中國內政之名，質疑美國要變更「一個中國」的政策，進而對美國與台灣進行嚴厲的抗議與批判，[5]可謂「冰凍三尺非一日之寒」。中共更嚴厲指責美國違反三公報原則，縱容和支持台灣當局製造「兩個中國」、「一中一台」及損害「中國主權」。

　　除了口頭上的嚴厲批判外，中共對美國的反應尚包括實際行動上的抗議。例如取消國務委員李貴鮮預定的訪美計畫、召回駐美大使李道豫返國述職，取消雙方在飛彈技術管制及核能合作上的對話，逮捕致力於揭發中共人權狀況的華裔美國人吳宏達。另外中共在對台方面，一再推辭兩岸「辜汪會談」及中止事務性協商。一九九五年七月十八日，新華社更發布消息指出，中共將於七月下旬在距台極近的公海試射導彈（距台灣北端約一百四十餘公里、台北約一百五十餘公里、距東側的釣魚台僅一百五十公里），這是中共在新聞媒體上對李總統一連串文攻武嚇之後，首度以軍事手段升禍台海的緊張層次。中共一方面以演習對台施加壓力表達不滿外，另一方面要求美國能簽署有關限制我國高層官員訪問的第四份公報，並期望美國能公開表示反對台灣申請加入聯合國一事。對於中共的要求，美國並沒有公開表示不允許台灣高層官員訪美及「反對」台灣加入聯合國，而且美國也沒有答應簽署第四份公報。在公開宣稱對台問題方面，美國僅願表示不支持台灣加入聯合國，以及類似李總統訪美之事將會是罕見的，來回應中共的要求。有鑑於此，中共遂將攻擊轉向台灣，除連續在台灣附近舉行軍事活動外，並在十一月間放出許多具有高度脅台灣安全的風

5　Hadar, op.cit., p.2.

聲。至一九九六年三月初，中共正式宣布，在我國首次總統大選前後，將在台灣基隆與高雄外海實施導彈試射，[6]造成了台海危機。此一危機不僅是自五〇年代末期以來台海緊張局勢的最高潮，震撼了台海原本大致穩定的區域安全，同時也是美國對華政策的轉捩點。

　　根據一份甫解密的美國相關機密檔案指出，中共此一有計畫的演習是從一九九六年二月四日，以一個名稱為「快速六十」（express 60）的演習揭開序幕，所謂的「快速六十」意指中共此一演習行動的所有先期準備動作，全部都在六十個小時內完成（即二月四日至七日）。[7]在這份由美國海軍情報局所撰寫的局部解密報告中進一步指出，中共當時由中共中央軍委會所訂的演習總代號名稱為「海峽九六一」，在進行「快速六十」的大規模動員準備行動後，便進入了「海峽九六一」的大型三階段軍力展示。第一階段宣布飛彈發射的封鎖區。三月八日開始發射三枚 M 九（東風十五）型飛彈，射向台灣附近兩個封鎖區。第二階段三月十二日在東山島和南澳島附近的台灣海峽南端展開。這個階段的特色是實彈射擊演習和地面攻擊行動。第三階段是二棲登陸和入侵行動部分。時間在三月十八日到二十五日，地點在台灣海峽北部平潭縣的海壇島附近，以登陸戰等為主要演習形式，軍事人員運送以伊留申七六式運輸機為主。因為天候不佳，演習延後展開，也可能使第三階段的演習縮小為小規模的兩棲預演和模擬作戰行動。直升機運送部隊、大砲射擊、運輸機作業和兩棲攻擊演習也一一進行，只是規模顯然較原先計畫的小。[8]

---

[6]　韓璐，前揭論文，頁 40-47。

[7]　〈美國「海峽九六一」解密檔案〉，聯合報（台北），民國八十八年十月十日，第 13 版。

[8]　同前註。

　　美國對於台海局勢的演變是極度關切的。一九九六年三月五日，中共新華社宣布將從三月八日至十五日在台灣東北及西南附近海域進行地對地導彈試射演習，由於演習區域相當接近台灣海岸（距離北部為三十五公里，南部為五十公里），引起國際關注與台灣地區居民的恐慌。三月五日美國國防部長培里表示中共演習太接近台灣，是個相當嚴重的錯誤決定，他表示遺憾並將表達關切。[9]三月六日，白宮國家安全顧問雷克（Anthony Lake）公開指責中共行動魯莽，國務院發言人也譴責中共行動的不負責任。七日，美國國務卿克里斯多福（Warren Christopher）對到訪的中共國務院外事辦公室主任劉華秋表示，美國對中共的導彈試射要求自制。[10]八日，中共發射三枚飛彈，國務院發言人評論中共必須承擔因此產生的負面後果；國防部長培里宣布「獨立號」（Independence）航空母艦戰鬥群已航向中共導彈試射區進行監測；國務卿克里斯多福更稱之為不負責、不明智的挑釁；柯林頓政府官員也與正在華府訪問的劉華秋會談，表達美國對此演習的關切。[11]

　　中共不顧美國關切，三月九日中共新華社又宣布將於十二日至二十日在台灣海峽南端、東沙群島北部進行海空實彈演習。[12]十一日，柯林頓總統因之前三月八日在雷克與劉華秋會談後，乃決定增派「尼米茲號」航空母艦戰鬥群在三月二十三日中華民國總統選舉前進駐台

---

[9]　中國時報（台北），民國八十五年三月六日，第 2 版。
[10]　*The New York Times*, March 7, 1996, p. a10.，中國時報（台北），民國八十五年三月九日，第 1 版。
[11]　中國時報（台北），民國八十五年三月八日，第 1 版。
[12]　中國時報（台北），民國八十五年三月十日，第 1 版。

灣附近水域。[13]三月十二日,美國國務院亞太助卿羅德接受美國廣播
電視公司訪問時表示,如果中共對台動武,美國必將作出強烈反應。[14]
然而在三月十四日,美國國防部官員改口聲稱,已獲中共保證無意攻
打台灣,而美國派遣航空母艦戰鬥群前往台灣海域目的在於預警,避
免北京錯估形勢。[15]十五日,中共新華社復宣布,自十八日起至二十
五日止,在平潭島附近海域進行陸海空聯合演習,這是中共歷次演習
中距離我國軍駐地最近的一次。[16]十九日,美國通令「獨立號」航空
母艦戰機巡航時勿進入距離台灣百英里之範圍內,以免激怒中共。中
共外交部發言人抨擊目前台海關係緊張,美國負有不可推卸的責任,
同時要求美國停止行動;並警告日本等國不得干涉台灣問題。培里部
長則表示美國擁有全世界最優秀的海軍,大家最好不要忘記。[17]言下
頗有警告中共勿輕舉妄動的意味。二十二日,美國參議院通過決議案
要求柯林頓政府與國會磋商並檢討對台軍售質與量。[18]

　　三月二十三日,台灣選舉結束,李登輝總統當選連任,此時中共
演習已告一段落,兩岸三方經過了一陣子戰略互動之後,此時都需要
檢討與評估本身政策的成效得失,軍事衝突的危機暫時成為過去。美
國與中共開始積極安排高層會談,希望透過對話來解決彼此歧見。[19]

---

[13]　中國時報(台北),民國八十五年三月十二日,第1版。

[14]　中國時報(台北),民國八十五年三月十三日,第1版。

[15]　聯合晚報,民國八十五年三月十五日,第1版。

[16]　中國時報(台北),民國八十五年三月十六日,第1版。

[17]　中國時報(台北),民國八十五年三月二十日,第3版。

[18]　中國時報(台北),民國八十五年三月二十三日,第7版。

[19]　蔡瑋,〈第三次台海危機中美國的角色〉,《美歐月刊》,第11卷第6期,1996
　　年6月,頁42。

很多人認為，一九九五年至九六年的台海危機是由李登輝總統訪美所引起的，[20]其實這只是其中的原因之一。林中斌教授則認為這是個簡化而粗略的看法，他進而分析出此危機具有三重成因：[21]

(一) 在美國方面：一九九二年美國總統大選，民主黨的柯林頓擊敗共和黨的布希，共和黨於是要找機會「扳平」。剛好一九九四年秋國會的中期選舉後，共和黨掌控參眾兩院。一九九五年春，國會以壓倒多數通過決議，要求柯林頓批准李總統訪美。所以柯林頓在壓力下突然推翻國務院原來的政策，給予李總統赴美簽證。

(二) 在中國大陸方面：一九九四年江澤民掌權之後，一反過去鴿派的軟弱作風，積極鞏固權力，並於一九九五年一月三十日發表了「江八點」，四月安排「上海幫」入京，同月復將與江不和的北京市長陳希同拉下馬來。此時反對江澤民的勢力也開始運作。除了一九九五年一月在北京流傳批判改革的「萬言書」以外，軍方鷹派和政治局裡反江勢力也串聯起來，並醞釀對美、台採取強硬的政策，以挑戰「江八點」的精神。此時李總統的訪美很方便的成了他們可以運作的題材。

(三) 在台灣方面：時值一九九六年三月中華民國首次總統大選前夕，李總統必須掌握民意走向，並預防反對黨可能的攻勢。於是他乃決定在一九九五年六月赴美國康乃爾大學發表演

---

20 林中斌，〈透視台海危機成因及西方解放軍研究〉，李潔明（James R. Lilley）、唐思（Chuck Downs）合編，《台灣有沒有明天？—台海危機美中台關係揭密》（台北：先覺出版股份有限公司，1999 年 2 月），頁 40。

21 同前註，頁 40-41。

說，為台灣大多數人民抒發了心聲。最後乃以五十四%的高
得票率獲勝。

由於上述三方面的政治力量，且在三個不同的社會裡相互較勁，
並在台海上空交會，終於引爆了一場國際危機。

另有研究指出，此次台海危機肇因於：(一)台灣於一九八九年始
推動務實外交，卻被中共解讀為實施「台獨」，超過了中共對台灣政
治發展的限定原則與認知；(二)中共「解放軍」力量抬頭，江澤民若
提出反對共軍軍事演習的建議，必然引起軍中反彈；為此，江順勢批
准了中共的演習計畫。(三)中共內部對台政策意見分歧，為維護本身
權力於不墜，江乃採取妥協的作法，同時亦可化解黨內對台政策的分
歧。(四)冷戰結束後，中共並無強大的假想敵下，實施大規模的演習
是針對台灣而來的，演習操練是為了對應不同層次的台海戰爭而設
定。中共依據「靈活應變、備而慎戰、加強南線、穩定北線、鞏固邊
防」等原則，將戰略重點由過去中（共）蘇、中（共）印、中（共）
越戰爭，來自於西北、東北、華北的主要敵人之陸戰戰略調整，移至
東南沿海及南海，並置重兵。因此，中共在台海發動軍事演習，其目
的之一即在演練各軍種的協同作戰能力。[22]此外，中共對「中國威脅
論」及「圍堵中國」之反抗，而欲防止美國以台灣牌制衡中共對美戰
略並阻止美國調整對台政策，中共內部鬥爭及警告大陸內部分裂主
義，以及企圖影響台灣的選舉及未來政策走向等，這些都可能是造成
此次飛彈演習的動機。[23]

---

[22] 唐明輝，〈台灣安全策略之策訂——從美國在台海危機之角色探討〉，《共黨問題研究》，第 23 卷第 6 期，1997 年 6 月，頁 26-28。
[23] 韓璐，前揭論文，頁 49-91。

此外，美國在處理此次台海危機的動機和相關作為方面是值得探究的，這不僅關係著日後美中（共）關係的走向，更是攸關以後台灣安全的重要參考。美國派遣兩艘航空母艦與其他相關作為的配合，使台海局勢並未出現擦槍走火甚至戰爭的結果。而美國介入台海危機的原因，除了要維護其在西太平洋之戰略利益及和平解決台灣問題之立場外，並致力於維護區域性之權力平衡。[24]九〇年代後冷戰開始，雖然美國的全球戰略有所改變，但維護美國在各地區的戰略利益及權力平衡仍是其國家利益所在。因為，美國若坐視中共在後冷戰時期於此地區擴張軍力，當造成亞太國家的緊張而造成軍事競賽；屆時區域權力失去平衡，反更不利於美國傳統藉區域權力平衡而獲取利益的政策。

綜觀這次台海危機美國的關切程度，由早先的適度曖昧，保持迴旋空間，到後來的嚴重關切及提出嚴重警告，再到最後的軍力展示，其所採取的仍是所謂的「戰略明確、戰術模糊」的態度。[25]從中共宣布進行飛彈演習開始，外交折衝乃美國的第一選擇。美國政府適時透過管道放話給中共表示美國對此演習的嚴重關切。美國之所以表示關切，是因為中華民國進行民主化以及堅持市場經濟，此正是美國所要提倡的核心概念；何況此又涉及到美國對亞太地區承諾的信用問題，攸關美國的利益與安全。當美國企圖以「預防性外交」阻止中共，然而中共並不予理會，就在中共發射飛彈之日，國防部長培里宣布「獨立號」航空母艦戰鬥群已航向導彈試射區進行監測，美國只好進行預防國防，以提倡穩定並阻止侵略。培里就曾指出，美國處理後冷戰衝

[24] 唐明輝，〈台灣安全策略之策訂─從美國在台海危機之角色探討〉，前揭文，頁28-30。
[25] 蔡瑋，〈第三次台海危機中美國的角色〉，前揭文，頁46。

突威脅的戰略或政策是預防威脅出現、嚇阻已出現的威脅，若預防與嚇阻措施均失效，則動用軍事力量以擊敗危害美國安全的威脅，以確保國家利益。[26]培里又認為中共挑起一九九六年台海危機是不負責任且魯莽的舉動，根據「靈活與選擇性交往」的戰略概念，亦即海外展示與軍力投射，他建議派遣兩個航空母艦戰鬥群，以保障美國的利益，因為此地區的利益雖不是美國的生存利益，卻是重要利益，符合出兵的要求。希望傳達正確訊息，以免中共判斷錯誤；並對區域內盟國表達承諾，縱使中共表達無意對台發動軍事行動，柯林頓總統為了選舉考量也就順從培里的建議，進行預防性的外交行動。[27]縱觀美國在戰略上，基於美國的國家利益為最大考量，運用多重管傳達強訊息給台海兩岸，使此次危機侷限在美國可掌握的範圍內，成功展現其國家安全戰略與軍事戰略的成效。華府顯然是希望以最小的代價攫取最大的政治利益。對美國而言，一個統一、強大而且有能力威脅美國霸權的中國未必符合其國家利益，可是就現況來看，台灣獨立又可能引發不可預料的後果，因此使兩岸維持不統不獨、不戰不和的現況方屬上策。於是美國一再強調，其介入目的是要維持台海安全，兩岸問題應以對話方式，和平解決，美國並非支持台灣獨立，以祛除中共疑慮。[28]至於戰術方面，過去美國一再強調所謂「創造性的模糊」（constructive ambiguity），讓兩岸政府搞不清楚如果台海發生衝突美國將如何因應。華府希望藉此遏阻雙方不必要的冒險行動，但這其中隱含有相當的風險，如果台北認為美國一定會介入支持，如果北京相信美國絕對

---

[26] 莫大華，〈從一九九六年台海飛彈危機檢視美國的國家安全與軍事戰略〉，《美歐月刊》，第 11 卷第 9 期，1996 年 9 月，頁 66。

[27] 同前註，頁 67-68。

[28] 蔡瑋，〈第三次台海危機中美國的角色〉，前揭文，頁 44-47。

無意干預，反而可能引發雙方衝突，於是美國進一步澄清，華府的立場是戰略一貫明確，不准打仗，只是對於因應的方式以及程度等戰術保持模糊。[29]

至於未來台海是否會再發生危機？再度發生危機時，美國是否會介入，會以何種方式介入？其「戰略明確、戰術模糊」的原則是否會繼續運用？陳毓鈞教授認為未來台海危機最可能發生在某一方面試圖改變或破壞台北—華府—北京三方面的微妙平衡關係所賴以運作的一個中國共識。目前，最有可能出現這種情勢的作為就是，台北的動作讓北京認定是企圖使台灣自中國領土分離出去，並否定「中國」對台灣的主權。[30]也就是說中共唯恐台灣醞釀分離主義，從事台灣獨立的運動。美國「外交政策研究所」亞洲計畫負責人門羅（Ross Mura）說，台灣反對黨推動台獨是不負責任的，因為如果台獨，中共必將對台動武。[31]而且中共一再宣稱不放棄以武力解決台灣問題，因此台獨極可能是造成中共以武力犯台的最主要原因。針對台獨問題，美國前國務卿貝克說，台獨是非常危險的，而且美國沒有出兵的可能。[32]其次如果不是由於台獨而引起的台海危機，例如北京改變其和平取向政策時，美國是否會干預？丘宏達教授認為，美國亞太事務助理國務卿雖曾表示美國將重新檢討其立場，但其語意中絕不表示如果中共動武美國絕不坐視的任何暗示，更沒有美國會為台灣不惜一戰的訊息。美國如果干預，可能的話只是包括對台提供防禦武器，經濟制裁中共，

29　同前註，頁 56。
30　陳毓鈞，〈台海危機與美國干預〉，《美歐月刊》，第 10 卷第 1 期，1995 年 1 月，頁 18。
31　聯合報（台北），民國八十三年十一月五日，第 2 版。
32　聯合報（台北），民國八十三年十一月七日，第 2 版。

甚或提升與台北的關係，但絕不包括出兵。[33]對此，陳毓鈞教授亦認為，美國出兵台海危機的可能性是微乎其微的。美國如果干預，最大的可能也只是將危機導向和平解決的途徑。其理由如下：[34]

　　美國自韓戰以後即不尋求與中共兵戎相見，另從一九八○年代開始，美國更認為亞太的集體安全若缺乏中共的支持與參與是不可能成功的。在這種情況之下，最符合美國利益的政策作為，就是維持台海的和平與穩定，控制突變的產生，若有危機，則美國必先努力嘗試以談判手段解決。

　　以目前的國際形勢而言，美國所面臨的是和一九五○年代極不相同的情勢。當時美國和中共全面對抗，而現在雙方則有外交關係，美國又奉行「一個中國」的政策，況且現在美國及其重要盟邦在中國大陸都有龐大的商業利益。面對這些因素，使得美國不得不更謹慎地考量和處理台海所發生的危機。

　　後冷戰時期，美國對外用兵如科威特、索馬利亞、海地等，都是打著聯合國的旗幟，以規避「戰爭權力法案」的國會監督與節制。目前中共已是聯合國安理會常任理事國，其在聯合國的地位與影響力必將阻擋聯合國作出有利於美國立場的決議，甚至使聯合國根本無法干預屬於中國內政的台灣問題。

　　在對峙最激烈的冷戰時期，美國已極力避免介入台海戰爭。目前北京在經貿與戰略的比重上，份量遠比台北大得多，因此不可能為了台灣而派兵與中共開戰。

---

[33] 台灣日報，民國八十三年十月三十日，第 2 版。
[34] 陳毓鈞，〈台海危機與美國干預〉，前揭文，頁 18-19。

　　另有研究指出，即使台海兩岸在進入最嚴重的狀況，那就是中共對台灣地區進行大規模的全面攻擊，美國會有選擇性的使用軍力干預，但尚不足以全面性地與中共直接交戰。其有可能處置的軍事干預如下：[35]

(一) 提升我國現有武器系統性能與放寬原先的技術限制。

(二) 銷售或緊急運送先進防衛武器。

(三) 提供我方中共軍事行動情報。

(四) 在台灣附近海空域進行軍力展示。

(五) 在台灣附近海空域進行軍力投射。

　　此外根據我國國防部的看法是「中共若悍然出兵犯台，美國應該會依據台灣關係法保障台灣安全之精神，衡量中共對台灣構成之威脅將對美國利益造成何種程度之傷害，而採取適當之干預行動。」[36]然而，一旦中共真以武力解決「台灣問題」，造成「任何對台灣人民安全或社會經濟制度之威脅，以及因而對美國利益產生之任何危險」時，依台灣關係法「總統應立即通知國會，總統與國會應依照憲法程序，決定美國為對付此類危險，而採取之適當行動」（第三條 C 項）。一方面，從威脅或危險之認定或對之而採取的適當行動之界定，均悉由行政部門判斷，以作為總統通知國會之程序所需之前提，因此留給了行政部門極大的彈性和不確定性；另一方面，所謂的「適當行動」並不能單以協防論之，美國的適當行動在橫切面上可以從非軍事性的制裁、間接協助台灣防衛、小規模局部性地協助防衛，漸次分布到全

35　莫大華，〈從美國海外軍事干預準則預判美國在台海軍事衝突的角色〉，《問題與研究》，第 36 卷第 6 期，1997 年 6 月，頁 26。

36　國防部「國防報告書」編纂小組，《中華民國八十二年至八十三年國防報告書》，頁 64。

面性的軍事協防；就縱切面而言，單以軍事性的介入，就有可能以武裝介入強制雙方停火談判、武裝觀察要求雙方節制避免升級，到間接或直接協助台灣。因之，何謂適當行動，仍具相當的不確定性。[37]

　　即令在後冷戰時期，中共對美國之戰略地位比重因蘇聯的瓦解而降低，然而在台海發生衝突時，美國也不會率爾出兵協助台灣，美國還是會傾向緩和惡化情勢，避免危機升級並防止兩岸發生戰爭為其優先之政策考量。尤其華府尚堅持一個中國的原則，華府雖然關切台灣的安全，卻也希望台灣不要在提昇國際地位上製造麻煩。美國政府、國會、智庫逐漸在看待台灣加入聯合國問題上形成共識，認為不宜表態支持台灣加入聯合國。[38]若台灣明顯朝向台獨的道路，華府將會全力加以防範。因為中共對於換國旗、換國號等明顯台獨的立場是堅決反對的。對美國而言，將因此而面臨到保護台灣與中共全面對抗，或放棄台灣任由中共武力達成統一的兩難選擇，這將迫使華府重新評估對台灣的安全承諾，而且即使介入也未必意在協防。除非美國準備在台獨問題上與中共全面性的對抗，否則若台灣已有傾向走向明顯台獨時，美國應當會在事前加以預防，或在事後以調停而不是協防的身分介入，以談判達成停火。在這種為停火的談判中，台北可能付出的代價將是很難估計的。[39]

　　三月台海危機之後，柯林頓政府一再強調「中」美關係的主軸是深化接觸與合作，使得北京認為華府—北京—台北三角關係的鐘擺是

[37]　張建邦總策劃、林正義審校，《未來台海衝突中的美國》，前揭書，頁94-95。
[38]　林正義，〈二十一世紀台—美關係前瞻〉，《國家政策雙週刊》，第161期，1997年，頁5。
[39]　張建邦總策劃、林正義審校，《未來台海衝突中的美國》，前揭書，頁106。

傾向北京，北京似乎對華府會有所節制台北的承諾恢復了一些信心。[40]
因此，可以預見的是，兩岸三邊維繫多年的動態平衡關係已告打破。[41]
自一九七二年以來，至少到一九九五年台海危機發生之前的二十三年
期間，歷經「上海公報」、「建交公報」、「台灣關係法」、「八一七公報」，
北京—華府—台北之間，逐步建立起一個雖不盡滿意但大致可以接受
的運作架構，也就是說三方面對一個中國各有詮釋，並維持著模糊而
有彈性的空間。這種微妙中有默契的關係也就是二十多年來華府與北
京之間關係改善的基礎，以及北京與台北由軍事對抗走向緩和交流的
根本。更重要的是藉此維持了台海的和平安定，以及促進了亞太地區
的和平安全。[42]當台北的動作讓北京認定是企圖使台灣自中國分離出
去的時候，兩岸終於爆發了危機。在中共以軍事手段表明其反對外國
勢力介入及台灣走向獨立的堅定立場之後，美國或許更能認清中共對
一個中國原則的支持，將來更不會、不敢草率地支持台獨發展。而美
國官方的對華政策應該不致改變，仍會依照三個公報及台灣關係法的
精神處理兩岸關係。但是如果台灣方面對中共、美國的意圖解讀錯
誤，認為係由於美國力量的再度積極介入，才使中共不敢胡作非為，
致使分裂主義人士或許增強其政治訴求，其他政治人士也可能更加拖
延兩岸關係的改善，而如果中共對內也製造美國干預中國統一的概
念，則難保兩岸將來不會面臨更大的危機。[43]就長期而言，由於美、
中（共）、台三方體制及價值觀的差異，除非中共政權屬性發生根本

---

[40] 陳毓鈞，〈北京重新釐定對台戰略走向〉，中國時報（台北），民國八十五年十
一月二十九日。
[41] 蔡瑋，〈第三次台海危機中美國的角色〉，前揭文，頁47。
[42] 陳毓鈞，《戰爭與和平──解析美國對華政策》，前揭書，頁532。
[43] 蔡瑋，〈第三次台海危機中美國的角色〉，前揭文，頁48。

性的變化，兩岸就一個中國達成某種共識，否則美國和中共、台北和北京之間的長期摩擦將可不斷預見。三邊仍會一方面互相維持技術層面的接觸往來，但在另一方面也會從事大戰略的圍堵以及反圍堵政策。[44]

　　針對美、中（共）、台三角關係的難題，外交關係協會就美中暨兩岸關係研究出一份報告，並提出建議：（一）華府應重建和北京的對話，在高峰會議上重申一個中國政策的承諾，重申和平解決兩岸爭端及反對北京使用武力與威脅的承諾。此外，華府也應對北京和台北重申既不參與解決兩岸爭端，也不反對在和平方式下經過兩岸同意的解決辦法；（二）要改進美國行政部門和國會之間的對話，唯有府會一致，才能凝固政策的一貫性，贏得北京和台北對美國承諾的信賴；（三）華府在建立和北京合作關係之際，必須告知北京此種關係唯有在互利的基礎上才會發生；（四）美國應繼續在亞太地區維持強大軍力，要有必要時動用武力的準備。依據「台灣關係法」的文字精神和台海戰爭的可能發展的廣義推論，美國使用武力的可能性應有其嚇阻作用；（五）美國應支持台灣成為不以國家為要件的國際組織會員，在目前緊張尚未消除的狀況下，華府不宜允許台灣高層領袖訪美，但在和北京的關係恢復正常後，美國的對台政策能充分為北京理解的情況下，華府仍應允許台灣高級官員訪美；（六）美國應繼續依「台灣關係法」維持台灣的自衛能力，但也應警告台灣不可片面宣布獨立，不可做出超越目前關係架構的任何行動；（七）美國應鼓勵華府、北京與台北之間的非政府交流，以增加彼此對影響外交政策的內政問題了解。以上外交關係協會的建議，可以說充分反映了美國對華政策的

---

[44]　同前註，頁 49。

主流共識，爾後柯林頓政府處理美、中（共）、台三角關係的做法，大致上也是以此為準。[45]

　　總括而言，中共在一九九六年台海危機上，所欲達成的是獲致其對美國和台灣之戰略目標。對台灣之戰略目標為迫使台灣放棄「務實外交」和接受「一國兩制」模式；對美國之戰略目標為使美國確信破壞中共的對台「原則」將會付出代價，並說服美國承認台灣是中華人民共和國的一部分。茲以下表示之：

表 7-1　中共對美、台之最小和最大戰略目標

	對台戰略目標	對美戰略目標
最小目標	迫使台灣放棄「務實外交」	使美國確信破壞中共的對台「原則」將會付出代價
最大目標	迫使台灣接受「一國兩制」模式	說服美國承認台灣是中華人民共和國的一部分

資料來源：John W. Garver, *Face Off : China, the United States, and Taiwan's Democratization* (University of Washington Press, 1997), p.119.

　　然而在中共此一單方且具強制的意思表示下，很顯然的除了會破壞美、中（共）、台的三角平衡關係外，更牽涉到三邊意志力及實力的互動。至其效果，就對台灣的方面而言，中共的目標並未能藉此手段而達成；至對美國方面而言，其效果仍屬有限。影響所及，日後三邊若不能更加強良性互動關係，則恐會因對情勢誤判而有引發衝突的可能。對兩岸關係而言，台北與北京應加強雙方溝通的意願和協商的管道。對美國而言，在後冷戰時代面對中共的崛起，如何與中共建構

45　陳毓鈞，《戰爭與和平──解析美國對華政策》，前揭書，頁 463-464。

制度化的協商安全機制，使中共不致危及中共與美國雙邊、區域與國際的安全與利益，自屬必要。[46]

　　綜觀此次的台海危機，可說是冷戰結束以來，對亞太地區之穩定可能會有相當影響的事件。中共藉此希望對外展現解決台灣問題的決心，並且具有警告美日兩國勿介入此項中共認定之內政問題的意味。但是從美國的觀點來看，中共意圖以軍事武力解決台海兩岸的問題，非但違背了美國與中共建交以來，所有有關台灣問題須和平解決的宗旨，同時似乎也迫使美國必須履行台灣關係法有關對維持台灣安全的承諾，而更重要的是，中共的軍事行動已經到了美國必須在其戰略考量上有所反應的臨界點。[47]美國學者聶斯（Peter Van Ness）較傾向從東亞國際政治的角度來解釋中共的觀點及其戰略重點。他認為此次三月台海危機是一次東亞戰略主控權之競爭，更勝於一般所認為的有關於台灣與中國大陸統一的問題。因為美國是世界上唯一具有軍事與政治上之能力，足以對中共的安全構成威脅的國家，而日本則具有經濟與科技上的潛力威脅中共之安全。但事實上，中共政經發展均需目前之東亞權力安排下的穩定現狀，中共亦可說是目前東亞戰略現狀之平衡下的受益者，美國在亞太國家對美國是否持續做為一亞太強權仍有疑慮之情況下，似乎不致於對可能會破壞東亞權力平衡現狀的行動坐視不管。[48]環顧今日世界，全球除了美國之外，大概只有日本、西歐、中共及俄國所謂的四強有資格來填補後冷戰時期由前蘇聯所遺留下

---

[46] 張五岳，〈柯江會談對兩岸關係之影響〉，《理論與政策》，第 12 卷第 1 期，1998年，頁 41。

[47] 陳文賢，〈美國與中共戰略互動下的台灣安全：一九七○年代以來的觀察〉，前揭文，頁 9。

[48] 同前註。

來的權力空間，而在亞洲則是美國的影響為大，但是中共與日本的爭霸已然啟動。台灣處於現今的國際局勢下，一方面，在面對中共威脅時，必須依賴美國、甚至日本所提供的安全的防護，以維持自身的生存與安全。另一方面，台灣又有與大陸交流的需要，而不能太與中共敵對。中共處在一個與美國積極交往，和與日本「既合作又競爭」的情況下，其心理機制又是十分脆弱而敏感的。[49]在這詭譎多變的亞洲均勢中，如何維持一現階段的權力平衡是最重要的，這對亞洲乃至於全球的整體安全是有決定性的影響的。台灣處於後冷戰時期，其國家安全除了受美國和中共之間的戰略互動所影響外，東亞的權力平衡厥為台灣國家安全的決定因素之一。

第二節　「建設性戰略夥伴關係」的構建

　　美國與中共之交往，到了柯林頓總統時代已進入一個嶄新的階段。而柯林頓政府對中共之重視，與其前任相比，有過之而無不及。國防部長裴利公開聲稱，中共是一個全球性而非區域性的重要強國，致使與中共進行建設性交往成為美國在亞太地區推行預防性防衛（preventive defense）的四大要素之一。裴利指出，交往可提供影響中共的途徑，使其能協助抑止而非加劇大規模毀滅性武器的擴散；在美國利益瀕於危險的不穩定地區扮演安定的角色；並使中共在國家安全、軍事組織、戰略計畫、採購、預算及作業程序等方面，變得更為開放，從而有助於增進中共鄰邦的信心，減少美軍在中共也有駐軍的

---

[49]　明居正，〈如何提昇我國與各國之實質關係〉，《理論與政策》，第 11 卷第 1 期，1996 年，頁 15-16。

地區作軍事活動時發生誤會或事端的機會。[50]一九九三年九月柯林頓總統批准與中共「全面交往的策略」。亞太副助卿魏德曼（Kent Wiedemann）列舉六大交往的理由：[51]

(一) 中共為五個核武國家之一，而且軍力日強。

(二) 中共經濟在本世紀前仍會以百分之八至十的年增率繼續成長。

(三) 中共在全球貿易的角色突飛猛進，其市場對美國商業及工作皆具有重要性。

(四) 中共是聯合國安理會五個常任理事國之一，擁有否決權，因而對諸如武器擴散、維持和平、制裁伊拉克等全球性重大問題之解決，深具影響力。

(五) 中共在諸如北韓核武、南沙群島、柬埔寨等區域安全問題上，扮演關鍵性角色（a key note）。

(六) 在包括防阻販毒、遣返非法華人移民、環保等雙邊及全球問題上，中共的合作不可或缺（essential）。

　　亞太副助卿貝德（Jeffrey A. Bader）更指出，全面性交往的長程目的是引領中共進入國際體系而成為一個盡責並具建設性的成員。他認為中共在世界上的角色必將逐漸增加，而該角色可為助力亦可為破壞力，因此美國外交的任務是確保中共成為一股助力，目的是儘可能鼓勵中共全面而負責的融入國際體系。[52]

---

[50]　周煦，《冷戰後美國的東亞政策（1989-1997）》，前揭書，頁 192。

[51]　Statement for the Senate Foreign Relations Committee, Asia and Pacific Subcommittee, July 25, 1995, Kent Wiedemann, Deputy Assistant Secretary of State for East Asian and Pacific Affairs, *Dispatch*, Vol. 6, No. 30（July 24, 1995）, p.587.

[52]　"Sino-American Relations and U.S. Policy Options," *AIT Backgrounder Series*（May 8, 1997）, p.2.

　　自一九九三年九月起，柯林頓政府推動與中共全面交往的政策，因此，在政治關係方面，美國展開與中共高層官員的互訪；在經貿關係方面，積極打開中國大陸市場；在軍事關係方面，柯林頓政府自一九九三年十一月恢復與中共軍方高層官員的訪問，同意就聯合國維持和平、武器擴散、軍事透明化等議題進行對話。[53]

　　一九九六年台海危機的發生，使得美國與中共的關係降到自六四天安門事件後的另一低點。然而對美國而言，危機即是轉機，一九九六年的台海飛彈危機適亦提供了美國進一步與中共發展交往關係的契機。一九九六年三月的台海危機發生之後，美國總統柯林頓為了化解美中（共）雙方的僵局，以及修復雙邊關係，乃於一九九六年五月十六日在一場晚宴的致詞中表示：「我要與中國（中共）增進關係」（I want better relations with China）。[54]一九九六年五月二十日柯林頓本人在太平洋盆地經濟理事會第廿九屆國際大會演講中對於與中共的關係作了詳盡的陳述：

　　「……目前，中國正處於關鍵的十字路口，它將選擇開放與整合的路線，或是轉向孤立與國家主義？它會是世上一股穩定的力量，還是製造紛亂的力量？促成一個安全、穩定、開放、繁榮的中國，一個遵守國際禁止核武擴散與國際貿易規則，對區域性與全球性安全計畫合作，並尊重其人民基本人權的中國，直接關係到我們的利益。我們的交往政策是利用最好的工具，包括鼓勵性與懲罰性工具，來增進美國的主要利益。往來並不

---

[53]　周煦，《冷戰後美國的東亞政策（1989—1997）》，前揭書，頁158。
[54]　The White House, Office of the Press Secretary, May 16, 1996, Remarks by the President at Asian Pacific Caucus Dinner.

表示對那些為我們所反對的中國政策不聞不問。我們仍然持續
嚴重關切人權、核武擴散和貿易等問題。當我們與中國意見相
左時，我們將繼續保衛本身的利益並堅持我們的價值觀。但是
透過與中國的交往，我們已為我們的人民與世界其他各國爭取
到重大利益。……」[55]

　　另在國會方面，一九九六年六月二十七日，美國國會眾議院以二
八六對一四一票通過無條件延長對中共最惠國待遇案。國會亦已形成
共識，表明重視發展美國與中共的關係。[56]稍早之前，美國國務卿克
里多福在五月十日出席一項會議時亦傳達了以下的訊息：「美國將繼
續竭盡所能追求我們的利益，無論是在安全、貿易、禁止核武擴散或
人權方面。例如上個月美國即曾傳達明白的訊息給中國（中共），表
明了北京在台灣海峽使用武力對美國將是嚴重關切的事。但是吾人不
接受有關圍堵或孤立中國的建議。如此舉措不僅不能保護我們的利
益，反而會造成傷害。在此廣泛的背景之下，我們將於下個月再次支
持繼續給予中國最惠國待遇。總統與我將證明，提升美國利益的最好
方法就是持續交往，這也是過去六任總統所奉行的，我也願意在此指
出，杜爾參議員同樣認同此種作法。……」[57]從美國國會與行政部門
一致的行動來看，美國與中共的交往已是後冷戰時期最符合美國國家
利益的政策。

---

[55] U.S. President William J. Clinton Remarks before the 29th International General Meeting of the Pacific Basin Economic Council, May 20, 1996.

[56] 張亞中，孫國祥，《美國的中國政策——圍堵、交往、戰略夥伴》（台北：生智文化事業有限公司，1999年2月），頁197。

[57] U.S. Policy in the Asia-Pacific Region, U.S. Secretary of State Warren Christopher Remarks Before the Business Council, Williamsburg, Virginia, May 10, 1996.

　　一九九七年一月二十日，柯林頓總統開始邁向第二任總統執政之路。其第二任期的對華政策為：與中共「全面深化交往」，並採取多元化的方式與中共接觸，不因某一問題產生分歧而影響到其他問題，諸如人權問題，貿易逆差問題、軍售問題等，同時包括「台灣問題」亦將各別處理，不再相互掛鉤。新任的國務卿歐布萊特（Madeleine K. Albright）亦主張不應孤立中共，應鼓勵其成為國際社會負責任的一員。歐布萊特更從區域安全、禁止核武擴散、在聯合國中與中共的合作、經貿關係、對人權政策的影響、對台灣與香港經貿關係等六個方面論證對中國大陸繼續給予最惠國待遇的重要，此舉反映出美國對中共關係的重視。[58]

　　美國對中共採行全面交往的政策，除了在諸多區域問題和全球問題方面需要中共的合作之外，復因美國圍堵中共的政策事實上亦不可行。就現實狀況而言，美國的亞太友邦盟國皆支持與中共交往的政策，沒有任何國家會贊成美國在後冷戰時期的圍堵政策。此外，孤立與圍堵的政策將會使中共升高敵意，並採取全面防制與對抗美國的策略，此種後果，對美國而言並非有利。正如美國總統柯林頓於一九九七年十月在「美國之音」發表演說，強調不應對中共加以圍堵或對抗。柯林頓說：

　　　「和中共擴大合作領域，並率直的處理歧見，這種務實的交往政策是最符合美國本身根本利益與價值的策略，並可促成中國大陸更為開放自由。我知道有些人不同意。……他們認為我們應該以更強硬的態度，在中國變得更強大之前加以圍堵甚至對

---

[58]　張亞中，孫國祥，前揭書，頁 202-204。

抗。我認為這種觀點是錯誤的。孤立中國不但於事無補,還會製造對立以及潛在危險。以軍事、政治或經濟手段孤立中國,很難得到全球盟邦的支持,更重要的是,中國人本身也在爭取更大的自由。孤立政策將促使中國人升高敵意,並採取對抗我方利益的策略。這對於合作防止武器擴散的目標有害無益,亦將阻礙我們維持亞洲安定的努力。」[59]

綜觀柯林頓第二任期開始,對中共所採的「全面深化交往」的政策,其目的即在使中共在亞太地區及至於世界局勢中,發揮正面穩定的功能,因為「一個安全、穩定、開放、繁榮的中國是符合美國的利益」。[60]

彌補美中(共)退潮中的關係,不僅是美國柯林頓政府亟欲實行的政策,中共方面亦樂觀其成。一九九七年十月二十六日至十一月三日,江澤民赴美進行首次正式訪問,並達成多項協議,雙方關係進入新紀元。柯江高峰會的最重要協議,是建立「建設性戰略伙伴關係」(Relations of Constructive Stategic Partnership)。依照美國國務卿歐布萊特和中共外長錢其琛在高峰會後記者會上的說法,所謂建設性戰略伙伴關係並非是同盟關係,而是雙方就共同面對的問題或挑戰,進行合作以求維持世界和平、穩定與經濟繁榮。美國首先提議使用「戰略性伙伴」一詞,中共則主張使用「建設性伙伴」。雙方妥協的結果,將兩用詞結而為一,成為國際政治首見的「建設性戰略伙伴」的名詞。[61]

---

[59] 中央日報(台北),民國八十六年十月二十六日,第 3 版。
[60] 張亞中,孫國祥,前揭書,頁 208。
[61] 聯合報(台北),民國八十六年十月三十一日,第 10 版。

　　一九九七年十月二十七日美國與中共發表了《聯合聲明》（參閱附錄），確定了雙方深入交往及達成建設性戰略伙伴的意願：

　　「兩國元首決定，中美兩國通過增進合作，對付國際上的挑戰，促進世紀和平與發展，共同致力於建立中美建設性的戰略夥伴關係。」

　　在此架構之下，雙方同意領導人定期訪問及政府部長級官員互訪；並在北京和華府之間建立元首間的通信聯絡，即設置所謂的熱線；此外，並簽訂《海洋軍事諮商協議》（Military Maritime Consulation Agreement, MMCA），有助於雙方海空力量避免發生意外事故、誤解或錯誤判斷；另在加強雙邊經貿關係，進行核能合作，防止核武擴散等問題上亦達成共識。

　　有關美國總統柯林頓與中共國家主席江澤民，自一九九五年李登輝總統訪美後所引發的台海飛彈危機起，至一九九六年年底期間，美中（共）雙方為了修補倒退的關係，所舉行的「柯江會談」相關背景及主要內容詳如下表：

表 7-2　「柯江會談」一覽表（1995-1996）

時間	地點	背景	議題	會談主要內容
1995 · 10 · 24	紐約 （江澤民出席聯合國成立十周年大會後，與柯林頓在林肯中心廣場大廈會談）	李登輝總統於一九九五年六月訪美，中共自七月後開始在台海進行軍事演習，同時召回駐美大使，並停止與美方多項交流與磋商。	雙邊關係、台灣問題、貿易問題、人權問題、軍售及區域與國際問題。	江澤民重申中共對美「增加信任、減少麻煩、發展合作、不搞對抗」等主張，要求美方遵守「中」美三個聯合公報的原則，並

				以平等、協商、合作精神,處理兩國間一切問題。 江澤民強調,影響「中」美關係最重要、最敏感的問題是台灣問題,而構成「中」美關係基礎的三個聯合公報的核心問題,也是台灣問題。中共不希望再發生使「中」美兩國關係穩定發展受干擾的事件。柯林頓重申只有一個中國,中華人民共和國政府是中國唯一的合法政府,承認台灣是中國的一部分,強調反對兩個中國、一中一台、反對台獨、反對台灣加入聯合國的主張。

				美方將努力早日解決中共加入世界貿易組織的問題。雙方將在環境問題、重大國際與地區問題、經貿合作及世貿組織問題、兩國軍事交往等擴大對話與磋商。
1996 ・ 11 ・ 24	馬尼拉亞太經合會非正式領袖會議	中共於一九九六年三月台灣進行總統大選期間，在台海進行軍事演習。美方則派出兩艘航空母艦至台海巡弋。 柯林頓與克里斯多福等美政府官員在一九九六年五月重申對中共採取接觸政策。 柯林頓於一九九六年十一月連任美國總統。 「中」俄於一九九六	雙邊關係、台灣問題。	江澤民重申對美十六字方針，並指兩國領導人真正從戰略高度處理「中」美關係，恪守「中」美三個聯合公報的原則，雙方發展建設性的合作關係是完全可能的。 雙方商定兩國元首在一九九七年及一九九八年相互進行國事訪問。

		年四月宣布建立戰略協作夥伴關係。		

資料來源：聯合報（台北），民國八十八年九月十二日，第 13 版。

　　縱使一九九六年三月的台海危機，使得美國與中共的關係一度倒退，然而事後卻提供了雙方進一步發展「建設性戰略夥伴關係」的契機。有關「建設性戰略夥伴關係」與軍事上的「同盟」關係的本質意義不同。前者是一種以「交往」為內涵的合作安全關係。此與以「結合」為本質的軍事同盟有很大的差別。在美國與中共以《聯合聲明》建立雙方的「戰略夥伴關係」到底其性質為何？根據美國國務院東亞事務助理國務卿謝淑麗（Susan Shirk）在記者會上表示：「實際上（戰略性夥伴關係）是指外交政策上的共同合作，而無意於軍事上的結盟。因此，『戰略』一詞其實是外交政策意涵上的戰略，而非軍事意涵上的戰略。」[62]因此，「戰略夥伴」是不等於「戰略聯盟」的。但是如果就《聯合聲明》所達成的共識而言，中共與美國雙方的合作還包括軍事安全磋商機制方面，可知中共與美國彼此的戰略夥伴關係將是個會隨著時間或未來彼此關係的親疏遠近而發展，並不是一個固定的概念，也就是說，「戰略夥伴關係」本身就是一個創造出來的非固定性概念。[63]

　　在美國和中共於一九九七年建立「建設性戰略夥伴關係」後，美國總統柯林頓隨即於一九九八年六月二十五日至七月三日，率領一個連同隨行人員及新聞記者在內近千人的龐大訪問團赴中國大陸訪問，此行也是繼一九八九年六四天安門事件後，美國總統首次走訪北

---

[62]　聯合報（台北），民國八十六年十一月九日，第 9 版。
[63]　張亞中、孫國祥，前揭書，頁 213。

京，足見柯林頓政府對中共全面交往之重視，也象徵著美國與中共的關係已邁向一個新的階段。柯林頓此行，已為雙方「建設性的戰略夥伴」挹注源頭活水，雙方在國際情勢、台灣議題、亞洲金融危機、全球經濟穩定、雙邊經貿、軍事交往合作等方面全盤交換了意見。在這次重要的訪問中，除了雙方發表《中美關於「生物武器公約」議定書的聯合聲明》、《中美關於殺傷人員地雷問題的聯合聲明》、《中美關於南亞問題的聯合聲明》等三個聲明外，並同意各自的戰略核武互不瞄準對方。此外，在有關台灣的議題上，柯林頓此行在上海公開宣布了所謂的「三不政策」，美國三不政策的宣示代表了其對台政策進入一個新的階段，也代表了在美、中（共）、台三角關係互動中，美國對台灣利益的轉變。

第三節　「三不政策」之確立與台灣安全

　　一九九六年三月台海危機之後，美國為了緩和台海緊張的情勢，一方面除了要求台灣方面為台獨降溫外，另一方面則一再向中共保證，美國恪遵一個中國的原則。[64]其實早在一九九五年八月間，美國為了表示對中共讓步，即由國務卿克里斯多福在汶萊與中共外交部長錢其琛會談，並遞交一份柯林頓給中共國家主席江澤民的信函。美方在信中首度表示歡迎江澤民到華府訪問。更重要的是，在這封迄未公開的信中，柯林頓表示美國將：（一）反對或抗拒台灣爭取獨立的作為；（二）不支持「兩個中國」或「一中一台」；（三）不支持台灣加

---

[64] Barton Gellman, "U.S. and China Nearly Came to Blows in '96 : Tension Over Taiwan Prompted Repair of Ties," *Washington Post*, June 21, 1998, p.A1.

入聯合國。這些承諾就是日後「三不政策」的第一次具體呈現。[65]一九九六年七月六日，美國國家安全顧問雷克訪問北京時，與中共國務院外辦公室主任劉華秋會談，中共方面重申：「台灣問題是中美關係中十分敏感和重要的問題，希望美方在行動上切實遵守中、美三個聯合公報的原則」。美國方面則重申：「美國將繼續奉行『一個中國』政策，堅持美、中三個公報的原則；美國不支持台灣獨立，不支持台灣加入聯合國。」[66]同年十一月十九日，美國國務卿克里斯多福訪問北京，翌日在與中共外長錢其琛的會談中，克氏表示：「美國將繼續奉行『一個中國』的政策，遵守美、中三個聯合公報，不支持製造『兩個中國』、『一中一台』的企圖，不支持台灣獨立，不支持台灣加入聯合國和任何由主權國家參加的國際組織。」[67]至此，美國的「三不政策」已具雛型。在柯林頓訪問中國大陸之前，副助理國務卿謝淑麗於一九九八年五月提出對台之新立場：「美國對和平解決有重大關切，我們持續遵循一個中國政策，不支持兩個中國或一中一台、台灣獨立、以及台灣在聯合國之會籍」[68]這是三不政策的第一個版本，也造成了柯林頓於一九九八年六月首度中國之行，在上海發表美國對台政策時，仍以此為架構。然而依據美國政府最新解密的美中關係正常化文件顯示，一九七二年尼克森總統赴中國做歷史性的訪問時，曾向中共總理周恩來提出美國對台政策五原則，其中之一即是不支持台灣獨

[65] James H. Mann 著，林添貴譯，《轉向—從尼克森到柯林頓美中關係揭密》(台北：先覺出版股份有限公司，1997 年 7 月)，頁 488-489。
[66] 《大陸情勢週報》，第 1232 期，民國八十五年七月十七日，頁 2-3。
[67] 《大陸情勢週報》，第 1250 期，民國八十五年十二月四日，頁 12-13。
[68] Testimony by East Asia and Pacific Bureau Deputy Assistant Secretary Susan L. Shirk Before The House International Relations Committee, May 20, 1998, http://www.usia.gov/regional/ea/uschina/shirk520.htm.

立運動，這恐怕是一九九八年夏天柯林頓總統在上海宣布對台「三不政策」的原始依據。[69]

柯林頓發表的「三不政策」其內容為：「我們不支持台灣獨立、兩個中國或一中一台、我們不認為台灣可以成為任何以國家為資格限制的組織之會員」。（"We don't support independence for Taiwan; or two Chinas; or one Taiwan, one China. And we don't believe that Taiwan should be a member in any organization for which statehood is a requirement."）綜觀柯林頓的「三不政策」已遠離了尼克森和季辛吉在上海公報所使用的詞彙，在三個公報中，美國只有陳述他「認知」中國對於只有一個中國，且台灣為中國之一部分的立場，而「認知」此字彙是被謹慎地使用來表明美國的認知，但不即為美國同意中共的立場。但是，三不政策卻明確陳述了美國不「支持」「台灣獨立」、「一中一台」、「兩個中國」的主張。很清楚的，柯林頓政府對台灣政策已不再保持政策上的策略模糊，對台灣的新政策可被稱為「交往中共（engaging China）」政策或「順應（accommodationist）」的取向。[70]

雖然柯林頓總統強調他的台灣政策並未改變，但根據學者楊永明的說法，三不政策在以下幾個方向上仍然造成了一些重要改變與爭議：[71]

(一) 三不政策代表了華府對台政策的微妙性改變。亦即從「戰略性模糊」到「戰略性明確」（strategic ambiguity to strategic clarity），因為柯林頓政府已改變其「認知」中國的立場，而

---

[69] 傅建中編著，前揭書，頁37。
[70] 楊永明，〈從戰略模糊到三不政策：美國對台政策的轉變〉，《理論與政策》，第12卷第4期，1998年12月，頁97。
[71] 同前註，頁99-101。

成為「接受」了北京所謂「只有一個中國,台灣是中國的一部分」的宣稱。

(二) 三不政策的宣佈,使得柯林頓政府跨越了過去美國政府的堅持,而以另一種形式介入了兩岸問題的處理過程。亦即美國的角色是從「不作中介」到「看不見的手」(non-mediator to invisible hand)。

(三) 美國的政策反映出相當程度的現實主義考量,不再將民主人權視為與中共交往的議題,對於台灣政策的考量也以權力結構與現實外交作為制定三不政策的基礎。

(四) 三不政策關閉了台灣參與國際事務的門,並削弱了台灣與中共討價還價的能力。台灣關係法創造了一個框架,允許台灣成為美國事實上的同盟夥伴,來制止北京政府的武力威脅與行動,但三不政策已使此框架失效。

(五) 台灣關係法表明了台灣的未來應由和平的解決方式決定,而中美三個聯合公報也著重台灣問題的和平解決。均未表明台灣與中共應由和平方式達成統一。然而,發表了此三不政策,柯林頓政府從根本上改變了台灣關係法與三個公報的本質,排除了和平方式達成獨立或其他選擇的可能性。

以上說法固有言之成理之處,然而就第四點和第五點而言,似仍有值得再深入觀察的地方。有關「三不政策」之後,美國的對台政策是否即根本否定台灣關係法的基礎,抑或美國已從根本上改變了台灣關係法與三個公報的本質?從贊成的觀點來看此一問題,以下幾點論點應對於台灣較為不利:

(一) 柯林頓總統在上海親口說出「三不政策」是美國總統第一次在公開場合親口說出，對台灣拓展國際活動空間的努力有不利的影響。

(二) 一九九八年六月廿九日柯林頓總統在北大演講時說：「當美國和中國達成一個中國政策的協議時，我們同時也達成以和平方式統一中國的協議，我們亦鼓勵海峽兩岸對話以達成此一目標。」[72]柯林頓提出此「和平統一」之說，而為台灣的前途預設立場，與美國過去的政策顯然有別。

(三) 美國政府自尼克森總統以來的政策立場是：兩岸問題應以和平方式解決。美國因而只關切過程，而不過問解決的結果。兩岸統一或台灣獨立皆是兩中國人之事，美國並無預設立場。柯林頓「和平統一」之說，反映其對兩岸問題之解決已預設立場，而且是向中共的立場傾斜。[73]

(四) 在美國國會與媒體的眼中，柯林頓如此作法，是在中共的壓力下屈服，為了改善與北京的關係，而以美台關係為犧牲品；傾向同情台灣自決的人則以為，「三不政策」阻斷了台灣人民自行決定其是否獨立的權利。[74]

雖然就當時情況而言，在諸多言之成理的解釋下，讓人極易論斷美國的「和平統一」之說，然而柯林頓上述所提的「和平統一」之說，究竟係為一時口誤抑或代表美國的政策，而台灣關係法是否已失去其框架，從嗣後美國政府一再重申，美國的對華政策依然是以「三公報

---

[72]　聯合報（台北），民國八十七年六月三十日，第 3 版。

[73]　周煦，〈台灣關係法的回顧與檢討〉，《理論與政策》，第 12 卷第 4 期，1998 年 12 月，頁 24。

[74]　聯合報（台北），民國八十八年一月四日，第 15 版。

一法」為原則，以及一九九九年美國針對「兩國論」事件再度強調兩
岸問題應「和平解決」的態度而言，則對柯林頓「和平統一」說之推
論又似乎是太快一些。

　　柯林頓在宣佈了三不政策後，廣受美國國會的責難，也引來諸如
華爾街日報與華盛頓郵報等媒體的共同批評。為了宣示美國對台灣政
策在三不之後依然不變，美國國防部長裴利（Bill Perry）於一九九八
年七月十三日指出，依據「台灣關係法」中美國對台灣軍售的承諾，
美方不會把對台軍售，列為與中共高峰會談的議題，或任何層級的會
議議題。裴利相信，長期以來作為美國政策基礎的「一個中國」政策、
三個公報以及台灣關係法，在可預見的未來，仍將繼續是美國政策的
內涵。台灣關係法中提到美國對台灣軍售的承諾，將協助台灣保持足
夠的防衛能力，美國不會將對台軍售列入與中共的高峰會議，或任何
層級的會議的議題。[75]裴利的上述說法一般咸認為是美國行政當局方
面的政策觀點。此外，柯林頓總統在同年八月十八日致參議員托瑞斯
利（Robert Torricelli）的信函中亦表示：「我的政府將很樂意支持本月
初參議院通過的決議，重新確認我們在台灣關係法中對台灣的承諾，
並尋求中華人民共和國放棄以武力對付台灣。我將持續發展我們與台
灣雙方非官方關係，並確保提供台灣足夠的防衛性武器來維持有效的
自衛能力。」[76]

　　此外，針對柯林頓選擇在上海宣布他的「新三不」政策，是否意
味著美國政策的改變，也有比較不同的看法，一般都認為事實上，只
有「不支持台灣加入具有國家主權性質的國際組織」才是最新的，其

---

[75]　中央日報，民國八十七年七月十四日，網路版。
[76]　President Clinton's Letter to Senator Robert Torricelli, August 18, 1998.

他所提及的「二不」（不支持台灣獨立、不支持兩個中國和一中一台），是早在一九七一年七月季辛吉秘密赴北京與周恩來會談時，即已向中國大陸表明美國的「二不」立場，更不可否認的是，這「二不」也早已是台灣目前執政的中國國民黨的政策。據此觀之，在柯林頓的認知上，「三不」對台灣無害，也不改變現行美國對台政策；此外柯林頓亦認為「三不」對美國而言並不重要，但中共既然如此看重，不妨以之作為籌碼和中國大陸交換一些東西，許多人以為，柯江之間的這項交易是柯得到穿透中國資訊封鎖與內政需求上可供解套其個人陷入的「情色糾紛」，而江則得到美中關係重要問題—台灣的「議題主導權」。[77]

　　然而究竟「三不」是最新的說法抑或「原有政策的重申」，即使是美國的行政和立法部門以及學界之間也存在嚴重的認知差距[78]。例如美國前國防部長溫柏格在一九九八年八月號的富比世（Forbes）雜誌上撰文針對行政部門的說法展開抨擊，他除了直接抨擊柯林頓總統訪問大陸期間的談話「扭曲台灣關係法對兩岸關係的定位」，並且為柯林頓甘於接受中國大陸方面提出的「三不」政策，嚴重侵害台灣的權益。溫氏認為，一九七九年制定的台灣關係法中明文指出，美國「認知」到海峽兩岸只有「一個中國」，台灣是中國一部分的事實，但是柯林頓未經美國國會批准，擅自接受中共政策，逕自宣布美國的「三不政策」，而且，柯林頓附和中國大陸發表「三不」[79]，竟未同時也要

---

[77]　蘇嘉宏，〈影響未來中美關係與兩岸關係的幾個取向〉，《理論與政策》，第 12 卷第 1 期，1999 年 3 月，頁 19-20。

[78]　同前註，頁 21。

[79]　所謂「三不」應該是江澤民於一九九七年十月訪美時，由中國大陸主動提出的。而從一九九七年十月江澤民訪美時由中國大陸這一方所提出，到柯林頓於一九九八年六月底訪問中國大陸在上海正式提出呼應，前後僅隔八個月而已。

求北京當局必須承諾放棄武力犯台作為交換條件，此無異將鼓勵中共可以隨心所欲地違反台灣關係法，暗示中共可任意以武力犯台，而美國可以袖手旁觀。[80]溫柏格在同年十月接受台灣媒體訪問時表示：「柯林頓可以說完全不顧美國歷年來對台灣安全的承諾；更不幸的，此舉也將陷台灣於危險的境界，因為台灣關係法所維繫的原則已經被『三不』政策矮化，美國對台灣再也沒有以往全面性承諾的義務。」[81]

　　無論「三不」是否係舊瓶裝新酒抑或美國政策的大轉彎，其對台灣朝野所引起的震撼自是非同小可。其理由如下：（一）雖然此「三不」政策並非一正式的聯合公報，但由柯林頓總統親口說出卻顯得意義不凡。（二）美國與北京的合作關係日益加深。台北當局再三強調，希望在不破壞美國與中共交往的前提下，以美中（共）與美台兩條線建構兩岸與美國的所謂三角關係，但「三不」政策的聲明顯示，美國與北京的密切交往，會直接對台灣的利益造成衝擊。（三）一些兩岸問題觀察家認為北京似乎已調整其原有「美國是阻撓中國解決台灣問題」的態度，而願意與美國交好，進而達到「制約台灣」的效果。[82]終究其實，「三不政策」的宣示，對於台灣人心的衝擊以及務實外交的影響應是須優先予以評估的。正如當時外交部長胡志強曾坦言：「美國總統重申『三不』政策，對台灣社會心理難免造成衝擊及傷害；政府對美台關係的發展，特別是對我國務實外交形成的衝擊與影響，此刻必須重新予以審慎評估。」[83]

80　富比世（Forbes），資料來源：http://www.forbes.com/forbes/98/08/10/ 620935a.htm

81　聯合報（台北），民國八十七年十月七日，第 13 版。

82　吳玲君，〈從美國的「三不」分析台北對華府的外交策略〉，《問題與研究》，第 38 卷第 4 期，1999 年 4 月，頁 3-4。

83　中國時報（台北），民國八十七年七月一日，第 4 版。

在美國總統柯林頓發表對台「三不政策」之後，美國在台協會理事主席卜睿哲專程來台向台灣當局進行「簡報」，表達美國並沒有因柯江會談改變對台政策，以及歡迎台灣加入世界貿易組織等。外交部長胡志強甚至要求卜氏於離台之前，把所有對台保證和政策具體公開的說一遍，此亦可說明美國此一「三不」政策對台灣方面造成的不安。[84]其後卜氏又於一九九八年九月十五日出席在美國亞利桑納州立大學主辦的「台灣關係法：第一個二十年」的研討會上，以「美國對台政策」為題發表演說。這是柯林頓總統訪問中國大陸以來，美方首度把對台政策的態度做一完整說明。卜氏提到有一派人認為：美國對中共關係和美國對台關係是一場「零和遊戲」，而且柯林頓總統六月間在訪問中國大陸時所做的聲明，改變了美國對台政策，並傷害了台灣的利益。對此他保證那絕不是柯林頓總統的意圖，該項聲明也沒有導致這樣的結果。那些持上述觀點的人，嚴重誤解美國政策的過去和未來。[85]卜睿哲認為美國對台政策長久以來的關鍵要件，一直有效運作，主要是基於：一、固守「一個中國」政策；二、美國與中共的三項聯合公報；三、台灣關係法；四、台灣問題應和平解決。在此目標下北京與台北雙方應儘快重開建設性、實質性的對話，以及一些由美國的「一個中國」政策演繹而來的長期聲明，包括不支持台灣獨立，不尋求調解兩岸紛爭，也不迫使台灣加入談判。卜氏繼而強調，美國政策的基本目標，仍一貫維持在創造一種環境，台灣人民可以在其中尋求他們渴望的繁榮、民主和和平，而且海峽兩岸得以在彼此可接受的基礎上，形成一個持久的、多方合作的架構。[86]

---

[84] 吳玲君，前揭文，頁4。
[85] 聯合報（台北），民國八十七年九月十八日，第13版。
[86] 同前註。

　　卜氏上述明確的措辭，強調美國對台灣的政策，並沒有因為柯林頓在中國大陸的聲明而有所改變。最值得注意的是他對「三不」的提法以及他對兩岸對話的表態。柯林頓總統在上海提出「三不」不久，卜睿哲在訪問台北時為此做了簡報聲明，把美國對台灣政策的基本原則列了八條，其中包括「所謂三不」。卜氏列舉美國對台政策八項要素（elements）時，三不首度列入，排序甚至在一九八二年的美國對台的「六項保證」之前，這「八項要素」分別是：[87]

一、美國的一個中國政策。

二、三個公報。

三、台灣關係法，包含供應防衛性武器以確保台灣充分自衛能力的規定。

四、所謂的「三不」是三個不支持的聲明。

五、美國對台灣問題以和平方式解決的長久利益。

六、美國向海峽兩岸提出的鼓勵恢復兩岸對話。

七、一九八二年的六項保證。（一九八二年七月十四日，雷根政府透過適當管道向台灣保證，美國政府：1.未同意設定終止對台軍售的日期；2.未同意在對台軍售之前，先與北京諮商；3.不在台北和北京之間擔任調人；4.未同意修訂台灣關係法；5.未改變對台灣主權的立場；6.不逼迫台北與北京進行談判。）

八、一九九四年對台政策檢討的重點，包括台灣在國際組織中的發言權，以及在不以國家身分為要件的組織中取得會籍。

　　此次在亞利桑納大學演說中，卜氏措詞最大的不同在於他沒有再重述在台灣引起反感的「三不」說法，而只是用舉例的方式，提到美國「不支持台灣獨立」一項。從華府現實利益而言，「三不」中最危

---

[87] 蘇嘉宏，前揭文，頁22。

險的變數是台灣尋求法律上的獨立。美國政府雖然支持台灣民主化，尊重台灣內部的政治運作及決策開放、自由及公平，但在涉及國際間領土、邊界重新界定的問題，如果事關美國重大利益，美國自會有不同的主張，而不是依當事國的片面民主程序決定。例如以色列雖是美國的盟國，但在它涉及美國利益的中東和平問題上，美國也會影響或節制其政策取向。因此固然台灣可以依民主的程序宣布獨立，但是如此將會影響到美國的利益，就美國而言，台灣獨立帶有打破現狀的挑釁性，此為美國所不樂見，乃再三強調和表態不支持台灣獨立，以阻止其發生。

卜氏演說之意思表示，雖然美國不支持台灣獨立，但是卻認為台灣人民可以消極性的自己決定前途，亦即無需全盤接受中共施加予台灣的統一模式。在這個層面上，卜睿哲提出美國政策的要素：美國堅持兩岸和平解決問題、兩岸對話應盡快恢復、美國不作調人也不逼迫台灣進行談判、美國不強加解決方案、兩岸關係的架構必須依雙方均能接受的基礎、兩岸會商的結果必須台灣人民能認可。

一九八二年的「上海公報」只有美國不尋求（not pursue a policy）兩個中國和一中一台政策，亦即美國不支援台灣獨立運動，但如果台灣主動宣布獨立時美國可完全自由斟酌對應。至於反對台灣加入聯合國等組織，則遍讀三個公報都找不到可以如此解釋的地方。因此，針對美國國家安全顧問柏格在柯林頓發表「三不」後表示：「不支持台獨是出於三個公報的必然結果，在很早以前就是這樣」，這乃是強辯之辭，所以柏格的說法就有美國將變更政策的意味。[88]也就是說柯林

---

[88]　參閱中國時報（台北），民國八十七年九月五日，第 14 版。

頓和他身邊的中國政策專家正游走在強烈反對「三不」的輿論和國會之間，試圖漸進改變美國的台灣政策。

考慮台灣問題時不能只從一時性的問題或經濟得失觀點，而需從長期戰略的眼光來思考解決方策。美國現在的長期戰略是由兩岸對話和平解決，而中共和台灣的立場也是一樣。目前並沒有解決之道，只能維持現狀，但是這畢竟非最終解決之道，當客觀狀況逐漸改變之後，局勢可能會對中共有利。因為國家間維持現狀的基礎是軍力平衡，而中共的軍事力量不斷加速擴大，使得美國介入台海糾紛的門檻亦相對隨之增高。如此將使得美國介入台海危機的意願隨之降低。

至於「三不」政策對於台灣安全的影響有多大？根據美國菲利浦‧波寧的評論指出：「歷史有可能輕易忘卻柯林頓訪中和江澤民訪美，雖然這次訪問有可能成為歷史的分歧點或觸發將來事態的進展。」[89]的確，柯林頓的「三不」發言既非共同聲明，也不是正式演講，做為兩國之間的約定是不能有多少約束力，況且又無前例可循，要如何做解釋也很難判斷。如果此次的「三不」沒有被柯林頓再度確認，或是下任總統改用別的方式來表示，那麼「三不」便會被遺忘，屆時三公報仍然是美國對華政策的指導原則。

根據美國國會研究處資深研究員沙特（Robert Sutter）的看法，美國國會與行政部門之間有關「三不」的爭議，反映了雙方對台政策的不同態度。美國行政部門與立法部門之間在對台政策上的拔河，基本上是受到台海兩岸的敵對態勢影響；雖然這種敵對態勢有強有弱，但是兩岸的領導人把這種對立視為是一種零和式的博弈。他認為在未來的數年中，兩岸在國際上的鬥爭會更趨激烈。不過美國行政部門的官

---

[89]　同前註。

員傾向於保持現狀，並且繼續同時發展與台北和北京的關係；但反對的聲音則來自國會、媒體與若干利益團體，認為北京只有在發覺美國的軟弱時，會在台灣等議題上壓迫美國。隨著蘇聯瓦解，中共在美國的重要性下降；且中共日漸強大的國力，反而會使得美國支持台灣，以對抗來自北京的威脅。[90]在國會不同的立場之下，柯林頓甫自北京返國不久，美國參議院即以九十二對零票，壓倒性地一致通過一項重申支持台灣的決議案；一九九八年七月二十日眾議院則再以三百九十對一票通過決議案，重申美國應履行對台軍售的義務，並籲請柯林頓要求中共公開表明不對台灣動用武力。[91]美國國會自一九九八年至一九九九年在「三不政策」發表前通過的主要的友台議案詳如下表：

表 7-3　美國國會在「三不政策」前後通過的主要友台議案
（1998-1999）

時間	議案	主要內容
1998.5.19	針對第三十號共同決議案提出修正案，參議院外交委員會通過	主張國際貨幣基金修改憲章，以便讓像台灣這種政治實體能夠成為該組織之成員。
1998.5.20	一九九九年國防預算修正案，眾議院通過	美國國家安全利益優先於商業利益，柯林頓中國之行期間不應締結此類國際協定。
1998.5.20	一九九九年國防預算修正案，眾議院通過	防止美國飛彈設備及技術轉移至中國，以供戰略目的之用。
1998.5.20	一九九九年國防預算修正案，眾議院通過	禁止美國出口人造衛星至中國，包括商業用衛星及零件。

---

[90] 聯合報（台北），民國八十八年一月四日，第 15 版。
[91] 吳玲君，前揭文，頁 11。

1998.5.21	共同決議案，眾議院國際關係委員會亞太小組通過	要求柯林頓政府訪問北京時應促使中國政府宣布放棄武力犯台或對台灣進行武力威脅。
1998.6.4	沒有約束力共同決議案，眾議院通過	促請柯林頓訪華時不要出席在天安門所舉行之歡迎儀式。
1998.6.9	第二七〇號決議案，眾議院通過	促請柯林頓六月下旬訪華時獲得北京承諾放棄對台用武或進行武力威脅，同時讚賞台灣近年來經濟及政治民主之表現。
1998.6.10	沒有約束力共同決議案，眾議院通過	促請柯林頓六月下旬訪華時獲得北京承諾放棄對台用武或進行武力威脅。
1998.7.10	第一〇七號及第三十號共同決議案，參議院通過	促請柯林頓要求中國宣誓放棄對台用武，繼續提供台灣防禦性武器。協助台灣加入國際貨幣基金組織及其他經濟組織。
1998.7.20	第一〇七號共同決議案，眾議院通過	確認「台灣關係法」有關對台灣的承諾，促請柯林頓要求中國放棄武力攻台。支持台灣加入國際機構。
1998.10.10	第三三四號決議案，眾議院通過	台灣應以適當的方式有意義地參與世界衛生組織。
1999.4.19	第三二三號決議案，眾議院通過	再次確立美國依據「台灣關係法」對台灣的承諾，依法提供台灣合法防衛所需之援助。

資料來源：吳玲君，〈從美國的「三不」分析台北對華府的外交策略〉，《問題與研究》，第 38 卷第 4 期，1999 年 4 月，頁 11。

　　雖然國會再三通過友台議案，然而美國行政部門鑒於中共的國際戰略地位已大幅提升，基於美國未來在亞太地區利益與權力佈局的考量，將中共納入世界體系，以求亞洲及世界的安定與和平，已是美國的國家利益所在。因此，進一步而言，「柯江會談」已不僅是單純涉及建立美中（共）戰略夥伴關係，而是要建立世界新秩序的問題。儘管台灣就地緣政治的態勢而言，其位於亞太海洋國家與陸地國家接觸的交鋒線上，是南、北交通網絡的中點。且從美國的戰略立場來看，台灣亦是海洋國家向亞洲大陸叩關的重要據點，與貫穿亞太海洋貿易與安全航線的交通樞紐。但是美中（共）之間重要且廣闊的合作前景，其相對的重要性在目前已遠超過台灣所強調的戰略價值範疇，因此一九九八年六月的「柯江會談」也是此一事實的必然結果。雖然在這次的高峰會中，美國期待達成的目標主要是貿易赤字的減少和防止武器擴散的具體協議，但是當北京一再強調台灣問題的重要性時，美國權衡當時情勢之後，也會有所回應。[92]

　　綜觀柯林頓此行對於「三不政策」的表態，可視為中共在外交角力上的一大勝利。中共當局今後會掌握所有機會一再要求美國再確認這次柯林頓的「三不」發言，而台灣方面也會積極寄望美國民意和國會正義感把美國政策導至對台灣有利的方向。美國面對複雜的中、美、台三角關係時，不能再三以「對談以和平解決」的觀點來處理兩岸問題，更重要的是美國應從維護亞洲未來和平及世界和平的長期戰略觀點來重新審視台灣問題，因此美國政府對於柯林頓的「三不」政策應予以忘卻。從以上所分析的美國政策及其實際做法來看，儘管美國的對台政策已從「戰略性模糊」到「戰略性明確」，但是在戰術上

---

[92]　同前註，頁 12。

美國仍然維持著極高的彈性，強調以「三公報一法」做為其處理台灣問題以及維護台灣安全的依據，亦即仍然保持戰術性模糊的策略。此外，美國的對台政策在「三不」的原則下，似乎有轉變的意味，但是美國反應出來的仍是以現實利益為首要考量，對於兩岸問題仍與「三不政策」分開處理，「和平解決」以及保持現狀應是其不變的原則。

第四節　「和平解決」台灣問題的政策

美國國務卿歐布萊特在一九九八年七月九日於美國參院作證時，對美國的中國政策證辭中聲稱，美國的中國政策是「一個正在演化的概念」[93]。其實美國在台協會理事主席卜睿哲於同年九月十五在美國亞歷桑納州立大學一場名為「台灣關係法：第一個二十年」的研討會中，以「美國對台灣政策」為題發表演說，他表示：「美國期待台灣的民眾有足夠的智慧與深思熟慮，以負責任的方式去支持一種台灣的未來」。事實上這已是卜氏近年來第二次公開提出這種看法。第一次是在一九九八年七月柯林頓總統訪大陸後，卜氏銜命來台時，在美國在台協會所舉辦的公開記者會上，回答有關「台灣人民自決的權力」的問題時，亦曾做過類似的表述。他說，美國希望「台海兩岸會在一種具有建設性、實際的態度發展，並導致緊張降低與區域更大的穩定」以及「海峽兩岸關係的『向前走』一如軍事力量一樣，對台灣安全有所貢獻」[94]。針對兩岸的對話，卜氏提出了看法，他認為美國「希望經由雙方的努力，使此一對話具有建設性與實質性，（美國）並且相信北京與台北針對（雙方對話的）程序與內容議題具有創造

---

[93]　聯合報（台北），民國八十七年十月十二日，第 13 版。
[94]　同前註。

性」。很顯然的，就美方的期望而言，與中共所提議題的當前兩岸間進行「雙軌談判」比較具有雷同性。就目前文獻所及，與卜睿哲上述觀點最接近的，應屬一九八七年三月五日，當時美國國務卿舒茲在上海的一場講話。當時還在「聯共抗蘇」的冷戰時期，舒茲在演講中說：「一個中國及和平解決台灣問題的原則，仍是我們對華政策的核心，儘管我們的政策持續不變，局勢本身卻非如此，而且無法靜止不動。我們支持一個朝向和平解決台灣問題持續演進的過程。但是其步幅應在沒有外界壓力下，由台海兩岸的中國人自行解決……我們歡迎那些包括間接貿易和有增無減的人員交流的發展，有助於緩和台海的緊張情勢，我們堅定不移的政策，在追求培養一個使類似發展足以繼續發生的環境」。[95]顯然舒茲的說法仍然沒有逾越華府當時樂見兩岸「和平解決」的立場。

　　不過，卜睿哲在上述那場以「美國對台灣政策」為題的演說中，提出了一個與以往美國對台政策完全不同的概念。他說：「美國政策的基礎目標一如往昔：創造一個環境，使台灣的人民得以在其中尋求他們繁榮、民主與和平的願望；而台海的兩岸也得以在其中以一個兩岸都接受的基礎上，形成一個持久的和平，以及有效果的合作架構」。[96]基本上，美國以往在兩岸間的相關政策性用語，一向只在兩岸解決彼此歧異的程序上著墨，而避免涉及未來兩岸關係的實質。不可否認的，這次卜氏的說法，在若干程度上，已經隱含著一種意味，即不論是出自主動或被動，美方在兩岸關係的政策中，已出現了傾向於整合

---

[95]　舒茲演說全文，參閱《美國月刊》（台北：國際關係研究中心），第 2 卷第 1 期，1987 年 5 月，頁 110-118。

[96]　聯合報（台北），民國八十七年十月十一日，第 13 版。

方向的意願；換言之，這或可能只是一個尚屬非全面性的架構；但美國在兩岸形勢的態度上，已從以往「只要兩岸不動武即可」、「不介入」的消極性不干預措施，微妙地轉為對某種特定傾向性的支持，那就是兩岸之間要有一個「架構」[97]。這不可不謂為美國在兩岸關係中一項較具突破性的說法。

　　有關美國對於兩岸整合的「架構」最具體的說法，係來自美國國安會（NSC）中甫上任的亞太事務資深主任李侃如（Kenneth Lieberthal）。他曾於一九九八年一月在紐約的一場不公開的會議中，提出過一個「五十年不變」的海峽兩岸關係的中程協議。在該一「假設性的協議」中，海峽兩岸是存在於一個共同的「大中國的架構之中」。現在這已隱然成為美國政策藍圖的方向。[98]

　　從上述的「培養環境」到「培養環境以促成一大中國的架構」，是否意味著美國的對華政策已趨向於「和平統一」的政策，仍有待觀察，不過美國政府在諸多場合中似乎透露著趨向整合的訊息。之前，美國在行政部門的公開文件中，都只表示，美國在兩岸問題上的立場是「和平解決」；而從來未見「和平統一」的字眼；甚至包括對台灣最不利、規範美國對台軍售的「八一七公報」中，華府與北京也仍舊是在「和平解決」與「和平統一」之間各說各話而已。惟從各項公開的文獻資料顯示，美國的「和平統一」說出現在以下幾種場合：[99]

一、美國眾議院議長金瑞契在一九九七年四月二日的抵台聲明中提及，他曾向北京方面表達，美國「對台灣與大陸間和平、自願統

---

[97]　同前註。
[98]　聯合報（台北），民國八十七年十月十三日，第 13 版。
[99]　聯合報（台北），民國八十七年十月十三日，第 13 版。

一的承諾」。這是目前公開文獻所及，美國最早提出對兩岸「和平統一」的承諾。

二、根據美國國會眾議院的紀錄，一九九八年五月七日，眾院亞太小組的聽證會上，代表行政部門的國務院亞太助卿陸士達在回答亞太小組主席畢魯特的提問時，曾明白表示，美國在台海的承諾就是「和平統一」。

三、美國總統柯林頓在一九九八年六月二十九日於北京大學說出「美國（對兩岸）的政策是和平統一」。柯林頓當時的說法是：「當美國與中國達成一個中國的協議時，我們同時也達成以和平方式統一中國的協議，我們亦鼓勵海峽兩岸以對話方式達成此一目標。」

雖然從以上跡象顯示美國對於兩岸問題有逐漸朝「和平統一」發展的趨勢，但事後美國行政部門仍一再辯稱「美國的相關政策並沒有改變」。就此或許可以推論出，美國政策傾向於在兩岸「和平解決」的架構之下尋求一最佳解決方式，至於其戰術性方式仍是模糊的，企圖在具模糊及彈性的作法上追求美國的最大利益。換句話說，美國的政策仍將以「和平解決」作為基礎戰略，至於係以何種方式達成最終的解決，依然是美國的模糊性戰術。正如陸士達於一九九八年五月十二日在華府美國企業研究所的一個講演中，回答聯合報記者的問題時，再度確定了五月七日在國會中確是使用了「和平統一」的字眼，不過他又說：「我當時僅只是說的和平統一，我們在這議題上一向是和平解決，而我們表達我們的決定，即我們要看到和平解決……。（美國）並沒有引介最終的狀態，那是由雙方決定的。」

美國回到以「和平解決」為基礎架構之政策，可再度由在一九九九年七月李登輝總統提出「兩國論」後，美國總統柯林頓的談話中獲

得明證。當「兩國論」衝擊到美國和中共的「一個中國」政策底線時，柯林頓總統重申不希望中共對台動武之原則，以及其對兩岸問題應以「和平解決」為方式的立場。突如其來發生的「兩國論」，對於處在與中共「建設性戰略伙伴關係」之下的美國而言，現階段的對華政策不啻是一項重大的考驗和挑戰。

第五節　「兩國論」的衝擊和影響

　　一九九九年七月九日李總統登輝先生在接受「德國之音」專訪時，針對現行的兩岸關係，提出了所謂「特殊的國與國關係」（即一般人以及西方媒體所稱的「兩國論」）。其重點有二：第一、兩岸關係定位為特殊的國與國關係，不是「一個中國」的內部關係；第二、台灣沒有宣布獨立的必要。在「兩國論」提出之後，兩岸關係立即陷入緊張的情勢，並引起美國與國際的關注。李總統的這番談話，引起強力震撼，原因是他脫離了「一個中國」的框架，雖然隨後他強調沒有必要宣布獨立，但李總統否定兩岸是「一個中國」內部關係的講話，已經碰觸中共在兩岸關係的底線，而且動搖了美國長久以來兩岸政策的基礎。換言之，「兩國論」等於讓台北、北京與華府微妙的平衡關係喪失依託。面對兩國論，中共表明無法接受，而國際社會如美、日等國在中共的壓力下，也已公開表明支持「一個中國」的立場，不接受台灣的主張，美國輿論也有抱怨台灣在惹麻煩。[100]

　　中共方面對於李登輝總統的「兩國論」不僅表示不滿，更對台灣實施一連串的文攻及武嚇，造成台海緊張局勢升高。在文攻方面，中

---

[100] 高朗，〈地位不平等，兩岸衝突根源〉，中國時報（台北），民國八十八年七月十六日，第15版。

共官方除了透過「新華社」不斷發表文章予以警告外，還利用香港媒體「文匯報」等發表評論恫嚇。內容不外乎指責「兩國論」完全否定「一個中國」的原則，一旦此種政策成為台灣的施政方向與重點，等於是把台灣拖向實際的台獨，和平統一的前提就不復存在，而中共現在就要有武力統一的準備，準備越足夠，就越能遏止台獨分子挑起的戰爭危機。[101]另在武嚇方面，根據中共媒體的報導，從「兩國論」提出之後，大陸福建沿海曾不斷出現種種軍隊調動跡象，且自七月下旬開始，中共當局陸續實施各種層面的軍事演習。八月下旬之後，中共解放軍海、陸、空三軍也已分別在浙江舟山一帶，進行大規模軍事演習。有關媒體報導中共此間舉行的軍事演習如下表：

表 7-4　「兩國論」後中共舉行軍事演習狀況表

日期	地點	項目
七月廿九日	晉江地區	近百艘民船徵集動員演習。
八月一日	廣州軍區	三棲作戰特種部隊攻占島嶼實戰演習。
八月一日	廈門	因軍事調動進行地面及空中交通管制。
八月四日	渤海岸	瀋陽軍區機械化集團軍坦克團水下潛渡訓練。
八月十二日	東海	東海艦隊獵潛大隊海空一體反潛作戰演習。
八月中旬	蘭州戰區	聯合戰役演習。
八月下旬	廣東陽江	三軍登陸及反登陸演習。
八月下旬	山東中部山區	各軍區特種部隊集結演訓。
九月上旬	廣州軍區	某山地師舉行山地作戰演習。
九月四日後	浙江舟山地區	規劃舉行三軍聯合演習。

註：取材自聯合報（台北），民國八十八年九月五日，第 13 版。

---

[101] 中國時報（台北），民國八十八年九月二日，第 14 版。

　　針對「兩國論」，中共除了實施文攻武嚇外，復加強於國際間圍堵台灣。據北京政界人士指出，中共當局將知會有關國際組織，敦促台灣當局遵守「一個中國」原則，勿利用參加國際活動的機會進行「分裂國家」的活動。如果台灣方面在國際活動中宣揚兩國論，應根據情況予以「警告、限制、直至驅逐出組織」。[102]

　　在美國的反應方面，由於「兩國論」與美國長久以來奉行的「一個中國」政策相牴觸，也引起美國朝野和媒體的高度關切。美國總統柯林頓不僅經由華府與北京之間的熱線，和江澤民直接就台海險局對話，期能有效降低兩岸動武情況，並盼以和平的方式解決兩岸問題。為此美國總統柯林頓隨即派遣陸士達赴北京傳達訊息，並於七月二十三日派遣卜睿哲來台進行了瞭解，向我政府高層傳達華府對於兩岸關係和平穩定的關切。美國總統柯林頓在主動與中共國家主席江澤民聯絡後，重申美國支持一個中國的立場，並期望大陸方面能以和平的方式解決與台灣的歧見，此種作法對於穩定台海的緊張局勢，應具有正面的作用。

　　由於兩岸之間因「兩國論」引起的緊張氣氛，柯林頓於七月二十一日在白宮舉行的記者會中，傳達了美國政府的政策。針對記者所提如果台灣追求分離主義，美國是否還要繼續軍援台灣？柯林頓並未正面答覆這個問題，但明確的表達了美國的政策立場。他說：「這方面很多問題是由台灣關係法規範，而我們打算遵守該法。我們的政策是清楚的，我們贊成「一個中國」政策，我們贊成兩岸對話，我們跟中國與台灣一貫的諒解是，他們之間的歧見要和平解決，如果事情不是

---

[102] 中國時報（台北），民國八十八年八月二十八日，第 14 版。

這樣發展，根據台灣關係法，我們必須予以最嚴重的關切。」[103]很顯然的，美國對兩岸的政策，現階段是不會偏離以下三個支柱，那就是：一、贊成一個中國的政策；二、贊成兩岸對話；三、台灣和大陸的分歧應和平解決。從以上柯林頓的回答之中，可以看出他強調由這三個支柱所組成的美國與兩岸關係的政策立場。為了重申美國的立場，陸士達於八月三十一日在澳洲國家記者俱樂部演說時，再度強調：「在提到台灣問題時，應該讓大家瞭解美國在台海問題上三個支柱的政策。首先，美國非常明確且強烈的繼續支持「一個中國」的政策，……其次，我們將持續強調兩岸直接對話的重要性，但美國並不適合擔任仲介者或調人。……第三，極重要的一個支柱是，以和平方式解決兩岸紛爭、確保不使用武力解決，是符合美國利益的。」[104]

　　一九九九年九月十一日，美國總統柯林頓在紐西蘭與中共國家主席江澤民舉行的高峰會議上，針對「兩國論」柯林頓再度重申：「我們將繼續維持尼克森總統以來採行的政策，這個政策有三大支柱，即一個中國、和平解決台灣問題和兩岸對話。」[105]另根據美國國家安全顧問柏格在柯江會後的記者會中強調，美國和中共的關係已重回正軌，雙方的「戰略夥伴關係」是一個目標，且還在作業階段。在解決台灣問題上，美國的態度是如果中共要訴諸軍事力量，將會有嚴重的後果；美國亦將遵守台灣關係法，提供台灣防禦性武器。[106]

---

[103] 中國時報（台北），民國八十八年七月二十三日，第 2 版。
[104] 〈陸士達：一中政策，台灣也蒙受其利〉，中國時報（台北），民國八十八年九月二日，第 14 版。
[105] 聯合報（台北），民國八十八年九月十二日，第 1 版。
[106] 同前註，第 3 版。

　　美國柯林頓政府一直強調所謂的「一個中國」政策的原則，不過
當赫姆斯參議員批評柯林頓的一個中國政策是「令人困惑的虛構」
時，柯林頓力言他不同意赫姆斯的說法，並稱：「中國人往往用長遠
的角度來看這些事，中國大陸已表明對存在於台灣的不同制度的體
諒、以及設法配合的意願，就如他們對香港的作法，甚至可能有過之
而無不及。」[107]雖然柯林頓的說法著重於中國未來統一的可能性，而
且這是他第一次以香港模式來類比台灣，似乎有贊成中共所提「一國
兩制」模式適用台灣的意味。此外，美國國務院東亞事務助卿謝淑麗
於一九九九年九月五日在一項中國大陸旅美學人的研討會上，就「中
國永續發展之挑戰」為題發表演說並答覆問題時，建議北京應有更具
彈性的對台政策，她並舉例說，改變「一國兩制」的說詞，以「一國
三制」顯示更大的彈性。[108]就此而言，美國的態度似乎有偏向中共以
「一國兩制」解決台灣問題的取向。不過根據一九九九年在紐西蘭的
「柯江會談」，中共希望美國能夠支持中共以「一國兩制」方式解決
台灣問題，但是未獲美國的正面回應。[109]因此，美國自尼克森時代以
來的「一個中國」的原則，仍然極具彈性的解釋空間，美國的立場似
乎沒有因為積極與中共建立「建設性戰略夥伴關係」而有所妥協。

　　基本上，美國政府在處理「兩國論」的態度，攸關台海兩岸的局
勢，反之台海兩岸局勢的變化也會對美國利益有所影響。大陸海協會
會長汪道涵的重要智囊，同時也是北京外交學院院長助理蘇格教授在
接受專訪時指出，在處理兩國論問題上，美國因素是不可忽視的，而

---

[107] 中國時報（台北），民國八十八年七月二十三日，第2版。
[108] 聯合報（台北），民國八十八年九月六日，第1版。
[109] 聯合報（台北）民國八十八年九月十二日，第2版。

保持海峽的穩定，是符合美國的利益。[110]就美國對華政策而言，雖然美國牽制且不信任中共，但中（共）美之間又同時存在著許多共同的利益。在台灣問題上，中共與美國亦有著共同的利益，其核心點在於台灣不要獨立。因為對中共而言，台灣獨立代表了中共國家主權的喪失，必須嚴加制止；而對美國而言，台灣獨立若導致中共動武，將會破壞東亞的區域安定與權力平衡，進而影響到美國的利益。因此，美國對海峽兩岸政策首先考慮的是將本身的利益放在優先地位，在政策上是有限度的，美國既不希望台灣獨立也不希望中共動武，此方能維繫美國的利益。綜觀美國此次在處理兩國論而與中共之互動方面，似乎與中共之期望較有一致性。在兩國論提出之前，原先美國判定兩岸應該有積極且正面的發展，但是兩國論的提出卻直接挑戰了兩岸關係的基礎。為此柯林頓主動打電話給江澤民，盼能以和平的方式處理這個問題，主要是因為美國高層感到兩岸關係是高度敏感的問題，如果不加以妥善處理，台灣問題可能會讓脆弱的美中（共）關係更加雪上加霜。之前的北約轟炸中共駐南斯拉夫大使館事件已經使得美國與中共之間的關係非常脆弱，由於柯林頓政府仍然堅持與中共維持接觸與交往的政策，美國在處理兩國論的問題時便顯得格外謹慎。美國仍然強調台海的穩定與平衡不能遭到破壞，並且重申一個中國的原則和「三不政策」，這絕對是符合美國利益的正確選擇。此次美國對一個中國原則的恪守，並再次確認「三不政策」，表明了美國對中共還是

---

[110] 〈蘇格：處理兩國論，美國因素不可忽視〉，中國時報（台北），民國八十八年七月二十六日，第 14 版。

要堅持繼續實行接觸政策，也表明美國對中共不會實行「硬遏制」的政策。[111]

　　雖然美國在處理「兩國論」的原則不變，但由於此次兩國論發生的背景，與一九九六年台海飛彈危機的背景，顯有極大的不同，造成美國在處理方式上，有些微的差異。其一，一九九六年飛彈危機的近因之一係美國允許李總統登輝先生訪美，致使中共領導人認為美國實施支持台獨與圍堵中共的政策；而「兩國論」則是由李總統登輝主動提出的，與美國的政策無關聯性。因此，立即主動出面調解，中共方面也較能接受。其二，一九九六年飛彈危機發生之前，美國與中共雙方關係惡劣，從一九八九年天安門事件之後，美國先後實施對中共的經濟制裁、對中共的人權大加撻伐、決定出售給台灣 F16 戰機、智慧財產權與加入 WTO 的爭議、將最惠國待遇與人權議題掛鉤、反對中共主辦奧運、執意檢查中共銀河號貨輪、以及微幅修改對台政策等一連串的事件，致使雙方關係一直處於薄弱的境地。然而在台海危機發生之後，美國與中共關係急速修好，不僅達成元首互訪，雙方更於一九九七年建立「建設性戰略夥伴關係」，柯林頓也如中共所願，宣示其「三不政策」。因此，在兩國論發生之後，美國方面的態度明顯轉向中共示好，一再強調其「一個中國」的政策並未改變，認為台灣的政策宣示對於台海的穩定並無好處。

　　基於時空背景的不同，美國方面在處理兩國論的方法上更顯得與一九九六年的飛彈危機有所不同。首先美國對兩國論的說法表現出不解的態度，隨後柯林頓以熱線與江澤民展開對話，勸以和平方式解決問題，並立即派遣特使陸士達與卜睿哲分別訪問北京和台北，由言論

---

[111] 同前註。

上的關切轉而為實際上的外交穿梭行動。此外，為了避免讓中共覺得「兩國論」的產生是由美國在幕後操控，柯林頓在李總統作此宣示後，迫不急待地想要與台灣撇清關係。柯林頓在白宮記者會上，對於美國的兩岸政策不斷的重申：支持「一個中國」原則、兩岸應展開對話及和平解決兩岸分歧等。另一方面，從這些內容來看，美國的立場並未因李總統的宣示而有所改變，美國仍將持續對台軍售的行動，因為這涉及到美國在亞太地區的經濟和安全戰略利益。然而受到「兩國論」的影響，美國可能會加速兩岸「中程協議」和政治談判的實現，這將打破兩岸現存關係的僵局，並且影響我方大陸政策的進程。[112]因此，如何重建與美國的互信，並使美國成為我推行大陸政策與務實外交的助力，而非阻力，如此對我國家安全方能有較為正面的影響。儘管在方式上的差異，美國的大原則仍是一致的，那就是在「一個中國」的架構之下，不希望中共以武力解決台灣問題。在此原則之下，台灣方面的安全顧慮，仍是美國方面所應考量的。

在兩國論議題甚囂塵上期間，對於台灣安全的考慮，美國國內有建議華府應就對台軍售上予以檢討，以加強台灣本身的防衛能力。例如美國傳統基金會會長佛訥（E. Feulner）認為，兩岸問題以和平方式解決是不夠的，美國必須提供台灣例如防禦飛彈的武器系統，讓台灣在足具安全感的情況，就其前途與中共進行談判。[113]而美國國會參院外交委員會於一九九九年八月四日，為擬訂「台灣安全加強法案」舉行聽證會。該法案係由參院外交委員會主席赫姆斯及新澤西州民主黨

---

[112] 趙春山，〈美國處理兩岸危機逐漸圓熟〉，中國時報（台北），民國八十八年七月二十四日，第15版。

[113] 佛訥（E. Feulner），〈台灣安全，兩岸關係進展關鍵〉，中國時報（台北），民國八十八年九月五日，第15版。

籍參議員托里西利於一九九九年三月底聯名提出。法案中對美國對台軍售、軍事科技援助及軍事合作提出許多具體要求，從硬體部分的戰區飛彈防衛系統、柴油動力潛艇、神盾級驅逐艦，到軟體部分的軍事人員訓練、作戰指揮及管制系統的改善、與美軍太平洋軍區司令部的直接通訊，或訂有國防部必須依法完成的期限，或預先給予軍售法案所規定的國會「授權」，均具有一定拘束力。亦即，國會在對台軍售事務上，已由軍售法及台灣關係法界定的被動徵詢意見或與行政部門共商決策的角色，轉為指導行政部門施政的角色。然而在聽證會前夕，柯林頓政府公開表達反對此一法案的立場。國務院發言人魯賓指出：「我們不認為有任何理由對台灣關係法作任何方式的更新或修改。」因為「就我們對台灣的支持，以及推動與中國較好的關係而言，該法（台灣關係法）對這個國家實發揮了極佳的功能。」[114]

　　此外，國務院亞太助卿陸士達亦在聽證會中表示，台灣關係法過去二十年來成功的規範美國在兩岸問題上的角色。倘若制訂台灣安全加強法會被解讀為大幅修訂台灣關係法，目的在改變美國與台灣維持非官方關係的承諾，並重新營造出與台灣建立正式軍事關係的環境。不過陸士達亦強調：「台灣在台灣關係法規定下，獲得美國大力支持並強化它的自衛能力。美國已經為台灣提供多種防衛性軍事裝備，包括諾克斯級巡防艦、S二T反潛機，以及防空飛彈等。……每年似乎總會有人揣測，行政當局可能基於某些當前事務的考量不再向台灣出售某些防衛性武器及裝備。這種揣測每每證明是錯誤的。我們仍然信守履行承諾的立場。」、「台灣關係法雖然已得到相當的成功，但仍無法獨自提供台灣的安全。以中共和台灣規模的差距而言，台灣的安全

---

[114] 聯合報（台北），民國八十八年八月五日，第 2 版。

不能只靠軍事武器。如果我們要降低緊張情勢並提升安全，台灣關係法必須靠包括台灣和中共對話在內的和平互動來實施。……柯林頓總統最近對台灣海峽兩岸，重申美國對於對話以及和平解決台灣和中共歧見的立場所做的發言，就是以此為出發點的。」[115]根據陸士達的說法，美國仍然主張兩岸問題應和平解決的態度，而且美國也不會介入，至於軍售台灣的問題，美國尚未決定出售「戰區飛彈防禦系統」（TMD）給台灣，可是並未排除向台灣出售的可能性。向台灣提供這些系統是一個攸關台灣安全、區域安全，乃至於美國國家安全的重大決策事項。美國應會依據中共的行動以及台灣的防衛需求，配合這套系統可以開始部署時的區域情勢發展等因素來做決定。

另外，針對此事件發生後的美國對台政策，美國國防部國際安全事務副助理部長坎柏亦於上述公聽會中證詞指出：「中共部署戰區飛彈，使我們對其遵守以和平手段解決海峽兩岸問題的信心動搖，美國促請中共節制其對台灣的軍事活動和部署，我們也不希望看到此區域的軍事競賽。美國一向遵守並將繼續遵守台灣關係法對台灣的承諾。……台灣關係法已提供美國與台灣安全合作的基礎，台灣安全加強法案沒有必要，而且可能對台灣安全造成反效果。……基於台灣關係法，美國已提供台灣許多先進空防系統，包括 E2T 空中早期預警機、改良式愛國者防空系統、鷹式及檞樹地面空防飛彈系統、F16 空優戰機等。我們並將繼續檢驗提高台灣空防能力的方式。……未來中共的行動會影響美國有關提供「戰區飛彈防禦系統」給台灣的決策。我們並不排除台灣加入此系統的可能性，但這留待技術成熟時才決

---

[115] 〈陸士達：我們信守售台防衛武器〉，聯合報（台北），民國八十八年八月五日，第 13 版。

定。對於此事，我們的指導原則將和提供其他提升台灣自衛能力相同。誠如我先前提到的，我們相信兩岸建立互信的對話是台海長期穩定的關鍵要素。根據台灣關係法，我們的責任包括協助台灣具備還擊能力的地面和水下的海防威嚇武器。我們正審查台灣是否需要所有的反潛戰機，也已提供台灣反制水陸兩棲登陸的系統，包括 M 六十 A 戰車和武裝直升機。」[116]

綜觀在美國與中共的戰略互動下，「兩國論」對台灣安全產生的不利影響如下：

一、迫使美國與中共站在「一個中國」的立場，對我政府施壓：

「兩國論」發生之後，從美國總統柯林頓主動與中共國家主席江澤民聯絡，重申美國支持一個中國的立場，以及柯林頓政府的種種動作來看，美國的政策乃是「預防式外交」的表現。此一政策係由前國防部部長培里所積極倡導，其基本精神乃藉由外交斡旋與方法，使國際爭獲致解決，以避免釀成軍事衝突，引致美國必須動用軍事力量解決衝突，犧牲極大的成本。在中共對「兩國論」的主觀認定上，研判台灣方面已放棄了一個中國的原則，並有意走向台獨，遂對台灣方面採取強烈的抨擊。而柯林頓一再向中共當局堅定承諾一個中國的政策，表示美國並未在背後策動台灣方面推動此一政策，並且也不會替兩國論背書。

---

[116] 〈坎柏：不排除台灣加入 TMD〉，聯合報（台北），民國八十八年八月五日，第 13 版。

　　此外，由於美國與中共之前因中共駐南斯拉夫大使館被北約軍隊炸毀，導致兩國關係陷入低潮，彼此的互信更低。此次若美國不主動向中共澄清並撇清與台灣的關係，將使中共更可能疑慮美國有意在亞太地區製造第二個科索伏，不僅台海可能發生軍事衝突，美國與中共的關係亦將更為緊張，這與柯林頓一向主張與中共建立「建設性戰略夥伴關係」的政策嚴重背離。[117]而美國也有意利用此一機會向中共示好，藉以改善現階段兩國之間的低潮關係。就此事件而言，將會使美國極力偏向中共一方，而美中台之三角關係也會朝不利於台灣的方向發展。因為美國對兩岸的一貫政策是維持現狀，「兩國論」很明顯的是台灣方面對現狀的挑戰，使得美國方面認為台灣是麻煩製造者。在美國與中共已在一個中國的立場上，再度達成堅定共識之後，不僅使得我方欲藉兩國論提升與大陸對等地位的企圖受挫，倘美國對我提出的解釋不滿意，也將使得美國對我的支持度大為降低，進而採取不積極支持台灣加入非政治性的國際組織，甚至在對台軍售上也會採取緊縮保守的態度。

二、台灣參與國際組織的空間受到壓縮：

　　「兩國論」發生後，第五十四屆聯合國大會總務委員會於一九九九年九月十五日審查議程，聯大主席兼總務委員會主席古里拉布未經表決直接裁決，台北參與聯合國提案不列入本屆聯大議程，至此台北入會案已第七度遭到封殺。此次共有六十八國針對台北提案發言，為歷年來之最多紀錄，其中支持台北的有二十個國家，皆為正式邦交國

---

[117] 王高成，〈台灣讓美『中』再度達成堅定共識〉，聯合報（台北），民國八十八年七月二十日，第15版。

家；反對的則有四十八個國家。有關支持與反對台北入會案的國家如下表：

表 7-5　一九九九年聯合國會議支持與反對台北入會案之國家一覽表：

支持國家	反對國家	
塞內加爾	中共	塞席爾群島
聖多美普林西比	緬甸	塞浦路斯
賴比瑞亞	孟加拉	蓋亞那
布吉納法索	阿爾及利亞	南非
馬紹爾群島	尼泊爾	剛果
查德	斯里蘭卡	寮國
甘比亞	摩納哥	法國
史瓦濟蘭	哈薩克	塔吉克
索羅門群島	蘇利南	西班牙
尼加拉瓜	蘇丹	賴索托
格瑞那達	吉布地	古巴
聖克里斯多福	科威特	尚比亞
薩爾瓦多	敘利亞	聖露西亞
馬拉威	蒙古	阿富汗
宏都拉斯	墨西哥	肯亞
瓜地馬拉	義大利	美國
貝里斯	北韓	突尼西亞
多米尼克	利比亞	坦尚尼亞

聖文森	象牙海岸	智利
馬其頓	巴西	伊朗
	伊拉克	葉門
	俄羅斯	埃及
	白俄羅斯	英國
	阿根廷	巴基斯坦
共二十個國家	共四十八個國家	

資料來源：聯合報（台北），民國八十八年九月十七日，第 3 版。

　　值得注意的是，自一九九三年台北正式推動參與聯合國以來，美、英、法三國在中共的強大壓力下，更打破為期六年的沈默慣例，首度在總務委員會中發言，間接或直接表達不支持此案。[118]更引人關注的是居聯合國權力核心的美國，首次在聯合國論壇公開對台北參與聯合國表態，宣示其對華政策，亦即三公報、台灣關係法及三支柱；而台北提案在總務委員會美國發言後再度被撤銷，也意味著華府的「三不政策」，尤其是第三不（不支持台北加入需以主權國家為條件的國際組織），在聯合國獲得認定。[119]由於北京意識到在國際間封殺兩國論的迫切性，因此立即從聯合國組織著手，特別是深具影響力的美國。中共常駐聯合國代表秦華孫於會前即拜會美國駐聯合國大使郝爾布魯克，要求美方在聯合國固守一個中國原則。秦、郝於會談中商定「中」美在聯合國建立定期磋商機制，以加強雙方在聯合國的「協

---

[118] 聯合報（台北），民國八十八年九月十七日，第 1 版。
[119] 同前註，第 3 版。

調與合作」，也為美方隨後在總務委員會破例就台北提案發言作了註腳。而華府在聯合國對此案態度的轉變，立即影響英、法等國。[120]

　　在「兩國論」所產生的一連串效應後，未來美、中（共）、台三角關係的發展可能有以下的影響：[121]

一、中共將會藉此機會，要求和美國全盤討論台灣問題，其中包括TMD、對台軍售，以及美國國會一連串友我舉動，甚至於研擬中的「台灣安全加強法案」等。

二、柯林頓總統的任期將屆，其在台灣問題讓步的空間有限。但是為了緩和台海的局勢，美國行政當局可能會加緊遊說國會，避免通過具高度敏感的一些議案，同時延遲考慮售我先進武器。對於支持我方較中共先行加入「世界貿易組織」的可能性亦會降低。

三、由於美國希望兩岸恢復談判的心情極為迫切，中共勢必拉高姿態，希望台北與華府皆能給予交代，藉此便會提高對美國談判的籌碼，使美國做出對我較不利的政策。

　　就目前而言，美國除了已就台北加入聯合國提案首次表明不支持的態度，顯示對中共的讓步；此外，美國眾議院國際關係委員會的亞太事務小組委員會於一九九九年九月十五日就「台灣安全加強法案」舉行公聽會，美國主管亞太事務的副助理國防部長坎柏及助理國務卿謝淑麗都在聽證會中表示，美國國會所提出的「台灣安全加強法」是沒有必要的。[122]在為了與中共修好的前提之下，研判美國後續的動作不無再對中共讓步的可能。

---

[120] 同前註。

[121] 裴兆琳，〈中共將藉機要求和美國全面檢討台灣問題〉，聯合報（台北），民國八十八年七月二十日，第 15 版。

[122] 聯合報（台北），民國八十八年九月十七日，第 13 版。

　　持平而言，美國在「兩國論」所表現的態度是極端不願開罪中共或是引起中共的誤解，因此亟欲藉此撇清與台灣的關係，此為對台灣較為不利之處。之前美國與北約誤擊中共駐南斯拉夫大使館事件發生以來，北京當局遂停止了與華府間的人權、武器擴散、世界貿易組織入會案等一系列重要議題的對話及軍事交流活動，許多美國國會議員乃擔心，北京將藉此一事件迫使柯林頓政府對相關議題讓步；台灣方面也有人懷疑，這可能為北京提供了對美國在對台政策上施予壓力的機會。美國在台協會理事主席卜睿哲雖然在一九九九年六月二十七日發表政策性演說時極力否認上述推論，但也毫不諱言的指出：「要瞭解到這並非一場零和的遊戲，當美國與中華人民共和國的關係轉壞時，台灣的地位也會變弱。」[123]卜睿哲的這份講稿顯然是經過國務院同意，他同時意有所指的告知台北：「台灣不需要以行動去激起對方所最擔憂的事，並造成錯誤的認知。」[124]從卜氏的言論之中，印證此次美國處理「兩國論」的態度，以及今後處理兩岸問題的政策方向，可以推測美國不願見到兩岸關係的不穩定，而維持現狀是最符合美國的利益。倘若台灣方面主動挑起兩岸問題的紛爭，美國並不會支持台灣的做法，因為如此一來美國唯恐會被捲入與中共對抗的局勢中，這是美國所最不樂見的，因此美國有可能會藉此犧牲台灣的利益，以保障其國家的基本利益。季辛吉也曾警告說：「由於與中國（中共）進行冷戰將是困難而痛苦的，所以我們沒有必要修正我們的基本國家利益。……制訂一個穩定的中國政策，使美國的政策制訂者面臨一個從

---

[123] 卜睿哲，〈美中共關係若壞，不利台灣〉，聯合報（台北），民國八十八年六月二十七日，第4版。
[124] 同前註。

來沒有過的挑戰。我們要使中國相信，美國不允許任何國家在亞洲稱霸，我們也要使中國相信，美國準備與一個逐漸成長茁壯的中國發展建設性關係，並將中國逐漸整合進入國際政治與經濟的秩序中。」[125]後冷戰時期，美國對中共的政策一直朝向交往與戰略夥伴的目標，但是其中最為棘手的問題厥為台灣問題。對中共來說，台灣是中國主權及領土完整不可分割的一部分，這個論點已得到了自羅斯福總統以來歷任美國總統的認同，而這個論點也暗示著美國的一種道德義務，即美國不應在雙邊關係或聯合國中，做出任何暗示著台灣主權政治獨立的行動。而且每位美國總統及國會在台灣關係法中，都已經鄭重肯定，台灣問題應該以和平的方式解決。[126]至於若是中共堅持以武力方式解決兩岸問題，美國的考量是此舉將會破壞亞太地區的均勢，嚴重影響美國在該區域的利益。因此研判美國必不會坐視，其可能的方式，正如美國國務院東亞事務助卿謝淑麗於「兩國論」發生之後，在上述之研討會中所言：「我們希望中國大陸不要動武，因為就算是非常小的衝突，也都可能激起美國的反應；例如，在政治上，美國國會就不可能會同意給予中國永久最惠國待遇，甚至會要求華府做出軍事上的反應。」[127]準此，美國的反應將會包括初期的經濟制裁和較嚴重的軍事反應，至於係何種軍事反應，應屬於美國的戰術模糊策略。

總括而言，美國在台海的利益是其據以制定對華政策的圭臬。尤其自一九九六年台海危機之後，華府就一直在思考「台海長期維持現狀是否有助於美國在亞太利益」的問題。一九九七年美中（共）雙方

---

[125] 季辛吉，〈後冷戰時期美對中共政策的新思維〉，中國時報（台北），民國八十八年四月二十五日，第 14 版。

[126] 同前註。

[127] 聯合報（台北），民國八十八年九月六日，第 1 版。

達成建立「戰略夥伴關係」共識；一九九八年柯林頓在北大提出「和平統一」的概念，並在上海聲明「三不政策」；一九九九年春天，柯林頓正式表明兩岸應談判「中程協議」，凡此皆可看出美國不願看到台海兩岸反目相向的用心。正如美國前總統尼克森曾說：「過去，美中（共）的敵對關係曾引發亞洲兩場戰爭，雙方都付出相當代價。現在，華府更承擔不了與北京為敵的後果，因為一旦發生核戰，那就是人類文明的浩劫。」[128]及至「兩國論」發生後，北京反應激烈，華府尤感事態嚴重，並很快介入施壓台北及勸阻北京，此更可證明美國在台海的最大利益是「兩岸統一尚難，但至少要和平共存」。[129]因為美國終於體認到唯有消弭台海戰爭，才能使美國避免捲入一場不可預測的戰爭，同時也可以使美國從亞太和平與穩定中所獲得的鉅大現實利益得以確保。

　　從「兩國論」事件的發生，吾人更可推論，今後台灣安全的保障，除了要受兩岸關係的發展所影響之外，美國的政策將具有決定性的影響。由於北京的長遠戰略考量是用強制力將台灣鎖牢在「一個中國」的框架之下，因此，對於緩和兩國論後緊張態勢最有用的莫過於美國的堅持「一個中國」的政策，因為北京可以據此認為它的長遠戰略規劃是有可能實現的。「兩國論」拋棄了「一個中國」的說法，對中共而言，其震撼性遠遠超過一九九五年李總統登輝先生在美國康乃爾大學所做的演說。但是中共的反應程度相較於一九九六年的台海飛彈危機卻有極大的差異。其主要原因乃是中共決策階層已經認定，沒有美

---

[128] 陳毓鈞，〈美國要令台灣放棄「李登輝路線」〉，《海峽評論》，第 106 期，1999年 10 月，頁 34。

[129] 同前註，頁 35。

國，台灣就沒有牌可打，因此只要約制美國，就不必擔心台灣會真正獨立。[130]在「兩國論」的案例之下，美國堅持「一個中國」原則的政策深深的影響中共對台海問題的反應，使得日後華府的政策將持續成為影響兩岸關係發展因素中的最重要變項。反之，對美國而言，複雜的兩岸關係或是所謂的台灣問題，又是決定其對華政策不可預知的變數。

由於目前台灣面臨最大的威脅來自中共，尤其自從柯林頓政府表明對台「三不」政策之後，台灣的空間又受到壓縮，中共更將努力的重點集中在阻止美國繼續對台軍售方面，持續施予美國壓力。北京並威脅重新思考對「全面禁止核試爆條約」、「飛彈科技管制體」所做的承諾，以牽制美國的對台軍售。而台北目前又面臨著柯林頓政府內部一股對台軍售的逆流。根據亨利魯斯基金會在一九九九年六月委託進行的一項美國對亞洲的看法調查報告，在對台軍售方面，顯示美國藉由增強台灣防禦武力以確保台海和平解決的選項，只獲四分之一的支持，與其他類似調查結果相差無幾，台北方面實不能掉以輕心。由於台灣安全情勢受到中共高度精準的戰區飛彈所主宰的現象極為嚴重，在中共持續增強打高科技戰爭能力之下，美國任何抑制對台軍售的做法，極易導致台灣尋求自保的極端反制戰略。由於柯林頓政府反對國會所提出的「台灣安全強化法案」，若在「台灣關係法」上執行不力，將逼使台北思索如何讓美國和中共同時陷入困境的非傳統軍事方案。[131]屆時美國與中共之間又將會為台灣問題陷入關係膠著的狀

---

[130] 吳玉山，〈從兩岸關係基本格局解讀江澤民談話〉，中國時報（台北），民國八十八年十月二十日，第15版。

[131] 林正義，〈美國對台軍售，出現諸多雜音〉，中國時報（台北），民國八十八年十月二十五日，第15版。

態。長久以來美國與中共的關係一直處於起伏不定的狀態，而台灣問題又是影響雙方關係的最重要因素。

第六節　合作與競爭的戰略關係

　　中共與美國關係的發展，雖然已進入了所謂的交往與合作的互利階段，卻不免一直在暗中較勁。長期以來，雙方一直是在政經利益上各取所需，避免不必要的衝突，中共更有意以崛起大國的姿態，在未來亞太秩序中找到定位，而美國則欲在混沌不明的亞太局勢裡，重新建構亞太安全體系，維持美國的政經優勢。[132]為了追求各自的最佳政經利益，雖然雙邊的衝突不斷，但仍會盡量避免兩敗俱傷的正面軍事衝突。畢竟兩國的關係不惡化，對雙方都有好處。自尼克森以降至柯林頓之美國政府，美國始終無法擺脫「中共情結」的糾葛，總以中共的反應作為其在亞太外交的一大考量。在冷戰期間，美國一意與中共修好外交關係，深怕得罪中共，將促使中蘇兩國聯合，而損害美國的戰略利益。及至後冷戰時期，美國對中共的政策轉為著重經濟利益之考量，即重視中國大陸龐大的市場潛力與經濟實力。[133]

　　由於美國的「中國政策」深受其國內政經影響，府會之間又存有相當的歧見，導致美國的中國政策搖擺不定，且口徑不一。[134]美國與中共在國際事務上雖然有很多兩國共同關切的問題，但卻也因為兩國對同一問題所持之不同立場及看法而經常陷於對立。儘管對立仍然存在，但是兩國近程和中程的的關係將會是充滿著衝突、競爭與合作交

---

[132] 宋鎮照，〈美國霸權在亞太地區之挑戰〉，前揭文，頁 29。
[133] 同前註，頁 29-30。
[134] 中國時報（台北），民國八十四年十一月十九日，第 10 版。

織的情況。[135]日後美中（共）關係最大的交集就是兩國持續增加的經貿關係，而美國過去能對北京在其他問題上施加壓力的籌碼就在於給予中共最惠國待遇。[136]在經濟議題之外，影響美（中）關係的另一因素就是「人權」的問題。在這般「經濟」與「人權」議題相抗於「政治」與「軍事」的議題，便成了目前兩國互動的焦點。這是因為美中（共）兩國所握有的優勢籌碼不同所致。就美國方面而言，華府對中共施壓的利器是民主人權與經濟優勢，例如美國握有中共是否加入世界貿易組織（WTO）、市場之開放、智慧財產權之保護、三○一條款、貿易逆差、迫害人權、政治民主等籌碼。只要美國對中共政治、外交、軍事的不滿，皆會透過以經濟手段來達成。而就中共方面來看，對美國壓力的反彈，一直以台灣做文章，對美國與台灣的雙邊發展關係下手。例如「一個中國」的原則與美對台的軍售案等。壓迫美國信守三公報，亦即在一九七二年的「上海公報」、一九七九的「建交公報」以及一九八二年的「八一七公報」，企圖以政治手段來反擊或紓緩美國的經濟壓力，並模糊兩國對立的焦點。[137]儘管經貿與人權問題仍是美中（共）兩國互動的焦點，然而柯林頓在人權議題方面，很明顯的已決定降低人權的壓力，採取靜默交涉方式而非過去的公開教訓方式。[138]根據一九九六年十一月美國國務卿克里斯多福在亞太經合會的記者會上表示，華府對北京沒有對峙與圍堵的空間，而且美國可能考慮取消自「六四事件」以來對中國大陸實施的制裁措施。[139]而柯林頓

[135] Harry Harding, *A Fragile Relationship*, op.cit., p.319.
[136] 陳文賢，〈從權力平衡的觀點看亞太安全〉，前揭文，頁26。
[137] 宋鎮照，〈美國霸權在亞太地區之挑戰〉，前揭文，頁29-30。
[138] 陳毓鈞，〈柯林頓連任後「中」美關係的走向〉，前揭文，頁26。
[139] 聯合報（台北），民國八十五年十一月二十四日，第9版。

本人亦在十一月二十日前往馬尼拉參加亞太經合會非正式首腦會議前，在澳洲表示，美國仍然關切中國大陸的人權問題，但彼此見解不同不應妨礙兩國建立良好的關係。[140]柯林頓更將他的對華（指中共）政策說成是「加深與中國的接觸」。[141]第二天，儘管國務卿克里斯多福在上海復旦大學的演說中提出了美國對中共關係的問題，包括：大規模殺傷性武器的擴散、（核）不擴散和軍控、國際恐怖主義、販毒和犯罪、開放的國際貿易體系、環境保護、朝鮮半島、亞洲安全、經濟發展和繁榮、台灣問題、香港問題、雙邊貿易、民主問題、人權問題等，然而克里斯多福卻指出，不斷增加的對話，包括「在最高層次上進行的」、「涉及廣泛內容的會談」，是中美「成熟關係的健康標誌」。[142]克里斯多福在回到美國後更樂觀地表示：「經由合作，中共可以成為美國的盟邦。」[143]在亞太經合會上，美國與中共雙方均有意容忍分歧點而尋求共同點，以便加強合作，還達成未來兩國國家元首互訪的初步協議。根據以上種種跡象顯示，柯林頓政府第二任期內的對中共政策是在向北京表示，要避免使中共發展成為美國的威脅，就必須和北京達成諒解，使中共不會變成威脅；而且要使北京知道華府是可以攜手合作的伙伴，可以在許多重大問題上共同合作以維持世界的和平與安全。[144]一九九〇年代的美國對中共政策便是基於美中（共）

---

[140] 聯合報（台北），民國八十五年十一月二十一日，第10。

[141] 引自吉姆·赫爾姆斯(Kim R. Holmes)、詹姆斯·普里斯特(James J. Przystup)主編，前揭書，頁5。

[142] 同前註。

[143] 青年日報，民國八十五年十一月二十九日，第7版。

[144] 陳毓鈞，〈柯林頓連任後「中」美關係的走向〉，前揭文，頁28。

雙方這種複雜又曖昧的關係來決定，對美國而言，中共在國際舞台上是一種非敵亦非友的關係。[145]

　　後冷戰時期美國與中共在加強接觸與交往的同時，從雙方的軍事交流情況亦可窺出兩國充滿既衝突又合作的關係。基本上布希政府時期，美國與中共仍繼續推動軍事交流。直至一九八九年天安門事件發生之後，布希在國會和國內的壓力之下，於同年六月五日即對北京實施經濟制裁，其中包括切斷對中共的軍售與軍事科技轉移，並停止雙方軍事領袖的互訪。[146]此外，美國停止和中共的軍事交易內容包括：（一）改良殲八型戰鬥機電子導航系統，全部設備價值五億美元；（二）六仟二佰萬美元搜索戰砲的雷達裝置；（三）二仟八佰萬美元改良製造巨型砲彈的設備；（四）一仟萬美元 M-46 型反潛魚雷；（五）一九八八年批准的八仟五佰萬美元商業性武器交易。[147]華府對北京的武器與高科技產品銷售，在天安門事件時已達最低潮，但是其後逐漸放寬。華府甚至已將高科技產品對大陸的銷售作為其運用的籌碼，以促使北京採行華府所要求的行為。雖然布希在國內的壓力之下，停止美國與中共的軍事合作交流，但是華府認為中共在全球某些區域具有廣泛的利益，在第三世界亦有影響力，以及身為聯合國安理會常任理事國所代表的政治大國地位，因此，對於與中共做進一步合作以增進全球的穩定，抱持著極大的意願。[148]

　　柯林頓政府對於中共的重視更甚於布希時期，因此美國與中共的軍事交流更為頻繁。一九九三年十月，美國國防部主管東亞安全事務

[145] Harry Harding, *A Fragile Relationship*, op.cit., p.324.

[146] 中國時報（台北），民國七十八年六月六日，第 10 版。

[147] 中國時報（台北），民國七十八年六月七日，第 10 版。

[148] 周煦，《冷戰後美國的東亞政策（1989-1997）》，前揭書，頁 190-191。

的助理國防部長傅立民（Charles Freedman）訪問北京，為天安門事件
發生以來美國國防部訪問中共官階最高的官員，開始落實柯林頓政府
與中共的軍事交流政策。次年十月國防部長裴利訪問中共，奠定雙方
國防部長互訪之基礎。然而一九九五年六月，由於美國准許李登輝總
統訪美，引發中共中斷與美國軍事人員之交流，並延遲國防部長遲浩
田的訪美計畫。其後自一九九六年十二月以來，雙方已逐漸恢復全面
交往。一九九六年十二月三日遲浩田率團抵美，進行十天的訪問，象
徵雙方軍方關係復趨於正常化。一九九七年一月，中共派出十二位上
校級軍官，至哈佛大學甘迺迪學院接受短期的講習課程。四月，中共
軍艦訪問夏威夷。中共總參謀長傅全有與美國參謀首長聯席會議主席
夏利卡席維利亦於一九九七年完成互訪。一九九八年一月十九日，美
國國防部長柯恩訪北京，與中共簽署建立加強海上軍事安全磋商機制
協定。因此，至一九九八年年初時，在根據奈伊所主張的五大領域範
圍內，亦即（一）建立高層訪問；（二）功能或工作層次的交流；（三）
信心措施的建立，包括軍艦的互訪，海上事故的避免等措施；（四）
國防工業及人員之轉用於民生工業或企業；（五）中共軍事人員參與
美國軍方舉辦的研討會或座談會等多邊軍事活動等五項範圍，美國與
中共已在此領域架構之下，陸續進行交往的動作。[149]有關美國與中共
於布希和柯林頓政府時期所進行的軍事交流及關係情形詳如下表：

表 7-6　美國與中共軍事交流及關係概況表（1989-1998）

時間	事件
1989.04	中共北海艦隊司令馬辛春中將率「鄭和號」訓練艦二五〇名官兵訪問夏

---

[149] 同前註，頁 192-194。

	威夷。
1989.05	美國第七艦隊司令莫茲中將率領三艘軍艦一千八百多名官兵赴上海訪問。
1989.06	美國宣布禁止武器出口至中國大陸。
1989.12	華府國家安全顧問史考克羅率團訪問北京，希望勸阻中共出售 M-9 型中程飛彈給敘利亞，並停止軍援赤柬。
1990.05	北京與華府以價格過高為由，宣布取消由美國克魯曼公司和中共軍方合作提升中共製殲八式戰機電子作戰的「和平珍珠計畫」。
1990.12	美國宣布批准向中共出售包括超級電腦在內的高科技產品。
1991.06	美國凍結出口超級電腦並禁止衛星零件出口中共。
1992.07	美國助理國務卿戴維斯訪問北京，表達美國對中共出售 M-11 飛彈給巴基斯坦的關切。
1992.09	美國取消對中共在衛星及有關零件出口的限制。
1993.10	美國宣布恢復與中共的高階層軍事接觸。
1993.10	美國助理國防部長傅立民訪問北京三天。
1994.03	中共國防大學校長訪美。
1994.03	美國國防部次長魏斯納（Frank Wisner）隨同國務卿克里斯多福訪北京。
1994.03	美國飛彈巡洋艦「邦克山號」（Bunker Hill）訪問青島。
1994.07	美國太平洋艦隊司令拉森（Charles Larsen）訪問中國大陸。
1994.08	中共副參謀總長徐惠滋訪美。
1994.09	美國空軍參謀長麥克裴（Terril McPeak）赴中國大陸訪問。
1994.10	美國國防部長裴利訪問北京四天。
1994.11	美國軍備管制暨裁軍總署署長侯倫（John Houlun）訪問北京，恢復自六四天安門事件後中斷的裁軍及軍管磋商會談。

1994.12	美國助理國防部長華納訪問北京。
1995.03	中共參謀總長助理熊光楷訪美。
1995.04	美國太平洋艦隊司令麥凱（Richard C. Macke）一行十一人訪問湛江中共南海艦隊。
1995.05	中共空軍司令員于振武訪美十天。
1995.05	中共國防委員李貴鮮原定五月底訪美，因抗議李登輝總統訪美而取消。
1995.06	中共國防部長遲浩田延遲原定的訪美行程。
1996.12	中共國防部長遲浩田赴美訪問十天，完成兩度延期的訪問。
1997.01	十二名中共上校軍官赴哈佛大學受訓。
1997.02	中共副總參謀長隗福臨訪美。
1997.04	中共軍艦訪問夏威夷。
1997.05	美國參謀總長聯席會議主席夏利卡希維里上將訪問中共，為六四天安門事件之後訪問北京的最高層將領，亦是繼一九八三年魏塞上將之後訪問北京的聯參會主席。
1997.08	中共參謀長傅全有訪美。
1997.10	美國海軍軍令部強森中將訪問中共五天，為首位訪問中共的美國海軍軍令部長。
1997.12	美國太平洋總司令普魯赫訪問北京，主張雙方舉行聯合軍事演習。
1997.12	中共解放軍副總參謀長熊光楷訪美，根據柯江會談協議，與美方進行首度防衛諮商會談。
1998.01	美國國防部長柯恩訪問北京，與中共簽署建立加強海上軍事安全磋商機制協定。

資料來源：
一、中國時報（台北），民國八十三年八月十二日，第9版。
二、周煦，《冷戰後美國的東亞政策（1989-1997）》（台北：生智文化事業有限公

司，1999 年 2 月），頁 191-194。

　　美國與中共的交往政策在起伏不定的關係中達成，為了修補雙方因李登輝總統訪美之後倒退的關係，一九九七年十月，柯林頓與江澤民的高峰會議將美國與中共的關係往前推進了一步。江澤民成為自從一九八五年以來第一位正式訪問美國的中共國家主席。柯江高峰會議也象徵自一九八九年天安門事件以來美國對中共的經濟制裁及禁止美國高層官員訪問中共之政策的正式結束。此外，柯江會談也顯示美國對中共積極交往政策的確立，並想藉此化解中共對美國企圖「圍堵中國」的疑慮。兩國元首發表聯合聲明，將致力於中美建設性戰略夥伴關係的建立，除了兩國元首間電話熱線的設置，並促使兩國高層官員定期互訪，就政治、軍事、安全及武器管制等問題進行磋商。[150]根據江澤民自己的說法，他這次訪問美國獲得豐碩的成果，不僅感受到美國人民對中國大陸人民的深厚情誼，而且還與美國政府達到廣泛的共識，包括建立面向二十一世紀的「建設性戰略夥伴關係」。這項頗引起爭議與疑慮的「建設性戰略夥伴關係」，根據中共外長錢其琛的說法是柯江高峰會最重要的共識。如此說法更讓亞太國家感到關切與憂慮。事實上，美國與中共所謂的「建設性夥伴關係」並無任何軍事同盟的意涵。根據美國國務院東亞事務副助理國務卿謝淑麗以及在台協會理事主席卜睿哲的解釋，所謂「建設性戰略夥伴關係」指的是一種外交或策略上的意涵，也就是在外交上的合作。如此說法言之成理，因為美國與中共若能在外交上合作，雙方都將蒙受其利。以朝鮮半島而言，美國與中共都不願意見到戰爭再度爆發，如果一旦韓戰再

---

[150] 陳文賢，〈從權力平衡的觀點看亞太安全〉，前揭文，頁 27。

次爆發，美國與中共都將身受其害。同樣地，維持台海地區的穩定以及印度與巴基斯坦的和平相處，亦同時有利於美國與中共。[151]

另外，此次的柯江高峰會達成的協議包括以下幾個議題：（一）高層對話與磋商，雙方同意兩國元首及部、次長級官員定期互訪，就政治、軍事、安全及軍備管制問題相互磋商；（二）雙方同意加強在能源與環境領域的合作；（三）雙方將加緊談判，讓中共早日在符合商業條件下，加入世界貿易組織。（四）促進雙方在核能和平運用上的合作與研究；（五）雙方同意致力於促使「全面禁止核試條約」早日生效；（六）雙方願意加強打擊有組織的犯罪；（七）雙方就建立海上軍事安全磋商機制達成協議；（八）雙方將加強合作，擴大文化與教育交流。[152]

儘管美中（共）雙方就上述議題達成協議與共識，但是雙方仍然有主要的分歧存在，那就是「人權」與「台灣問題」。有關人權問題，江澤民還是堅稱，對天安門民運分子採取鎮壓措施是正確的。而且中共認為人權的標準應依國情而定，亦是屬於內政問題；不過柯林頓則強調，中共鎮壓民運是錯誤的，而且人權具有世界性的規範—世界人權宣言。[153]由於美國國務院在「一九九六年人權報告」中有關中共的部分亦認為：「有證據充分顯示，中國政府仍在大規模地踐踏人權，破壞國際社會所公認的人權標準。導致這種行為的原因是，中國政府對持不同政見者的迫害，對社會動盪的擔憂和缺乏或沒有恰當的法律

---

[151] 李登科，〈評江澤民的美國之行及其對我之影響〉，《共黨問題研究》，第 23 卷第 11 期，1997 年 11 月，頁 1-3。
[152] 同前註。
[153] 同前註。

保護基本自由。」[154]但是，就中共的觀點而言，中國憲法承諾了公民的一系列自由，如保障中國公民宗教信仰的權利、批評政府的權利、遊行示威的權利和出版及言論自由的權利。當然，該憲法強調「中華人民共和國的公民在行使自己的自由和權利時，不應損害國家的利益」，而且他們「也不能從事有損祖國安全、榮譽和利益的行為」。這些國家利益就構成了中國政府為了對付自己的人民而斷罪論刑的主要法律依據，[155]同時也構成了中共在處理有關人權問題上的合理化解釋。再者，中共領導人拒絕人權普遍性的理論，相反地，他們強調一個國家的政治、經濟和社會制度以及它的歷史、宗教和文化背景決定了人權的概念，[156]這也是構成美國與中共對人權問題態度上分歧的主要關鍵。

　　另外在台灣問題方面，中共強調「台灣問題」是中（共）美國關係中最敏感、最重要的核心問題，要求美國恪守三項聯合公報的原則，並支持中共的「一個中國」政策。不過美國僅重申既有的立場，包括繼續遵循美國自己的「一個中國政策」。此外，柯林頓還要求中共與我恢復「建設性的對話」，以和平解決爭端。[157]由於北京方面堅持它對「一個中國」的界定，這不僅對台灣，而且對美國也引起了一些問題。美國與中共雖然均同意存在所謂的「一個中國」的原則，並且以此作為制定政策的基礎，但彼此對所界定的「原則」，在解釋上顯有差異。對北京而言，一個中國的原則即只有一個中國——成立於

---

[154] 美國國務院，《一九九六年中國人權報告》，1997 年 1 月 30 日。

[155] 吉姆・赫爾姆斯(Kim R. Holmes)、詹姆斯・普里斯特（James J. Przystup）主編，前揭書，頁 146。

[156] 美國國務院，《一九九六年中國人權報告》，1997 年 1 月 30 日，頁 18。

[157] 李登科，〈評江澤民的美國之行及其對我之影響〉，前揭文，頁 3。

一九四九年十月一日的中華人民共和國，為中國共產黨所統治，對其他國家來說，如果與台灣發展官方關係或給予台灣領導人以國家禮遇，就意味著對中國主權的侵犯和對中國內政不可容許的干涉。對華府而言，美國的正式立場是「美利堅合眾國政府承認中國的立場，即只有一個中國，台灣是中國的一部分」（美中（共）「建交公報」和「八一七公報」內容）。但是所謂「承認中國的立場」，並不等同於美國說「接受和同意」這個立場。它僅意味著，美國明白這是中華人民共和國所持的立場，美國對此不加評論，除此之外，沒有其它含義。[158]由於美國在「一個中國」的原則上保有彈性的解釋空間，致使美中（共）雙方在台灣問題上的摩擦不斷。

雖然台灣問題深深困擾了美中（共）關係，但美國在考量到須持續與中共交往的政策之下，外交工作顯然是其對中共政策的主軸，藉此增加雙方的溝通，化解歧見。兩國間的元首互訪顯然為雙方的友好關係跨出了第一步。繼江澤民訪美之後，一九九八年六月底，柯林頓亦到中國大陸訪問。雙方除了針對日後交往廣泛交換意見外，柯林頓亦發表了對台「三不政策」，對台灣方面而言，造成不小的震撼，也引發了諸多討論。此次柯林頓的首度中國之行，有選擇性的在上海發表美國對台政策，其內容為：「我們不支持台灣獨立、兩個中國或一中一台、我們不認為台灣可以成為任何以國家為資格限制的組織之會員」，亦即所謂的「三不政策」，顯然是中共要求美國在對台政策上作更進一步的表態。揆諸美國與中共自從一九九七年十月二十九日宣布致力於「建設性戰略夥伴關係」的達成，雙方領導人美國總統柯林頓

---

[158] 吉姆・赫爾姆斯（Kim R. Holmes）、詹姆斯・普里斯特（James J. Przystup）主編，前揭書，頁 114。

與中共國家主席江澤民已在不同的場合會晤過四次，其中三次均談及台灣問題，中共仍不斷重申台灣問題是美中（共）關係中最敏感、最重要的核心問題，要求美國恪遵美中（共）三個聯合公報的各項原則與有關承諾，嚴守「三不政策」的原則，並強調不承諾放棄使用武力以解決台灣問題的決心。美國方面則表示完全理解台灣問題是一個極為重要的問題，將繼續支持「一個中國」的原則，不支持台灣加入聯合國，不支持台灣獨立等立場，但是仍堅持反對中共在台海動武，企盼中共以和平方式解決台灣問題。有關美中（共）在建立「建設性戰略夥伴關係」時期，柯林頓與江澤民的四次「高峰會談」，其相關內容詳如下表：

表 7-7　美中（共）建立「建設性戰略夥伴關係」時期
　　　　「柯江會談」明細表（1997-1999）

時間	地點	背景	議題	會談主要內容
1997 ． 10 ． 29	華盛頓 （江澤民赴美國進行國事訪問）	中共國家主席江澤民十二年來首次對美國進行國事訪問。中共在四月與俄國重申建立戰略夥伴關係，五月又與法國建立全面夥伴關係。	雙邊關係、台灣問題、人權問題、武器擴散、經貿議題、朝鮮半島等區域與國際問題	發表「中美聯合聲明」，雙方宣布將致力於建立「建設性戰略夥伴關係」。 雙方均同意加強在防止武器擴散、打擊國際犯罪、環保、能源、教育、科技與文化交流等領域的合作。 江澤民表示，台灣

| | | | | 問題是「中」美關係中最敏感、最重要的核心問題。嚴格遵守「中」美三個聯合公報、妥善處理台灣問題，是「中」美關係長期健康、穩定發展的基礎。柯林頓則重申繼續堅持「一個中國」的立場，恪守「中」美三個聯合公報的原則、及不支持台獨、不支持台灣加入聯合國、不支持製造兩個中國、一中一台等主張。 |
| | | | | 達成兩國元首定期會晤、設立兩國元首熱線、建立兩國外長及其他官員的會晤與磋商機制、加強兩國在經濟、科技、文化、教育和執法等領域的 |

				交流。 柯林頓承諾於一九九八年訪問中國大陸。 美國支持中共早日加入世界貿易組織。
1997 · 11 · 25	溫哥華亞太經合會非正式領袖會議		中共加入世界貿易組織、人權、伊拉克情勢、朝鮮半島等。	中共強調希望早日加入世界貿易組織。 江澤民強調，兩國領導人定期、持續會面十分重要，有助於增進相互了解、減少分歧。 雙方深入討論核子合作。柯林頓表示，將向國會發出中共已停止協助其他國家發展核子科技的證明，以使一九八五年「中」美簽訂的「和平利用核能協定」盡早生效。 未提及台灣問題。

| 1998·06·27 | 北京（柯林頓赴中國大陸進行國事訪問） | 亞洲金融風暴。印巴五月相繼進行核試。美國國會提出中共介入美國大選的政治獻金案、中共竊取美國衛星發射技術。 | 雙邊關係、台灣問題、世界貿易組織、核武擴散、人權問題、朝鮮半島情勢、西藏問題、亞洲金融危機、印巴局勢等區域與國際問題。 | 江澤民表示，「中」美兩國要始終不渝按照「中」美三個聯合公報和「中」美聯合聲明的原則，處理兩國關係，特別要正確處理台灣問題。台灣問題是「中」美關係中最重要、最敏感的核心問題，恪守「中」美三個聯合公報的各項原則與有關承諾，妥善處理台灣問題，是「中」美關係健康、穩定發展的關鍵。柯林頓重申美國在台灣問題上的有關承諾。兩國元首同意兩國核子戰略導彈互不瞄準。雙方同意在金融、住房、醫療改革等領域合作。 |

				同意就全球安全、防止武器擴散、人權等領域對話，同意加強對各自化學品出口。 中共重申美國對台灣出售武器的原則立場，希望美國嚴格遵守「八一七公報」原則，為「中」美在防止武器擴散問題的對話與合作，創造有利的條件。 兩國簽署南亞問題的聯合聲明、生物武器公約議定書聯合聲明、殺傷人員地雷問題的聯合聲明，同時兩國還簽署七個經貿合作項目的合同、協議。 美國重申希望中共早日加入世界貿易組織。 柯林頓訪問上海

				時，公開口頭說出「三不」政策。
1999·09·11	奧克蘭亞太經合會非正式領袖會議	美國五月轟炸中共南斯拉夫大使館，中共停止兩國世界貿易組織談判、軍事對話及交流。 台灣在七月提出「兩國論」，中共採取各項文攻武嚇措施。 美國提出「考克斯報告」，指稱中共竊取美國核武技術。	雙邊關係、台灣問題、世界貿易組織、核武問題、人權問題、朝鮮半島情勢、東帝汶情勢等問題。	江澤民表示，雙方同意繼續致力於建立面向二十一世紀的「建設性戰略夥伴關係」。 江澤民表示，李登輝仍堅持「兩國論」，是要破壞兩岸關係的發展，及「中」美關係的改善，並且危及亞太地區的和平與穩定。李登輝是「中」美關係的麻煩製造者。 江澤民強調，中共對台政策是「和平統一」、「一國兩制」，盡一切可能爭取和平統一，但李登輝分裂祖國行動已激起全中國人的強烈反對。為維護國家主權和領土完整，中共絕對不承

				諾放棄使用武力。美國方面要立即停止對台軍售。柯林頓表示，完全理解台灣問題是一個極其重要的問題。李登輝提出「兩國論」後，為「中」美關係製造許多麻煩。柯林頓重申「一個中國」政策的原則，但反對中共對台動武，並警告中共一旦對台動武將會有嚴重後果。美國方面並要求兩岸恢復對話、要求中共以和平方式解決台灣問題。有關對台軍售問題，美國仍將依照台灣關係法，並依個案處理。「中」美同意重開中共加入世界貿易組織的談判，並希

				望中共於年底前能入會。但江澤民強調，中共入會要權利與義務平衡，中共要以開發中國家的身分入會。柯林頓重申支持中共早日加入世界貿易組織，希望「中」美盡快結束談判。雙方均認為此次會晤對談判有指導性的作用。

資料來源：聯合報（台北），民國八十八年九月十二日，第 13 版。

　　從以上「柯江會談」之內容中，有關美國的對台政策，除了對「三不政策」的公開宣示外，並未有更推陳出新的具體政策。在「兩國論」發生之後，美國仍然堅持其和平解決台灣問題的立場，另對中共要求美國停止對台軍售方面，美國方面依然表示將依台灣關係法來處理的模糊政策。可以預見的是，今後中共仍將以防止武器擴散以及不承諾放棄以武力解決台灣問題等做為籌碼，以之交換美國終止對台軍售及對「一個中國」原則具體解釋的承諾。中共將繼續設法要美國同意其對「一個中國」原則的解釋，乃因為中共十分明白，如果華府確實同意台灣是中華人民共和國的一部分，結果將截斷當前美國和台灣發展關係的基礎：如果台灣被認為是中華人民共和國的一個「省」或是「自治區」，那麼沒有中華人民共和國的允許，美國就沒有理由再向台灣

出售武器，或者未經與北京協商，就與台灣達成在法律上等同於條約和協定之類的東西。[159]就美國而言，在「一個中國」的原則和對台軍售問題上，現階段仍將是各說各話的解釋，因為美國如果現在完全切斷其與台灣的關係，基本上是不符合美國在亞太地區的戰略利益。

從長期的戰略目標而言，柯林頓總統對中共的政策，基本上是承襲了尼克森總統的對中共政策架構，在冷戰時期，安全是外交政策的主要目標，而冷戰結束之後，原來次於安全的政治民主與經濟繁榮目標，遂成為外交政策的重點。國家安全顧問雷克（Anthony Lake）指出「民主與市場經濟」（Democracy and Market Economics）是美國的核心概念，但在後冷戰新時代中，上述核心概念並非在世界各地成功推行，加上族群衝突盛行，同時世界局勢變化劇烈，美國又是此新時代的主導強權，為了維護美國的利益與安全，也為了反映美國人與人類全體的價值，美國必須提倡民主與市場經濟。[160]因此柯林頓在上任不久，即宣稱在外交政策上將放棄圍堵而採取「擴大與交往」（Enlargement and Engagement），對以往的敵國（如俄羅斯、中共、越南及北韓）擴大與普及自由市場的民主政治制度，並且加強對盟國的友誼與現代化。[161]東亞地區是美國擴大的重要區域，特別是其與日本及中共的關係，[162]而美國對中共的政策就是在此架構下制定的。其戰略目標就是要將中共納入西方的國際體系中，避免中共成為影響世

---

[159] 同前註，頁115。

[160] Anthony Lake, "From Containment to Enlargement," *Dispatch*, Vol. 4, No.39 (September 27, 1993), pp.658-659.

[161] Office of International Security Affairs, Department of Defense, *United States Security Strategy for the East Asia-Pacific Region*, February 1995, pp.10-16.

[162] Joseph S. Nye, Jr., "East Asian Security : The Case for Deep Engagement," *Foreign Affairs*, Vol. 74, No.4 (July/August 1995), pp.90-102.

界局勢動盪的負面因素。為了達成此項目標，美國對中共採取積極建設性交往的策略，美國認為唯有透過此種交往，雙方才能相互尊重，尋求共同利益，建立合作機制、化解衝突。但是冷戰後，美國所強調的政治民主與經濟自由，在制度與價值觀方面與中共存在著重大差異，可能引起雙方在人權、核子擴散、智慧財產權及市場進入等問題上的衝突。[163]

　　在即將進入二十一世紀之際，中共外交政策的取向仍將延續一九八〇年代以來的「和平」與「發展」兩大路線。[164]對於和平問題，中共已預見原有的兩極對峙格局已告結束，乃藉機提出「國際新秩序」的主張，其中包括「國際政治新秩序」與「國際經濟新秩序」。而中共提出「國際新秩序」的主要目的，就是要結束霸權主義，實現和平共處五項原則。[165]以中共當前的實力，確實不足以推動「國際新秩序」主張的實現，但中共仍然可以將之作為對外關係上的一種策略運用，以阻止美國透過「世界新秩序」來主宰世界。另一方面，中共原本已將之視為一項長期的目標，因此江澤民在「十四大」的報告中即表示「建立國際新秩序是長期的任務，中國人民將同各國人民一道，為此作出不懈的努力。」[166]中共的目標在維持持一個和平的國際環境，以利其經濟建設與發展。在軍事方面，中共雖然據此思想作出裁軍百萬的重大決策，但同時也提出為「高科技局部戰爭」作準備的建軍思想，

---

[163] 邱坤玄，〈現階段中（共）美關係發展評估——兼論我國的因應之道〉，《共黨問題研究》，第 23 卷第 6 期，1997 年 6 月，頁 2。

[164] 同前註。

[165] 王殊，〈推動建立國際新秩序〉，《瞭望》（大陸），1989 年 3 月號，頁 38。

[166] 〈國際關係格局與中國戰略地位（下）〉，文匯報（香港），1992 年 1 月 28 日，第 7 版。

要將中共「人民解放軍」建設成為強大的現代化、正規化的部隊。[167]
另外在發展的主題方面，中共自一九七八年採取改革開放的政策後，
經濟發展就成為其核心工作，在外交上即積極融入國際經濟社會，吸
收外資，引進技術。鄧小平曾提出「和平與發展」是當前世界情勢發
展的主要趨勢，「和平」與「發展」兩者之間有著密切的關聯。因為
和平的國際環境是世界經濟發展的基本前題，沒有和平的國際環境，
也就沒有可能從事經濟發展，兩者之間存在著辯證統一的關係。[168]所
以江澤民在「十四大」的報告中即強調「發展需要和平，和平離不開
發展。」[169]早在一九七八年十二月，中共召開黨的十一屆三中全會，
決心做好經濟建設，完成四化任務後，鄧小平即要求必須在對外政策
方面完全配合。他說「中國對外政策的目標是爭取世界和平，在爭取
和平的前題下，我們一心一意搞現代化建設，發展自己的國家，建設
具有中國特色的社會主義。」[170]因此，如何開創和維持一個和平、安
定和有利於中共經濟發展的國際環境，乃成為中共當前對外政策的基
本目標。[171]

　　上述「和平」與「發展」兩大主題運用在對美關係之上，和平主
題牽涉到政治與軍事安全領域，中共將充分發揮在全球性國際組織，
特別是在聯合國安全理事會常任理事國的地位，在國際政治事務中取
得制衡美國的力量。冷戰結束後，多邊主義成為解決國際紛爭的主要

---

[167] 邱坤玄，前揭文，頁2。

[168] 閻樹群，〈和平與發展仍然是當代世界的兩大主題〉，《理論導刊》（大陸），1992
年11月／12月，頁75。

[169] 宋筱元，前揭論文，頁251。

[170] 鄧小平，《建設有中國特色的社會主義》（增訂本）（北京：人民出版社，1987
年3月），頁26。

[171] 宋筱元，前揭論文，頁252。

形式，美國在此方面必須獲得中共的支持，波斯灣戰爭、柬埔寨、南北韓加入聯合國以及朝半島核武擴散等問題，都是明顯的事例。而發展則屬經濟問題，中共除了需要美國的資金與技術外，也可利用其廣大的市場作為籌碼，對西方先進國家進行「以夷制夷」的策略，以免造成對美國過度依賴。[172]

從區域與全球的角度分析，中共與美國雙方關係的發展，將不會像冷戰時美、蘇一般的對抗，也不會回到戰略三角共同制蘇時期的和諧，而將會是一種既聯合又鬥爭的形式。中共對美國政策重心將包括加強與美國的高層互訪，對華盛頓在亞太地區的軍事部署與意向保持高度警覺，在中共、美國與日本三角關係上，中共會致力於避免任何他方成為亞太地區的主宰，並且避免美、日聯合對付中共。其策略可能是在經濟議題上，偏向日本，制衡美國；政治與軍事上則希望能運用美國因素，防止日本成為軍事與經濟大國。[173]

綜合言之，後冷戰時期美國與中共之戰略關係，在既聯合又鬥爭的形式下，一方面仍會持續加強交往；另一方面，中共為反對美國在國際體系中的支配地位，可能會使其奉行以下幾種戰略：（一）發展與俄羅斯的關係；（二）提高與歐洲的關係；（三）拆散美日同盟。[174]尤其中共在對俄羅斯的關係上，更是有重修舊好的跡象。中（共）俄戰略關係的位階原本就高於其他的大國外交關係，俄羅斯不僅出售大量的先進武器給中共，並且幫助中共軍事科技的現代化。針對美國所提的「戰區飛彈防禦系統」（TMD）問題，北京即曾與莫斯科舉行雙

---

[172] 邱坤玄，前揭文，頁2。
[173] 邱坤玄，前揭文，頁3。
[174] 吉姆‧赫爾姆斯(Kim R. Holmes)、詹姆斯‧普里斯特(James J. Przystup)主編，前揭書，頁24-25。

邊磋商，討論如何因應，因為中共一直將美國視為其安全威脅的潛在來源。在中共眼中，美國並未完全放棄對中共的遏制戰略。「戰區飛彈防禦系統」不僅使美日安保體制進一步強化，並且增加日本在地區安全事務的發言權，以及和中共討價還價籌碼，中共自然為此感到憂心而向俄國尋求奧援。另對俄國而言，中（共）俄加強戰略關係除了中共可提供俄羅斯的資金外，也部分滿足俄羅斯在國際政治舞台上的失落感。[175]中共加強與俄羅斯乃至於歐洲整體的關係，並且對於美日同盟心存憂慮，這意味著中共為維護其在東亞乃至於世界上的安全利益，北京的競爭意識將會愈來愈強。

就今後中（共）美關係長遠的發展而言，人權和台灣問題是仍然是兩大主要問題。人權問題對雙方的關係而言，無疑的是一種慢性的刺激。美國的非官方機構會對中共的違反政治權力加以抨擊，美國國會也會通過決議案要求中共重視人權，而白宮方面亦會對中共施壓要求釋放政治犯。華府可能會採取新的措施促使中共政治自由化。在這種情況之下，華府便會繼續給予中共貿易最惠國待遇，才不會使雙方演變成激烈的衝突。[176]由於人權問題牽涉到雙方制度與價值觀的差異，因此除非雙方在這些方面的差距縮小，否則仍會成為雙方關係發展的障礙。再以台灣問題而言，台灣問題無疑是美中（共）關係最大的障礙所在。對美國而言，其最佳利益是維持台海現狀並促成雙方和平對話，維持創意性模糊的策略，避免對中共或台灣表明行動底線或作出任何承諾，以保持政策的彈性。因此在台灣關係法的架構下，美

---

[175] 趙春山，〈體諒安全需求，別迫台灣另尋空間〉，聯合報（台北），民國八十八年三月十二日，第15版。

[176] Harry Harding, *A Fragile Relationship*, op.cit., p.320.

國行政部門可以有彈性的解釋和運用，以便在增進美中（共）友好關係時，不影響到台灣的安全和繁榮，以獲取美國最大的利益。[177]而中共則是要減少外力對台灣的支援，逼迫台灣與其進行政治談判。

　　一九九〇年代末期，美國與中共的關係發展，原本欲進一步加強建設性之戰略夥伴關係，但是美國國內對中共人權紀錄撻伐聲不斷，媒體又一再報導中共對伊朗、巴基斯坦以及北韓輸出敏感飛彈科技等指控，雙方關係更加蒙上陰影。詎料一九九九年三月又傳出中共涉嫌竊取美國核子機密的疑雲。為此美國國會已展開了長達半年的調查，並於三月底公布自美中（共）關係正常化以來，中共在美國從事的各種間諜活動。此一連串事件的發生，對於美國與中共未來關係之發展更增加不確定的因素。[178]美國前國務卿季辛吉即針對一九九九年美國與中共所發生的一連串事件，例如中共駐南斯拉夫使館被炸、參加世貿談判受阻、間諜洩密案、美國要把台灣納入戰區飛彈防禦系統、以及台灣拋出「兩國論」使美中（共）關係受到衝擊等具體事實加以分析，並表示美中（共）關係中出現了一些新的變數，那就是：中共國內的反美情緒高漲，強硬勢力在對美對台政策上佔據上風。此外，美國的一些勢力則認為中共領導人故意要煽動對美國的敵意，中共正在取代蘇聯成為美國的主要敵人，而俟中共國力增強之後，必將挑戰美國在亞洲的利益。季辛吉更不諱言的指出，目前正是美中（共）關係自從一九七一年以來「最為緊繃（strain）的時候」，美中（共）雙方

---

[177] Tan Qingshan, *The Making of U.S. China Policy* (Lynne Rienner Publishers, Inc., 1992), p.147.

[178] 裘兆琳，〈美「中」關係，恐僵化中共對台立場〉，聯合報（台北），民國八十八年三月十二日，第15版。

不如當機立斷,「一旦發生對抗,就很難從懸崖絕壁上往後退」。而美中(共)關係中最具爆炸性的問題厥為台灣問題。[179]

　　除了季辛吉對美中(共)關係的發展提出警告之外,更有論者指出,美國與中共關係的不穩定,乃基於美國政壇之中,存在著一股反華勢力,不願看到美中(共)關係的改善。因為歷史證明,每逢美中(共)關係出現改善的勢頭或是在美國大選前夕,這股反華勢力就表現得異常活躍。這股反華勢力其實和由長期冷戰中所形成的美國「軍經複合體」有關。而「軍經複合體」的目的,乃必須為美國尋求強大的假想敵,才能將大筆的美國國防預算花在軍事工業上,以求取最大的利益。於是便將中共宣傳成「中國威脅論」,藉以製造新冷戰、新遏制的情勢。正值美國兩黨準備二〇〇〇年總統大選之際,美國共和黨領袖和一些共和黨總統候選人,在「黨派利益」驅動之下,便紛紛趁機抨擊柯林頓政府對中共奉行的「接觸政策」,攻擊美中(共)「建設性戰略夥伴關係」,因為一旦「建設性戰略夥伴」付諸實現,則「軍經複合體」就必須走上萎縮和衰頹。[180]雖然此種論點將「軍經複合體」與「黨派利益」結合,尚提不出有力的明證,然而美國在政黨政治以及政黨輪替的原則之下,外交政策常常沒有長遠的規劃,並且對於現行政策,反對黨常常會施加制衡的力量,因此,在總統大選前夕,美國國內對於發展中的美中(共)關係當會有一番激辯,進而將使雙方的關係更加波動起伏。

---

[179] 陳有為,〈基辛格對中美關係的憂慮與警告〉,《海峽評論》,第 106 期,1999年10月,頁25。

[180] 鍾國仁,〈美國破壞了自認的普世價值〉,《海峽評論》,第106期,1999年10月,頁30。

　　可以預料的是，美國方面在國內的政治角力之下，柯林頓政府對中共的政策將會轉趨保守。美國公元二千年總統選舉在即，中共如果在人權問題以及對台威脅問題上未有善意的回應，美國國會以及共和黨籍之總統候選人，將繼續向柯林頓政府施壓。屆時台灣參加戰區飛彈防禦系統之爭議，亦可能成為選舉期間候選人角力的議題。未來美國與中共的關係若產生倒退甚或惡化，則中共在兩岸關係的問題上可能將採取更加強硬的立場。[181]如此一來對台灣的生存與發展空間相對的亦會受到壓縮，其所造成負面的影響較大，因此我方必須審慎加以評估。

---

[181] 裴兆琳，〈美「中」關係，恐僵化中共對台立場〉，前揭文。

第八章　小布希時期的對華政策

第一節　小布希政府的國家安全戰略

　　美國在小布希政府時期，無論是外交政策或是戰略架構上，都有意凸顯其與柯林頓政府的不同。大致而言，柯林頓政府的外交政策有三大主軸，亦即繁榮、安全與人權，[1]其中又以經濟利益為優先考量。然而小布希則強調美國當前最大的國家利益乃在維持全球優勢領導與戰略的平衡，其戰略目標首在確保友邦及盟國的安全；其次則是力勸可能與美為敵的國家化敵為友；再次則是嚇阻敵國威脅並抗衡敵方威逼；最後若嚇阻無效，則盡全力擊退敵人。[2]

　　相較於柯林頓時期相對溫和的接觸和擴展戰略，小布希政府在「新保守主義」的影響之下，[3]提出了「最高優勢戰略」（Primacy Strategy）的國家安全戰略，在此原則之下，追求實力並且防止其他大國實力增強進而對美國構成威脅乃美國戰略的根本目標。雖然後冷戰時期美國的外交政策仍然是理想主義和現實主義的融合，既注重維護並擴展美國的現實國家利益，又力圖維護並擴展美國的傳統價值觀與政經模式；[4]但是，代表共和黨的小布希上任之後，美國的外交政策有

---

[1] "A National Security Strategy for a New Century," The U.S. White House, October 1998.

[2] 〈倫斯斐確認美國防戰略四原則〉，《中國時報》（台北），二〇〇一年六月十六日，國際新聞版。

[3] 所謂「新保守主義」即集合了美國總統威爾遜的理想主義、傑克遜主義、以及現實主義等思想的融合，主張美國在必要時須使用武力來維護其理念和利益。參閱于濱，《新保守主義的昨是今非》（上海：上海美國研究所，2003 年9 月）。

[4] 薩本望，〈美國全球戰略調整的六大矛盾〉，《和平與發展》，1999 年第 1 期，頁 19。

朝著單邊主義前進的傾向。因為小布希在處理國際事務時以強調美國
的國家利益為主要考量，例如，小布希政府不顧俄羅斯、中共、及其
盟國的反對，堅持發展和部署導彈防禦系統，否定及要求修改一九七
二年的反導彈條約，貶低國際裁軍與軍控機制和條約的作用，單方面
宣布退出「京都議定書」，以及在對華關係上不再堅持柯林頓政府與
中共建立的「建設性戰略伙伴關係」等，在在都顯示小布希政府對外
政策的單邊主義特質。[5]

　　至於小布希時期國家安全戰略的淵源可追溯至老布希政府時
代。美國在一九九二年由國防部主導撰寫完成的「防務計劃指南」集
中了新保守派主要代表人物的戰略思想，其基本觀點為：（一）在中
東和西南亞，美國應擁有絕對的控制能力並保證能獲得穩定的石油供
應；（二）在西歐和東亞，防止任何潛在的競爭者取得支配地位，防
止潛在的競爭者成長為全球力量；建議將中歐和東歐國家納入歐盟
內，由美國向這些國家提供免遭俄羅斯攻擊的安全保證；（三）建設
一個惟一的美國霸權。[6]在此「防務計劃指南」中，美國所欲防範的對
象隱然包括了中共、俄羅斯、德國、日本等大國。[7]在小布希政府上台
之後，美國國防部便參照「防務計劃指南」，並且於二〇〇一年提出
了新版的「四年防務評估報告」（Quadrennial Defense Review Report），
以取代柯林頓時期的政策。根據美國新版的「四年防務評估報告」指
出，儘管美國近期之內不會面臨同等級的競爭對手，但是區域性的強
國仍有可能發展到足以威脅該地區穩定的能力，而在這些地區，美國

[5]　張也白，〈近來年我國的中美關係研究述評〉，胡國成主編，《透視美國》（北
　　京：中國社會科學出版社，2002 年 4 月），頁 165-166。
[6]　潘銳，《冷戰後的美國外交政策》（北京：時事出版社，2004 年 12 月），頁 364-365。
[7]　James Mann, *Rise of The Vulcans*, (New York Viking, 2004), p.210.

也有重要的國家利益。[8]此種觀點隱約指出了美國已將中共列為潛在的競爭對手。此外;「四年防務評估報告」亦強調美國必須使用軍事手段作為美國實現其戰略目標的主要手段,並且表明了美國有此能力塑造國際體制的充分信心,其方法就是強調以軍事手段為之。[9]美國在二○○一年提出了新版的「四年防務評估報告」之後,小布希政府復於二○○二年九月發表了「國家安全戰略報告」,將打擊恐怖主義、防止大規模殺傷性武器擴散和防止地區衝突列為主要的目標,同時在「國家安全戰略報告」之中,美國重新定位了其與大國之間的互動關係。報告指出:「我們注意到,大國競爭的古老模式可能更新。有許多潛在的大國正處於內部轉變之中。」美國所指的這些大國,最主要的是指俄羅斯、印度和中國。

　　無論是「四年防務評估報告」抑或「國家安全戰略報告」,基本上都超越了與盟國進行密切合作的傳統模式。對此,美國不得不重新評估並且調整其全球性的戰略架構和軍事部署。二○○四年八月十六日,小布希總統在全美退伍軍人大會上宣布,美國將重新進行全球軍事部署。這是冷戰結束之後,美國最重要的全球軍事部署調整計劃。其主要特點為:(一)縮減海外駐軍規模,尤其將駐歐美軍大幅度削減,並加強機動性和遠距離作戰能力,使得美軍雖然主要部署在本土上,但在危機發生時可在短時間之內進行干預;(二)美國戰略重心出現逐漸東移的趨勢,歐洲已不再是其軍事戰略重點,亞太地區在美國軍事戰略上的地位大大的提升;(三)美國軍事戰略思想從針對特定威脅轉向針對不特定威脅,尤其反恐戰爭成為美國當前的要務,美

---

[8] *Quadrennial Defense Review Report* (Department of Defense, Sept. 30, 2001), p.4.
[9] Ibid, Section II, Defense Strategy.

國所面臨的主要威脅已不再是特定的大國和國家，而是跨國性的恐怖主義。[10]

第二節　小布希政府亞太戰略架構下的對華政策

　　大部分以美國對亞太地區戰略為研究對象的論述都認為，冷戰結束之後，美國的戰略重心出現了向亞太地區轉移的趨勢。美國在後冷戰時期的亞太戰略，其主要目的乃在確保美國在亞太地區的領導地位，進一步而言是以安全問題為立足點，以經濟利益為優先目標，全面參與和介入亞太事務。[11]這種現象在小布希政府對美國重新進行全球軍事部署之後，顯得更加明確。同時美國方面亦評估，未來美國最大的威脅主要來自亞洲，特別是日益崛起的中共。針對中國的崛起，美國國防部長期戰略評估辦公室主任馬歇爾（Andrew Marshall）認為無論未來中國如何發展，是民主國家還是非民主國家，都將成為美國的威脅。一個穩定和強大的中國會不斷挑戰亞洲的現狀，而一個不穩定和相對弱勢的中國也很危險，因為其領導人會試圖透過對外軍事行動來鞏固自己的權力。[12]美國知名的智庫蘭德公司（Rand Co.）於一九九九年提出了一份名為「美國與崛起的中國」（The United States and a Rising China）的研究報告，主張美國對中共必須採取「胡蘿蔔與棍棒」（Carrot and Stick）的恩威並重政策，其具體建議便是融合交往與圍

---

[10]　潘銳，《冷戰後的美國外交政策》，前揭書，頁 371-375。

[11]　胡國成主編，《透視美國》（北京：中國社會科學出版社，2002 年 4 月），頁 196-197。

[12]　Felix Soh, "Win-win Middle Path in US Security Strategy in Asia," *Straits Times*, May 26, 2001.

堵的「圍合」（Congagement）政策。[13]在此方針之下，小布希政府最重要的轉變就是將外交和戰略重心從歐洲轉移到亞洲。

造成小布希政策轉向，並且將中共視為潛在的競爭對手的主要原因為：(一)中共已經取代俄羅斯，成為美國全球嚇阻戰略的首要目標；[14](二)中共未來可能成為美國的競爭對手，美國將調整其在亞太地區的政策重心，並著重在經營與盟邦（如日本、韓國）的關係；(三)中共一方面提高國防預算，加強對俄羅斯的武器採購，另一方面在東南沿海加強部署兵力，並將目標瞄準台灣。面對中共潛在升高的威脅與軍事競爭，小布希亟欲讓中共明白美國決心捍衛亞太地區安全的立場。[15]尤有進者，小布希一反柯林頓時代美國將中共視為「戰略伙伴」的政策，除了強調中共不是美國的「戰略伙伴」外，並基於此一認知，對中共戰略核武的發展和台海兩岸的軍力平衡，以及可能對美國利益造成的威脅等安全問題特別關注。小布希認為「戰略伙伴」只能適用於日本和歐洲等盟國，柯林頓政府的做法過於理想化，且不符合現實。[16]此外，時任美國蘭德公司空軍研究部門主任哈利查德（Zalmay Khalilzad）亦明確指出，對美國安全的主要威脅不再來自歐洲，而是

---

[13] Zalmay M. Khalilzad, Abram N. Shulsky, Daniel L. Byman, Roer Cliff, David T. Orletsky, David Shlapak, and Ashley J. Tellis, "The United States and a Rising China : Strategic and Military Implications," The Rand Co. Report, 1999, <http://www.rand.org/publications/MR/MR1082/>.

[14] John Barry, "A New Pacific Strategy : Washington is evolving a deterrence theory for China," Newsweek, May 7, 2001, <http://taiwansecurity.org/News/2001/Newsweek-050/01.htm>.

[15] 于有慧，〈近期兩岸關係中的美國因素〉，《中國大陸研究》，第 44 卷，第 8 期，2001 年 8 月，頁 9-10。

[16] Condoleezza Rice, "Promoting the National Interest," Foreign Affairs (January/February 2000), p.57.

來自亞洲，其中又以來自中國的威脅最大。哈利查德甚至建議美國應以「預防性遏制」加上「接觸」的政策代替柯林頓時期「全面接觸」的對華政策。[17]

美國在將中共視為潛在的對手的強烈觀念下，尤其在中美軍機擦撞事件發生之後，更使得雙方的關係跌入谷底，致使小布希政府在對華政策上遂有了重大的轉變。雖然中共與美國的關係因國務卿鮑威爾以及小布希先後訪華而稍有緩和，且包括國務院以及國家安全委員會在內的一些主張現實主義的官員提出不同的觀念，認為美國不能放棄與中共交往，美國可以透過與中共交往和接觸進而促進其開放和改革，不過小布希仍堅持其對中共「圍合」的政策，亦即不論中共對美國是否懷有敵意，都應事先加以防範，在此觀念之下，美國逐步建立現代化的軍事武力，以加強其嚇阻與防禦中共的能力。[18]美國從「將中共視為敵人」的觀點出發，[19]並且以防範於未然的理念來建構其對華政策，在此思維導引之下，其對華政策有三個主軸：首先是提升本身的作戰能力，作好「先發嚇阻」（pre-emptive deterrence）與「先發圍堵」（pre-emptive containment）的準備，建立飛彈防禦系統，發展高科技武器；第二是擴大與亞洲盟邦的軍事關係；第三則是加強對台灣的承諾。[20]

---

[17] Zalmay Khalilzad, et al. The United States and Asia : Toward a New U.S. Strategy and Force Posture, RAND Cooperation, 2001.

[18] Jim Garamone, "Rumsfeld Details DoD Goals, Objectives in Testimony," American Forces Press Service <http://www.fas.org/news/usa/2001/usa-010112.htm>.

[19] John Gershman, "We Have Seen the Enemy, and It Is China," Foreign Policy In Focus <http://www.foreignpolicy-infocus.org/commentary/0105chinaenemy-body.html>.

[20] 于有慧，〈近期兩岸關係中的美國因素〉，頁 10。

　　在新保守主義與現實主義的雙重影響之下，美國小布希政府的對華政策從完全放棄柯林頓政府的「全面接觸」到取而代之的「預防性遏制」加上「接觸」的政策，其主要的特色有以下幾點：[21]

一、希政府對華政策的調整是一種策略性的運用。因為小布希政府始終追求著保持美國全球霸權地位的戰略，那就是只有美國和其他大國在綜合國力上的絕對不平衡才能保證美國的安全。從這種戰略角度出發，中共便成了最有可能挑戰美國地位的國家以及潛在的對手。就此觀點而言，美國將逐步加強在亞太地區的軍事存在，並對台海地區和中國大陸的軍事威懾能力進一步提升。

二、小布希政府的對華政策是一種對立、分歧的政策，而且在執行過程中呈現了南轅北轍的特徵。雖然國務院方面聲稱美國一直執行「一個中國」政策，並大談中美「建設性合作關係」，以及中共是美國的「伙伴」而非「戰略競爭者」；然而卻另一方面發展美台的實質關係，國防部則在其「核態勢評估報告」中將中共列為美國核打擊的目標，並研究對中共使用核武器的可能性。

三、小布希政府的對華政策是一種彈性調整的兩面策略。在務虛層面上願意對中共讓步，強調發展「建設性合作關係」，並公開表示反對台獨；然而，在務實層面上，小布希政府則反對歐盟取消對中共的軍事制裁，催促台灣方面儘速落實 6,108 億新台幣軍購案，並支持台灣實質性參與世界衛生組織等，極力在台海兩岸取得均勢的調整策略。

四、小布希政府的對華政策隨著國際局勢的重大變化而調整。例如：二○○一年美國發生「911」恐怖攻擊事件後，美國基於國際間

21　潘銳，《冷戰後的美國外交政策》，頁 395-400。

反恐的需要，進而對中共採取較為友好的取向。另一方面，中共
所冀求的是除仰賴與美國合作來保持地區穩定外，也希望藉由雙
方關係的強化來緩和美日安保同盟的效應，[22]於是雙方的關係逐
漸改善。

第三節　美中互動與台灣安全

美國在小布希政府時期，由於受到「新保守主義」的影響，其對
華政策的基本前提就是在努力推動中共和世界經濟體系整合的同
時，不放棄使用政治甚至軍事的方法來遏制中共，並加強美國實力及
和中共周邊的國家進行雙邊結盟，以避免中共對美國構成任何形式的
威脅。[23]在此「圍合」戰略的架構之下，只要中共在台灣問題上的立
場不變，亦即不放棄使用武力的方式解決台灣問題，則美國就不會放
棄反共的根本主張。[24]不過，由於美國外交政策的制定，在相當程度
上仍受國內因素的制約，[25]尤其國會與行政部門之間的制衡，以及國
內外環境的變化也會使得小布希政府的中國政策呈現多樣性和多
變性。

[22]　張雅君，「『十六大』後的中共外交：相互依賴深化下的利益、挑戰與政策取
　　　向」，《中國大陸研究》，第 46 卷第 2 期，2003 年 3、4 月，頁 16-17。

[23]　Zalmay M. Khalilzad et al., The United States and A Rising China : Strategic and
　　　Military Implications (Rand, 1999); Michael D Swine, Interpreting China's Grand
　　　Strategy : Past, Present, and Future (Rand 2000).

[24]　張立平，〈新保守派與布什政府的外交防務政策〉，陶文釗等主編，《中美關係
　　　與東亞國際格局》（北京：中國社會科學出版社，2003 年 12 月），頁 542-559。

[25]　"The Bush Administration's China Policy : /A Discussion with Kenneth
　　　Lieberthal," Program Brief, vol. 7, no. 16 (The Nixon Center, July 26, 2001).

　　職是之故，雖然小布希上台之後，即在人權案、軍機擦撞事件、對台軍售、「全力保台」風波以及宣布建構全國飛彈防禦體系等事件上，與中共發生嚴重衝突。但是自從「911」恐怖攻擊事件之後，美國在反恐的需求下，逐步改善其對中共的關係，進而中共與美國的關係呈現截然不同的情況。二〇〇三年六月和十月，中共國家主席胡錦濤和小布希總統分別在法國南北領導人非正式對話會議期間和曼谷APEC 會議期間會晤，就進一步推進中美建設性合作關係達成重要共識。同年十二月，中共國務院總理溫家寶應邀對美國進行了正式訪問，此次訪問乃胡溫體制形成之後，中共新一代領導人首次訪美。雙方並商定，副外長級政治磋商、第六次國防部副部長年度防務磋商和第四次反恐磋商亦於二〇〇四年在北京擴大舉行。[26]凡此皆顯現美國對中共態度上的差異。

　　在台灣問題上，對美國與中共而言並非兩國最重要的議題，但卻是相當棘手和高度敏感的問題。後冷戰時期，美國與中共亦曾為了台灣問題而引發了重大的危機，但是美中關係中的台灣問題只是作為重要的「干擾因素」，進而造成美國與中共之間關係的不穩定，其間的平衡點也只是取決於兩國之間各自戰略利益的考量。[27]嚴格來說，美國與中共的關係若趨於緊張，則兩岸之間的關係亦為受到較為負面影響。因為若是美國與中共之間的關係趨向緊張，對台灣而言，就會感受到中共方面日益升高的威脅，在台灣方面則是向美國採購武器的迫切性相對提高，然而美國對台軍售可能導致中共方面更加的窮兵黷

---

[26]　中華人民共和國外交部主編，《中國外交》（北京：世界知識出版社，2004 年3 月），頁 52-53。

[27]　劉學成、李繼東主編，《中國和美國──對手還是夥伴》（北京：經濟科學出版社，2001 年），頁 183-186。

武，持續擴充軍備並向俄羅斯靠攏，造成對美國方面更多的威脅和挑
戰，如此一來，將極可能導致美中台三方無可避免的軍備競賽，而陷
入向下拉扯（downward spiral）的安全困境之中。根據結構平衡理論，
美國與中共的關係趨向衝突，則兩岸關係欲尋求突破或趨於和緩，並
非容易之事。[28]

　　未來對美國而言，台海問題的困難度和不確定性將會增加。一旦
台海之間的緊張情事升高，美國將陷入兩難的戰略選擇。如果選擇不
介入，美國必然失去運用台灣作為牽制中共的籌碼，更重要的是現有
的亞太戰略格局將因而發生重大改變；如果選擇介入，則美國勢將與
中共產生直接的衝突，無論結果如何都將損害美國的國家利益。換言
之，若台海發生危機或衝突，無論美國採取何種行動，都會使美國的
國家利益遭受損失，而且會將美國捲入前所未有的險境，[29]這也是美
國近年來不斷加大對台海局勢的關注，並且儘力保持兩岸之間的均
勢，不希望兩岸直接產生衝突的原因。若美國無法扮演台海軍事平衡
者的角色，將被迫扮演危機處理者，並以武力介入成為兩岸和平的斡
旋者。[30]

　　小布希政府極力在台海兩岸扮演平衡者的角色，為因應中共軍事
力量的逐步現代化，小布希總統亦強調對台軍售的重要性，以使台灣
有足夠的防禦能力。小布希總亦嘗試將美國在台海的角色，從協防台
灣一貫「戰略模糊」（strategic ambiguity）的態度，調整為「戰略清晰」

---

[28]　于有慧，〈近期兩岸關係中的美國因素〉，頁 17。
[29]　修春萍，〈台美軍事關係研究〉，《兩岸關係研究報告》（北京：九州出版社，
　　　2005 年 1 月），頁 230-253。
[30]　林正義，〈美國與台海兩岸信心建立措施〉，《問題與研究》，第 44 卷第 6 期，
　　　2005 年 11、12 月，頁 3。

（strategic clarity）的態度，[31]但是亦希望兩岸不要因為軍事平衡引發軍備競賽，兩岸要加強和平與政治的對話。二〇〇一年六月十二日美國國務院助理國務卿柯立金（James A. Kely）在眾議院國際關係亞太小組委員會上表示，美國沒有解決兩岸爭議的方案，台北與北京首要之務是恢復直接對話，避免雙方誤判情勢，兩岸恢復對話之時，北京方面尤其不能忽略台灣民選的代表。[32]二〇〇四年四月，柯立金亦提及，美國不希望台灣發表任何聲明或採取任何行動改變台灣的現狀，[33]並表示：「台海兩岸推動信心建立措施的時機已經成熟，雙方可以開始推動信心建立措施，降低因為軍事誤判而爆發事故的機率，提升一旦爆發危機雙方溝通的品質。任何這種相互保證機制應該做到真正互相同意，不能有任何一方一廂情願。[34]

　　除了呼籲台海兩岸要加強對話之外，美國在小布希時期更積極與中共戰略對話。二〇〇四年十一月，中、美兩國元首在「亞太經合會（APEC）」達成共識，並於二〇〇五年八月一日，由中共外交部副部長戴秉國與美國副國務卿佐立克（Robert Zoellick）在北京舉行首次「戰略對話」。同年十二月七、八日第二輪美中「戰略對話」在華府舉行。雖然在幾次的美中對話中，台灣問題並不是重點，但是美中經貿摩擦、美中戰略互不信任等問題，卻有可能直接或間接影響到台灣。在

---

[31] Nancy Bernkopf Tucker (ed.), *Dangerous Strait : The US-Taiwan-China Crisis* (New York : Columbia University Press, 2005), pp.202-203.

[32] 參閱<http://usinfo.state.gov/regional/ea/mgck/archive01/0612kelly.htm>.

[33] "Overview of U.S. Policy Toward Taiwan," cited in http://www.state.gov/p/eap/rls/rm/2004/31649.htm.

[34] Ibid.

此種情況之下，美中固定會晤機制之外，美台之間也應要有不同層次的安全對話機制，才能趨利避害。[35]

---

[35] 林正義，〈美中戰略對話機制建立之意涵〉，《戰略安全研析》，第 9 期，2006年 1 月，頁 29-31。

第九章　結論

　　第二次世界大戰結束後，在國共內戰期間，美國期盼與中共交往，藉以發揮美國的影響力，即使在共產政權取得中國大陸之後，美國亦未放棄與中共交往的念頭。一九五○年韓戰爆發，因為中共堅守其共產主義的陣營，並抱持「抗美援朝」的口號和主張，使得美國不得不以民主陣營之首，轉而與中共對抗，因此台灣的安全得以繼續在美國的保護傘之下維持。一九五四年和一九五八年的二次台海危機，美國雖然選擇站在台灣這一邊，但是對中共仍有所顧忌，不願與中共正面衝突，況且美國與中共之間的談判與接觸仍然持續進行，一九五八年的台海危機之後，美國明顯地限制了台灣主動挑起台海衝突的可能性，也就是說，台灣自大陸撤退後一直想「反攻大陸」的企圖，在美國的態度表示之下，似乎也愈來愈渺茫。

　　五○及六○年代美國以台灣為圍堵共產主義的前進基地，藉以確保美國的國家利益，因此台灣的戰略價值至為重要。到了七○年代，華府視中共為一個對圍堵蘇聯有戰略價值的夥伴，而更勝於把中共視為是在台灣海峽與美國對峙的敵人，[1]從而改變了美國、中共、台灣的三角關係。

　　一九七○年代，美國與中共戰略互動做了極大的改變，最主要的因素是雙方基於權力均衡的戰略考量。一九六九年當中共與蘇聯在珍寶島邊界衝突後，美國趁機利用此次中蘇衝突事件，將兩超級強權的

---

[1] Robert G. Sutter, *East Asia and the Pacific : Challenges for U.S. Policy* (Boulder, Co. : Westview Press, 1992), p.72.

兩極政治轉化成美蘇中（共）的三角戰略關係。其觀點在於蘇聯與中共對於彼此的恐懼更甚於他們對美國的恐懼。這給予美國前所未有的機會來改變其對中（共）蘇的外交政策。也使得美國長久以來欲與中共交往的意圖，展現了發展性的契機。為了共同對付蘇聯，美國和中共找到了最大的共同戰略利益。在此共同的戰略利益之下，美國與中共拋棄了彼此在政治制度上和意識型態上的歧見，達成了關係正常化的目標。

　　一九七二年，美國總統尼克森首次問中國大陸，並發表了「上海公報」，自此美國與中共建交已是必然之事。當時尼克森和季辛吉都認為，為求早日結束越戰，以及面臨蘇聯勢力的急速擴張，必須打中共牌來遏制，而中蘇共之間的分裂，正可提供美國絕佳的機會在兩共之間扮演權力平衡的角色，基於這些理由，在「上海公報」之後，美國與中共有了「抗蘇」的戰略合作關係，直到一九七九年，美國與中共建交後，美國對中共的「交往政策」才正式成為美國歷屆政府的主要政策取向。

　　綜觀美國與中共自七〇年代起至八〇年代末期，彼此戰略合作關係的基礎和根據，不在於雙方內部的政經制度和意識型態，也不在於雙方的領導層之構成，而在於冷戰時代的國際戰略架構，在於蘇聯威脅這一因素的存在，在於中共在美蘇爭霸關係之中所處的戰略位置。[2]自九〇年代起，當世界冷戰格局終於解體，後冷戰時代開始的時候，美中（共）關係不得不隨之變化。一方面，基於針對蘇聯而架構的戰略伙伴關係已經解構；另一方面，由於中共的國力在市場化改革中迅速增強，但是卻依然維持其共產黨一黨專制的政治制度，因此被美國

---

[2]　吳國光，〈論後冷戰時代的中美關係〉，陳一諮編，前揭書，頁264。

視為對現行以美國為霸權的世界體系的最大潛在威脅,從而在美中(共)之間正在逐漸形成新的具有戰略軸心特徵的緊張關係。基於這種戰略關係的變化,美中(共)關係自九〇年代開始,進入了一個摩擦多於諒解、緊張多於緩和、競爭多於合作的新時代。[3]

　　根據美國對自我及全球情勢的認知,美國面對廿一世紀,為維護與確保其國家利益,逐漸形成廿一世紀的大戰略。面對新時代的挑戰,美國的目標係強化聯盟關係,大力減少大規模毀滅性武器所帶來的危險,引導全世界走向和平與民主,並以打開美國產品的海外市場來創造國內更多的繁榮。[4]換言之,美國所採取的是一種「擴大」與「交往」的政策。

　　美國的亞太安全戰略設計包括了四個主要的部分,分別是:美國軍事存在、美日安保條約、與中共的擴大交往政策及亞太多邊安全機制;而這四項設計如果以理論概念涵蓋,則分別是:霸權穩定、集體自衛、擴大交往與多邊主義四項。在霸權穩定部分,美國亟欲凸顯其單極霸權地位的軍事存在,以作為維持和平與安全的基礎;在集體自衛方面,則結合區域內現狀國家的集體自衛,以美日安保條約和其他雙邊軍事同盟,如美韓、美菲、美泰、美紐等,作為提供其軍事存在的基礎,且以不平衡的優勢軍事力量,展現維持現狀的能力和決心;在與中共擴大交往部分,美國則以積極、全面、建設性與區域內最不確定但卻逐漸壯大的中共進行交往,並希望帶領其遵守作為國際強權的遊戲規則,使其認知到維持現狀對其最為有利;最後在多邊安全機

---

[3] 同前註,頁 266-267。

[4] President William J. Clinton, *Remarks on American Security in a Changing World*, George Washington University, Washington, D.C., August 5, 1996.

制方面，美國則透過利用日漸浮現重要性的多邊安全合作對話與機制，儘可能加強區域各國軍事與安全政策和透明度，並協助增強彼此信任，以期建立區域性解決衝突的制度性機制與程序。[5]由此可知，美國對中共全面性交往的長程目的是引領中共進入國際體系而成為一個盡責並具建設性的成員。因為美國認為中共在世界上的角色必將逐漸增加，而該角色可為助力亦可為破壞力，因此美國外交的任務是確保中共成為一股助力，目的是儘可能鼓勵中共全面而負責的融入國際體系。在美國的全球戰略中，若無中共的配合，似乎很難達成目標，尤其美國在亞太安全的戰略更不可能忽視中共的角色，為使中共成為助力，美國現階段的戰略目標乃是與中共交往，並達成戰略性夥伴的關係，在美中（共）共同合作之下，作為塑造廿一世紀全球安全環境的正面角色。

　　在美國全新的亞太戰略原則之下，美國願意承認中共在亞太地區和全球發展中的重要地位，積極發展美中戰略夥伴的關係，以對話代替對抗，以合作化解衝突，藉以引導中共逐步融入以美國為主導的世界政經體系之中。當然中共方面也十分清楚現今及未來美國在全球政經體系中均扮演了超強的角色，以中共目前的實力，著實無法挑戰美國的地位，因此，中共方面也願意與美國建立戰略性夥伴的關係。但是中共長久以來在人權與台灣問題方面和美國時有意見相左，正好利用此契機，迫使美國在台灣問題上達成中共所要求的目標。由於美中（共）兩國均認識到雙方「戰略合作」的重要性和關鍵性，致使台灣議題具有「因」與「果」的兩面特性。一方面，對台灣議題的共識成為雙方建立戰略夥伴的最基本共識；另一方面，台灣議題又可能隨著

5　楊永明，〈美國亞太安全戰略之理論分析〉，前揭文，頁 35-71。

美國與中共戰略夥伴關係的深淺度而被迫再作調整。美國與中共對「戰略夥伴關係」的基本共識就是，美國將不會在台灣問題上直接挑戰中共的「一個中國」政策底線，而落實在政策承諾即是所謂的「三不政策」。[6]

　　一九九八年六月二十七日，美國總統柯林頓在北京與中共國家主席江澤民舉行正式會談。在有關「台灣問題」上，江澤民強調：「台灣問題是中美關係中最重要、最敏感的核心議題。我們希望美方能恪遵三個聯合公報和中美聯合聲明的原則及有關的承諾，以促進中美關係的良性發展。」[7]一九九八年六月三十日，美國總統柯林頓終於在上海公開宣布了由「一個中國」所衍生的「三不政策」，亦即不支持台灣獨立、不支持一中一台與兩個中國、不支持台灣參加以國家為主體的國際組織。之後柯林頓又強調兩岸問題和平解決的重要性，並鼓勵兩岸積極對話。

　　在美國與中共為了「戰略性夥伴」交往的互動關係中，有關台灣問題上，美國很明顯的在態度上較以往有些許改變。首先，回顧自一九九四年起，美國在各種場合雖已公開明白表示不支持台灣加入聯合國，但是在「三不」中則已改變為不支持台灣加入以國家為單位的國際組織，因此美國的中國政策似乎已有改變的意味。其次，以往在「一個中國」的原則之下，美國的政策是「無意追求」台灣獨立、一中一台、兩個中國的政策，到了「三不」已改為「不支持」的態度。第三、美國在「三不政策」之後積極鼓勵兩岸對話，而較不考慮中共的條件和態度是否能夠為台灣方面所接受，此顯然對台灣較為不利。第四、

---

[6]　張亞中，孫國祥，前揭書，頁 194-195。
[7]　同前註，頁 224。

　　美國近來的兩岸政策，在許多場合似乎有朝北京傾斜的趨勢。自一九九六年開始，其後首先反應在柯林頓於北京大學的答問中，柯氏提出美國不反對兩岸「和平統一」；其次在香港訪問時，柯氏言及回歸一年，香港及國際憂慮之事並未發生，間接對「一國兩制」表示放心；再次在「兩國論」引起的風波中，表示知悉中共有計劃，以較香港條件為優的方式來解決台灣問題，隱含對「一國兩制」的支持；最後是國務院亞太事務副助卿謝淑麗所提，建議兩岸「一國三制」，中共給台灣更大的國際空間來解決台灣問題，則是「一國兩制」的變奏。[8]此一系列的表態，說明了美國對於「一國兩制」的接受程度愈來愈高。美國或許並不樂見兩岸統一，但是美國長久以來「和平解決」兩岸問題的原則，並無法有效處理兩岸問題；美國逐漸採納「一國兩制」的方式，並不代表支持兩岸「和平統一」的立場，具體而言，應該是美國在不願意見到兩岸兵戎相見的情勢下，所提的一種戰術，以免因台海戰爭而將美國捲入「中」美之間的衝突。

　　在美國與中共關係的發展過程中，台灣問題讓美國方面深受困擾，在美國國內也一直存有不支持台獨以及保持模糊政策等二種不同的意見。儘管廿世紀末全球和區域環境與制訂三公報和台灣關係法當時有所不同，然而美國政府仍認為三公報和台灣關係法仍是美國對華政策適當的法律架構，並將是指導美國政策的最佳綱領。美國亦勢將維持「一個中國」政策之承諾，因為該政策不僅提供中國人自行以和

8　張麟徵，〈柯江會，老調透出那些新訊息〉，聯合報（台北），民國八十八年九月十二日，第 15 版。

平方式解決台灣問題的基礎，亦為美中（共）持續進行戰略性對話的基本前提。[9]

在「兩國論」發生之後，美國所表現的態度是極端不願開罪中共或是引起中共的誤解，此為對台灣較為不利之處。尤其之前美國與北約誤擊中共駐南斯拉夫大使館事件，致使華府亟欲與北京重修舊好。北京乃藉此一事件迫使柯林頓政府對相關議題讓步，也為北京提供了對美國在對台政策上施予壓力的機會。在此效力影響之下，美國已重申其支持「一個中國」的原則，並就台北加入聯合國提案首次表明不支持的態度，顯示對中共的讓步；此外美國行政部門亦針對美國國會所提「台灣安全加強法」一案表明無此必要。研判美國現階段在為了與中共修好的前提之下，不無再對中共讓步的可能。

美國對中共的政策，在後冷戰時期一直是朝向交往與戰略夥伴的目標前進，但是台灣問題堪稱其中最棘手的問題。對中共來說，台灣是中國主權及領土完整不可分割的一部分，而這個論點也暗示著美國不應在雙邊關係或聯合國中，做出任何暗示著台灣主權政治獨立的行動。此外，美國方面更是堅持台灣問題應該以和平方式解決的原則。在此原則之下，若是中共堅持以武力方式解決兩岸問題，美國的考量是此舉將會破壞亞太地區的均勢，嚴重影響美國在該區域的利益，準此可以研判美國必不會坐視。

總括而言，美國在台海的利益是其據以制定對華政策的基礎。尤其自一九九六年台海危機之後，美國更加認知到在台海長期維持現狀將有助於美國在亞太的利益。一九九七年美中（共）雙方達成建立「戰

---

[9]　Peter Tarnoff, Undersecretary of State for Political Affairs, " Building a New Consensus on China, " February 20, 1997.

略夥伴關係」共識；一九九八年柯林頓在北大提出「和平統一」的概念，並在上海聲明「三不政策」；一九九九年春天，柯林頓正式表明兩岸應談判「中程協議」，以及「兩國論」發生後，華府很快介入施壓台北及勸阻北京，此更可證明美國在台海的最大利益是「兩岸統一尚難，但至少要和平共存」。台海戰爭若是發生，美國將無可避免捲入一場深不可測的戰爭，屆時美國從亞太地區和平與穩定中所獲得的鉅大現實利益亦難以確保。

綜觀「兩國論」發生之後，美國一再重申對台海問題政策的三個支柱，即「一個中國」的原則絕不改變、主張兩岸應直接對話、堅持兩岸問題應和平解決，應可認知美國不願意見到台海戰爭，以防被捲入的一貫立場是沒有改變的。即使美國與中共在「一個中國」以及「三不政策」等方面有交集，但對在台海使用武力及軍售台灣卻有嚴重的分歧。江澤民在對台採取有限軍事行動之前，先行照會美國，有前例可循；柯林頓早就承受來自國會的壓力要求中共承諾對台放棄用武，因此難以想像坐視不管的後果。副助理國務卿謝淑麗亦表明無論中共軍事行動規模多小，美國均將被迫在政治或軍事上有所反映。美國國會在「台灣安全加強法案」及對中共的永久「正常貿易關係」投票表決，均使中共陷入投鼠忌器的困境。[10]準此，若中共違反美國所提應以和平方式解決台海問題的原則時，美國的反應將會包括初期的經濟制裁和較嚴重的軍事反應，至於係何種軍事反應，應屬於美國的戰術模糊策略。

---

[10] 林正義，〈柯江會與美「中」台關係發展〉，中國時報（台北），民國八十八年九月十二日，第15版。

　　台灣安全的最大威脅來自中共，而美國與中共的戰略互動構成了台灣安全的基礎。七〇年代美國為拉攏中共，成為以自己為首的反蘇聯盟中的合作者，台灣的戰略地位遂被中共所取代，美國在台灣問題上不得不向中共作了讓步。自一九七九年起，美國與中共建立正式外交關係，並廢止「中美共同防禦條約」，結束了其與台灣的防衛和官方的關係。自此美國在台灣的利益主要是在貿易、經濟與非官方關係，美國並經由台灣關係法承諾其對台灣的安全提供相當的保障和利益，但是終究美國的主要關切乃在於維持西太平洋地區的和平與穩定，以及在整體世局中權力平權的戰略考量。在當今冷戰格局解體的情況下，美國亦會重新建構其世界戰略觀，如此對台灣的定位會有所改變。

　　今後的台灣安全問題，仍將在美國與中共戰略互動以及角力激盪之下深受影響。美國雖再三表明支持和平解決台灣問題，並視任何企圖以非和平手段或威脅穩定的行動解決該問題，即為違反美國的國家利益。但當中共後來的綜合國力倘得以提升至相當程度而與美國相抗衡時，美國的態度如何又未可知了。現階段台海的穩定仍是亞太地區權力平衡的基礎，反之，亞太地區的權力平衡也是台海均勢維持的要件，美國、中共、日本甚至俄國能否在亞太維持均勢，對台灣的安全仍有決定性影響。

　　綜合本研究針對一九七〇年之後美國與中共之戰略互動對台灣安全的影響，幾點結論與發現如下：

一、美國的對華政策乃是基於全球權力平衡以及台海權力 平衡的戰略考量為原則。

　　從冷戰時期開始，美國對華政策制定的基礎，並不僅僅是單純地決定於雙方的內部狀態，而主要是決定於世界戰略的格局，也就是說美國的對華政策是基於全球權力平衡的戰略考量之下。

　　就美國與中共的戰略互動而言，四○年代和五○年代，儘管美國在中共建國前夕與初期，曾經試圖和中共政權建立某種程度的友好關係，但是由於中共在國際上完全與以蘇聯為首的共產主義陣營結盟，美國和中共因隸屬於兩個互相敵對的陣營，兩國便自然地產生了敵對和隔絕的狀態，尤其韓戰的爆發更導致了兩國的直接對抗。六○年代初期，中共與蘇聯交惡，中共在世界戰略架構下的地位為之改變，美國於是有了「聯中制俄」的策略。七○年代美國與中共為了對付共同的敵人蘇聯，找到了最大的共同戰略利益，拋棄了意識型態不同的歧見，建立正式外交關係，並進入了戰略合作的階段。至九○年代初期，由於蘇聯的瓦解，使得世界進入了後冷戰時期，美國與中共在沒有共同敵人蘇聯的情勢之下，彼此間的摩擦和衝突便很容易被凸顯出來。中共不再成為美國遏制蘇聯的戰略夥伴，中（共）美關係對於美國也不再具有冷戰時代那樣重要的政治和軍事意義。然而，復由於中共在國際社會仍屬於一新興的強權國家，在安理會上又具有否決權，且對美國乃至於全球都深具政治、經濟和軍事上的影響力，尤其在亞太地區更是如此。美國為了維持亞太地區乃至於全球的權力平衡，不得不採取與中共「交往」的政策。基於這種戰略關係的變化，美國與中共自九○年代開始，進入了一個既合作又鬥爭，且摩擦與糾紛不斷的時代。

　　由於美國與中共之間的權力關係不對稱，決定了雙方充滿利益與矛盾的互動關係。所謂權力關係的不對稱，著眼於美國在亞太地區對中共的影響力遠甚於中共在其他地區對美國的影響力。具體而言，倘若中共與美國升高衝突，會損害中共的利益；美國若從亞洲撤出，幾乎同樣會損害中共的利益。換句話說，如果美國削弱了其對亞太地區的承諾，中共將無法受惠於一支外來的平衡力量而面臨安全上的挑戰。因此，中共領導人阻止中（共）、美衝突的加劇，正因為他們察覺到美國待在亞洲有益於地區穩定和中國的安全。然而，中（共）、美關係對美國來說，利害關係並沒有同樣的大。美國並不依賴中共來實現南北美洲、歐洲、前蘇聯和中東的和平。況且中共的合作與否在支持美國的地位一事上，即使在亞洲，也不是至關重要的，因為包括日本在內的其他國家，都歡迎美國待在亞洲。[11]

　　然而權力的不對稱並沒有讓華府在與北京的戰略互動上佔據上風的位置。首先，中國潛力無窮的廣闊市場吸引了美國大量的資金、技術與出口商品；另對中共來說，現在出口商品的三分之一銷往美國，大量的沿海工商企業，幾百萬的工人及其家屬，靠對美貿易為生。中（共）美雙方的經貿交流已密切到「合則兩利、分則兩害」的程度。其次，在國際上，中（共）美在維護亞太地區安全、防止核擴散與導彈技術轉讓、禁止核試驗與化學武器、促進國際環境保護、防止國際販毒與犯罪，以及推進世界自由貿易方面具有共同的利益與合作的需要。第三、美國更不能無視於中共作為聯合國安理會常任理事國的擁

[11]　黎安友（Andrew J. Nathan）、陸伯彬（Robert S. Ross）著，何大明譯，《長城與空城計──中國尋求安全的戰略》（台北：麥田出版股份有限公司，1998年9月），頁142。

有否決權的一票。[12]基於以上的理由，無論從經濟、政治等方面的考量，從美國本身的國家利益來說，除了與中共交往之外，別無更好的辦法。然而雙方在理念、制度、人權、貿易、武器擴散等方面仍存在著嚴重的歧見和矛盾，尤其在台灣問題方面更是雙方發展良好關係的障礙。後冷戰時期，中（共）美雙方的戰略互動便是處在此種既合作又鬥爭的關係之中，而台灣問題更是在雙方的互動中顯得動見觀瞻。

在中國是否統一與台海是和是戰的問題上，中共、台灣與美國三者間所追求的利益與奉行的政策是各不相同的。中共方面追求的是不戰而和，以戰逼和，以戰求統；台灣方面追求的是和而不戰，和而不統；美國方面追求的是不戰，不獨，不統。[13]就美國的利益而言，保持台灣現狀是最符合其國家的利益，因為這不僅可以避免引發台海軍事衝突，將美國捲入戰端，而且台灣將會是美國用來平衡中共勢力的力量之一。然而美國的對台政策，至少在「不統」這一項與中共是相衝突的。美國目前為止還僅止於「和平解決」台灣問題的說詞。假設中共將來認為和平解決台灣問題已抱持絕望的態度後，台海走上戰爭一途勢不可免。屆時美國是否會介入是另一層面的問題，然就現狀而言，台灣安全在美國與中共的角力互動之下，其不確定性逐漸在加溫中。美國與中共之間基於對台灣問題上的利益衝突，致使台灣將繼續成為美國與中共角力運作的戰場。

綜觀美國的對華政策，由於台灣對美國深具戰略價值，美國不願台灣被中共兼併，亦不願見到台海發生衝突，致使美國被捲入與中共的戰爭，而維持台海的現狀與穩定，堪稱符合美國的最大國家利益。

---

[12]　陳有為，前揭書，頁 324-325。
[13]　同前註，頁 331。

所以美國極力在台海兩岸實施權力平衡的政策。就此而言，其對於台灣安全或有較具正面的影響。然而美國的對華政策，最主要的著眼點還是在於全球性的戰略考量，而非僅僅是台海之間的權力平衡考量而已。五〇年代，若非韓戰爆發，美國可能早已承認中共。到了七〇年代，美國為了「聯中制俄」選擇與中共建交，並與台北「斷交、廢約、撤軍」。八〇年代美、中（共）、蘇三角關係起了變化，中共與蘇聯又有修好的意圖，美國為了防止中共與蘇聯重修舊好和合作，更於「八一七公報」中限制對台灣軍售，以示對中共妥協。後冷戰時期，美國雖然意圖與中共全面交往，但台灣的安全並未被犧生。一九九六年的台海飛彈危機，美國的軍事介入代表著亞太地區的均勢不容中共任意摧毀與破壞，此層面的意義遠較從美國出兵協助台灣對付中共的認知上所顯示的意義還要來得重要。一九九九年「兩國論」事件，美國再度重申不希望中共在台海動武，美國的用意與前次一九九六年台海危機是如出一轍的，目的是唯恐台海的戰爭將會引發亞太地區的恐怖平衡，導致各國從事無謂的軍備競賽，進而破壞全球的和平。凡此，皆可證明，美國的對台政策乃基於亞太地區乃至於全球權力平衡的戰略考量，而非僅止於其就台海之間局勢的考量而已。

二、美國與中共的戰略互動變化多端，對台灣安全產生不確定性的影響。但是美國與中共的關係良好與否，和台灣的安全並沒有必然的關係。

從諸多事件的觀察中，只要美國與中共的關係改變，便會直接影響到美國對台灣的關係。例如，自一九七〇年代開始，美國與中共的關係持續加強進展，台灣的利益便在此時急遽受挫，不僅在一九七一

年退出聯合國，更於一九七九年與美國斷交，美國在中共的要求之下，對台灣一連串「毀約、斷交、撤軍」的舉措，嚴重的影響台灣的國家利益和安全。一九八二年美國要出售戰機予台灣，然而在中共的抗議之下，美國遂與中共簽署了「八一七公報」，答應中共逐年減少對台灣武器的銷售，此舉雖然明顯地違反了「台灣關係法」，美國方面為維持與中共的關係仍然不惜為之。

一九八九年「六四事件」後，中共廣受以美國為首的西方國家抨擊，中華民國、美國、中共之間的三角互動關係出現了微妙的發展。此本為台灣與美國增進關係的最有利的時機，然而即使美國考慮以緊迫的政策來制裁中共，一直到布希卸任前，美國國會每年都會對中共最惠國待遇案提出不同內涵的條件限制，但是在一九九一年和一九九二年都遭到布希的否決。顯然布希仍採不孤立中共的政策，並拒絕以最惠國待遇問題杯葛中共。天安門事件非但沒有為美國與中華民國帶來多少正面的影響，反而美國國務院向國家安全委員會、中央情報局和國防部發送「對台指導方針」以及一九九一年發布「美國國家安全戰略報告」（National Security Strategy）等文件，重申冷戰後對台政策的看法。一方面重申強調兩岸問題應以和平方式解決；另一方面也期盼兩岸在美國所創造的和平基礎上進行交往；但仍堅持不與台灣發展官方關係的立場，甚至還更為嚴格，反而限制了台灣在某些方面成為一個國家的權力。因此，基本上天安門事件後中華民國與美國的關係並沒有因為美國與中共關係的倒退而有所增進。

一九九四年，美國逐漸肯定台灣的民主與經濟發展，並願意調整與台灣的行政關係，更於一九九五年同意李總統登輝先生返康乃爾母校演講。不料卻遭致中共於一九九五年底和一九九六年初的一連串對

台文攻武嚇以及飛彈恫嚇，美國雖然派遣航空母艦到台灣海峽巡弋，化解了一場危機，可是嗣後美國為了防止與中共的關係再度惡化，不得不調整步伐，並於一九九八年柯林頓總統訪問中國大陸時，發表了對台灣「三不政策」，影響了台灣在國際上的發展空間，也間接的表示台灣應重新回到美國所建構的三角格局。一九九九年台北方面提出「兩國論」，造成台海再度緊張的情勢，美國為避免兩岸均勢的破壞影響其國家利益，乃與北京及台北展開溝通，並呼應北京堅持一個中國的政策。華府的政策進而讓北京相信長期以來將台北納入「一個中國」的框架的戰略目標是可以實現的，因此給予華府善意的回應，致使「兩國論」事件的後續發展在美國的介入之下，相較於一九九六年的台海飛彈危機可謂緩和得多。

從上述各種現象可以推論出一項事實，那就是兩岸關係和美台關係的發展是美國與中共關係變化中的依變項，亦即只要美國與中共之關係有所變化，則兩岸關係以及美國對台灣的關係也會起變化。雖然美國與中共的關係改善，將有助於兩岸局勢的緩和。然而，此項假說若要成立，必須建立在美國與台灣的關係維持友好的前提之下。如果當初美國在與中共建交時，完全放棄對台灣的友誼，則中共對台灣的政策是不可能有如今的改變。未來的華府政策必將繼續成為影響兩岸關係當中的最重要變項，而由於美國是民主國家，受選舉及政黨輪替的影響，在外交政策上經常做大幅度的波動，使得今後美國因素又平添影響兩岸關係發展以及台灣安全的一個不穩定的因素。

一般而言，中共與美國關係正常或友好，則美國影響中共的籌碼就愈多，中共就愈有可能受到美國的牽制，中共對台的政策就比較理性與溫和；相對地，也正因為美國要維持與中共的正常友好關係，就

不容易進一步加強與中華民國的關係。然而，中共與美國關係倒退或
惡化，台灣也並不因此而得到好處，除非美國已決定放棄與中共的關
係。否則，美國更唯恐得罪中共，讓中共有口實可以攻擊美國。因此，
美國在處理和中華民國的關係時會更加謹慎，以免刺激中共，最後的
結果將是美國與中華民國的關係固然不會倒退，但是也不容易維持。

　　一九五〇年及一九六〇年代，美國與中共因意識型態的不同而歸
屬不同的陣營，甚至於韓戰中還一度交鋒。自一九七〇年代起，美國
與中共的關係在有蘇聯為共同戰略對手的情況下，台灣雖然與美國尚
維持有聯盟關係，美國卻仍然於一九七九年與中華民國斷交，並廢止
「中美共同防禦條約」，而對台灣的安全產生深遠的影響。冷戰結束
後，美國與中共在沒有蘇聯為共同戰略對手的情況之下，雙方的經貿
關係與多方面的交流都比冷戰時代還要密切，但是台灣的生存空間在
中共一再的打壓之下，變得愈來愈狹隘，美國為了貫徹其「擴大」及
「全面交往」中共的策略，對於和台灣的關係發展非但有所顧忌，並
一再降低層次，台灣安全非但沒有提昇，反而在一九九六年經歷了台
海飛彈危機。基於此，吾人可以推論，自一九七九年中美斷交至冷戰
結束期間，美國與中共在有共同敵對國家蘇聯的戰略互動下，台灣的
安全或可確保。冷戰結束後，美國與中共在沒有蘇聯為共同敵對國家
之戰略互動之下，況且美國又與中共達成「戰略性夥伴關係」的條件
下，中共對台灣似乎更容易予取予求，台灣的安全相對的也較沒有保
障。台灣在美國的中國政策建構中能夠發揮的角色有限，美國為了保
持與中共的關係及其本身的利益，甚至還會幫助中共來制約台灣。例
如「兩國論」發生之後，對於中共強烈的反對，美國乃以堅持「一個

中國」的政策來緩和兩岸緊繃的局勢，致使台北突破封鎖的企圖沒有成功，反而予以北京更加認定只要約制美國，台北便會言聽計從。

三、美國在台利益的改變，對台灣的國際生存空間有較為不利的影響。

自一九七九年中共與美國建交，迄一九九〇年代初期，美國積極的在兩岸之間實施權力平衡的政策。美國不介入兩岸間的統獨紛爭，也不做兩岸的調解人，亦不向任何一方施加壓力迫使其與對方談判。而此期間，美國的對台安全政策在所謂的「一法三公報」的架構之下，採取了「戰略模糊」（strategic ambiguity）的政策。[14]在此政策之下，美國「認知」（acknowledge）北京對台灣的立場，但不必然接受之，美國瞭解這必須由兩岸自行解決，美國不會介入或調解，美國只強調解決兩岸問題的方式必須是和平的，因為任何台海的軍事衝突或不穩定，都會影響東亞地區的和平與安全，進而影響美國在此地區的利益。至於台灣安全方面，依據「台灣關係法」，美國對於是否防衛台灣的立場不明確，這種模糊性的安全承諾，主要在嚇阻可能的對台軍事攻擊行動，同時在台灣一旦遭受中共攻擊時，使美國得以戰略性運用採取軍事行動。一九九六年台海危機事件中，柯林頓維持對台之戰略模糊，美國官員引述「台灣關係法」作為美國對台灣安全之承諾，但拒絕對美國可能採取的特定行動表示意見，即所謂的「戰略模糊」策略。

---

[14] 詳參楊永明，〈從戰略模糊到三不政策：美國對台政策的轉變〉，前揭文，頁87-106。

　　一九九四年起，柯林頓政府的中國政策終於出現了一個明確的政策方向與戰略設計，那就是「擴大」與「交往」中共的政策。與中共交往只是一種過程或手段，最終目標乃在促進中共遵守現存的國際規範與加入國際組織系統之中，並允許中共扮演一個在國際社會中應有的角色。[15]美國為了維持其在東亞和平與安定的核心利益，及其與中共積極交往的政策，於是改變其對台灣的未來國際定位等問題的模糊立場，傾向以明確的立場表明美國的基本態度與利益所在。一九九四年後。台灣方面的一連串事件，諸如要求重返聯合國的聲浪日熾，李登輝總統的赴美訪問等發展，都造成中共對台灣獨立動作的懷疑，並引發美中台三角關係的改變。然而真正的轉變起於一九九五年，為了與中共進一步的交往，並避免台海可能引發的衝突，柯林頓乃放棄對台之戰略模糊政策，藉此提昇與中共交往的關係，並以此做為美國東亞政策的核心之一。一九九六年台海危機之後，美國與中共為了彌補裂痕，乃開始展開元首互訪，柯林頓並於一九九八年首次訪問中國大陸時，在上海發表了對台「三不政策」，可以視為是「戰略性明確」的表現，也代表了華府對台政策的微妙性改變。在「三不政策」宣布之後，使得柯林頓政府得以另一種形式介入兩岸問題的過程。一九九六年飛彈危機之後，柯林頓政府就不斷透過各種管道，希望兩岸能夠展開建設性和實質性的對談。例如美國曾派遣前任國防部長培里、前任國家安全顧問史考克羅（Brent Scowcroft）、以及前任參謀首長主席謝里克什維里（John Shalikashvili）等人，以所謂的「第二管道」（second channels）方式前來台北傳達訊息，使得美國隱隱已介入兩岸的和談，

15　John Pomfret, " Successful Visit Bolsters Jiang, " *Washington Post*, Monday, November 3, 1997, p.A12.

而在美國依中共要求所架構的「三不政策」中,美國似乎也以之為建構兩岸和談的基本模式。

在美中(共)意圖建立「建設性戰略夥伴」的條件下,雖然柯林頓總統於一九九八年訪問中國大陸,雙方仍因北京逮捕組黨人士、「台海安全情勢報告」、「TMD 報告」、北約炸毀中共駐南斯拉夫大使館等事件而使彼此關係滑落至谷底。然而此間美國與台灣的關係並未因之而大幅改變,反倒是一九九九年七月的「兩國論」事件,正好提供美國藉機與中共大力修好的契機。美國不但重申其支持「一個中國」的原則不變外,更於聯合國第五十四屆大會總務委員會中,第一次公開反對台北加入聯合國的提案,這也是美國公開其「三不政策」後,首次將不支持台灣加入聯合國及以主權國家的名義參加國際組織的「第三不」付諸實現。在美國對台利益轉變後,美國的政策明顯的偏向中共,使得台灣的國際生存空間受到壓縮。

四、後冷戰時期,東亞的權力結構對台灣安全有直接的影響。

在後冷戰時期,影響台灣安全的因素,除了美國的因素外,亦須考量亞太強權之間的互動以及權力均勢的變化,特別是美、中(共)、日本三者之間的互動。雖然廿一世紀初美國與中共的「戰略夥伴關係」將會持續深化,然而可以預見的是,中共與美國雙方關係的發展,將不會像冷戰時美、蘇一般的對抗,也不會回到戰略三角共同制蘇時期的和諧,而將會是一種既聯合又鬥爭的形式。在中共、美國與日本三角關係上,中共會致力於避免美、日、俄在亞太地區成為強權主宰,並且避免美、日聯合對付中共。由於中共軍力之增強以及其在亞太地區影響力的提高,台灣並不見得比以前更安全。

　　台海的和平與安定影響著亞太地區的安全，反之亞太地區的穩定亦會對台海局勢的安定有所貢獻，而亞太地區的穩定與安全實有賴於地區內強權的權力平衡，不可諱言地，美國是維持此一平衡所不可或缺的國家。除了美國的因素外，中共、日本、俄國的潛在力量亦不容忽視，任何一方的戰略改變均隨時可能破壞區域內的權力平衡結構，在此區域內的台灣，因為地緣位置的重要性，恐亦難以置身事外。一九九六年的台海危機，亦有認為是中共有意測試東亞新局勢下權力平衡的結果，中共希望藉此試探美、日兩國的態度和反應，而美國派遣航空母艦前往台灣海峽的行為，正可證明美國不願見到東亞權力平衡遭任何一方破壞。

　　今後台灣安全的提升可以透過多邊化的作法來加以確保，而多邊化戰略的主要憑藉可建立在結構平衡理論之上。台灣安全若能在美國、中共、日本三方關係謹慎經營下，較能得以確保，美日安保條約重修之後，中共所感受到的焦慮和不安極為嚴重。因此，現階段美國、中共、日本等東亞區域強權應避免不當的誤解以及可能引發的衝突，才能確保區域權力平衡與穩定，如此台灣安全亦得以確保。

五、美國對於「和平解決」台灣問題的主張不變，惟美國對於「和平解決」的模糊方式仍屬戰術上的運用。

　　美國政府雖然在諸多場合的言論中，顯示其對於「一國兩制」的接受程度愈來愈高，然而這並不意味著美國支持「和平統一」的解決模式。原因在於美國仍樂見台海現狀的維持，亦即不獨、不統、不武，此為符合美國的最大利益。美國長久以來「和平解決」兩岸問題的原則短期內是不會改變的。「兩國論」之後更見美國堅持「三大支柱」

的立場，其中一項即是堅持兩岸問題應「和平解決」，然而並不表示美國樂見兩岸統一。至於兩岸問題最終應如何解決，美國並未明確表示。美國逐漸採納「一國兩制」的方式，並不代表支持兩岸「和平統一」的立場，而應是美國在不願意見到兩岸兵戎相見的情勢下，所提的一種戰術，以免因台海立即的戰爭而將美國捲入「中」美之間的衝突。

六、美、中（共）、台三方的良好互動與權力平衡才是台灣安全的最佳保障。

　整體比較起來，中共與美國關係的穩定應比中共與美國關係的惡化較為符合台灣的利益，同時也較為符合三者之利益。因為中共與美國關係穩定時，美國一方面較可能牽制中共，亦不致使更加激怒中共；另一方面，美國雖然要顧及中共，但是因為雙方關係穩定，美國對中華民國的支持，在一定程度內中共可能會容忍。但是如果中共與美國關係不穩定，則讓中共有更自由的迴旋空間，中共因不受美國牽制，反而會在國際社會中更加抵制台灣；同時，中共也可能挑起「台海危機」作為向美國反制的武器，破壞了台海的和平情勢，導致緊張情勢升高，這對台灣而言更加不利。當然美國與中共的關係穩定，對台灣安全有利的情況，還要以台灣和中共建立共識及和平交往為前提，如果台灣處於與中共對抗的局勢，雙方互動關係不良，則美國的因素反倒是在其次了，而且回到前所推論，此時美國與中共的關係良好與否，對台灣的安全是沒有直接的影響的，例如一九九六年的台海危機，就是在美國與中共關係良好，但是台灣與中共關係不良的情況下所產生的。

　　由於美國在與中共的戰略互動中，台灣並未因雙方的良性互動而受到明確的保障，同時美國在協助台灣安全的意願和能力亦不明確。因此，亞太地區的區域平衡力量對於台灣安全而言，相對地顯得格外重要。台灣除了須運用區域權力平衡的力量外，更重要的是保持兩岸關係的穩定發展，以減少對美國的依賴。此外，台灣在進入廿一世紀時，應充分了解台灣在美國的對華政策中的重要性，並積極參與美國對中共「全面交往」的互動政策，其要點在逐步使中共納入西方的體系，接受民主的觀念。在非常理想的情況下，吾人可以想見一個經由雙方安排的制度，在其中，台灣可以承諾它將永遠不會尋求獨立；中國可以表述其樂見如此，並且給了一個可信賴而長久的承諾，它絕不會使用武力。其次，是雙方會就台灣的地位尋求一個非常獨特而中國式的解決，其中包括若干模糊的成分、具有高度創造性而史無前例的情境；在這樣一種協議下的結果，台灣可以在所有國際組織（IGO）中，經由中華人民共和國的協助獲得代表權。在同時，雙方也要能諒解，軍事平衡與權力平衡也將有助於此項安排的信心；願全世界都將支持此一安排，甚至參與保證，樂觀其成。

主要參考資料

一、中文書籍

1. 丁幸豪、潘銳，《冷戰後的美國》（香港：三聯書店，1993年）。

2. 丁連財譯，《新世界》（台北：時報出版社，1992年）。

3. 于濱，《新保守主義的昨是今非》（上海：上海美國研究所，2003年9月）

4. 王日庠、黃仁偉，《中美關係向何處去》（成都：四川人民出版社，1993年）。

5. 《中美關係報告：一九九〇～一九九一》（台北：中央研究院歐美研究所，1993年）。

6. 中華人民共和國外交部主編，《中國外交》（北京：世界知識出版社，2004年3月）。

7. 中華民國行政院大陸委員會，《台海兩岸關係說明書》，（台北：1994年7月）。

8. 《當代中國外交》，（北京，中國社會科學出版社，1987年）。

9. 《鄧小平文選》，第三卷，（北京，人民出版社，1993年）。

10. 成田賴武著，李浴日譯，《克勞塞維慈戰爭論綱要》（台北：黎明文化事業公司，1993年11月）。

11. 吉姆·赫爾姆斯（Kim R. Holmes）、詹姆斯·普里斯特（James J. Przystup）主編，《外交與威懾：美國對華戰略》（Between Diplomacy and Deterrence : Strategies for U.S. Relations with China）（北京：新華出版社，1998年8月）。

12. 李本京，《後冷戰時期國際關係》（台北：黎明文化事業股份有限公司，1992 年 9 月）。

13. 李潔明（James R. Lilley）、唐思（Chuck Downs）合編，《台灣有沒有明天？──台海危機美中台關係揭密》（台北：先覺出版股份有限公司，1999 年 2 月）。

14. 宋宏煦，《國際社會的變遷與二十一世紀》（台北：正中書局，1995 年 2 月）。

15. 李大維，《台灣關係法立法過程》（台北：洞察出版社，1988 年 7 月）。

16. 沈劍虹，《使美八年紀要──沈劍虹回憶錄》（台北：聯經出版公司，1986 年）。

17. 周煦，《冷戰後美國的東亞政策（1989-1997）》（台北：生智文化事業有限公司，1999 年 2 月）。

18. 季鴻生，《中美關係五十年》，（上海，百家出版社，1993 年）。

19. 林正義，《台灣安全三角習題》，（台北，桂冠圖書，1989 年）。

20. 林正義，〈台灣安全的戰略〉，《台海安全情報》（台北：玉山社出版事業股份有限公司，1996 年 1 月）。

21. 林添貴譯，James H. Mann 著，《轉向──從尼克森到柯林頓美中關係揭密》（台北：先覺出版股份有限公司，1997 年 7 月）。

22. 林碧炤，《國際政治與外交政策》（台北：五南圖書出版有限公司，1991 年 10 月）。

23. 邵宗海，《美國介入國共和談之角色》（台北：五南圖書出版公司，1995 年 3 月）。

24. 直雲，《鄧小平外交生涯》（香港：鏡報文化公司，1994 年）。

25. 吳新興,《整合理論與兩岸關係之研究》(台北:五南圖書出版有限公司,1995 年 8 月)。

26. 洪丁福,《國際政治的理論與實際》(台北:啟英文化事業有限公司,1996 年)。

27. 胡祖慶譯,《國際關係理論導讀》(台北:五南圖書出版有限公司,1993 年 4 月)。

28. 胡國成主編,《透視美國》(北京:中國社會科學出版社,2002 年 4 月)。

29. 夏旭東、王書中主編,《走向廿一世紀的中美關係》,(北京,東方出版社,1996 年)。

30. 倪孝銓,《美中蘇三角關係:七○年代—八○年代》(北京:人民日報社,1993 年)。

31. 袁文靖,《雷根政府對華政策》(台北:國際現勢週刊社,1984 年)。

32. 國防大學編,《中國軍事百科全書:戰爭、戰略分冊》(北京:軍事科學出版社,1993 年)。

33. 唐耐心(Nancy Bernkopf Tucker)著,新新聞編譯小組譯,《不確定的友情》(台北:新新聞文化事業公司,1995 年 3 月)。

34. 修春萍,《兩岸關係研究報告》(北京:九州出版社,2005 年 1 月)。

35. 許明雄,《美國對華外交政策》(台北:黎明文化事業公司,1983 年 5 月再版)。

36. 陳有為,《天安門事件後中共與美國外交內幕》(台北:正中書局,1999 年 5 月)。

37. 陳志奇,《美國對華政策三十年》(台北:中華日報社,1981 年 5 月增訂再版)。

38. 陳毓鈞，《一個中國與台北—華府—北京》（台北：環宇出版社，1996 年 3 月）。

39. 陳毓鈞，《戰爭與和平—解析美國對華政策》（台北：環宇出版社，1997 年 1 月）。

40. 陶文釗等主編，《中美關係與東亞國際格局》（北京：中國社會科學出版社，2003 年 12 月）。

41. 鈕先鍾，《戰略研究與軍事思想》（台北：黎明文化事業公司，1982 年）。

42. 鈕先鍾，《國家戰略論叢》（台北：幼獅文化事業公司，1984 年）。

43. 鈕先鍾譯，《大戰略》（台北：黎明文化事業公司，1987 年 10 月 5 版）。

44. 鈕先鍾譯，《戰爭論全集（上）》（台北：軍事譯粹社，1990 年）。

45. 張季良主編，《國際關係學概論》（北京：世界知識出版社，1990 年）。

46. 張亞中，孫國祥，《美國的中國政策—圍堵、交往、戰略夥伴》（台北：生智文化事業有限公司，1999 年 2 月）。

47. 張建邦總策劃、林正義審校，《未來台海衝突中的美國》（台北：麥田出版股份有限公司，1998 年 1 月）。

48. 張建邦總策畫，林中斌審校，《二〇一〇中共軍力評估》（台北：麥田出版股份有限公司，1998 年 1 月）。

49. 張建邦總策劃，邵玉銘審校，《跨世紀國家安全戰略》（台北：麥田出版股份有限公司，1999 年 5 月 1 日，初版 2 刷）。

50. 傅建中編著，《季辛吉祕錄》（台北：時報文化出版公司，1999 年 6 月）。

51. 楊逢泰，《現代西洋外交史》（台北：三民書局，1986 年 2 月）。

52. 趙全勝，《解讀中國外交政策》（台北：月旦出版社，1999 年 5 月）。

53. 趙建民，〈一九三五至一九四五的國共和談〉，《兩岸互動與外交競逐》（台北：永業出版社，1994 年 7 月）。

54. 資中筠編，《戰後美國外交史：從杜魯門到里根》（北京：世界知識出版社，1994 年）。

55. 黎安友（Andrew J. Nathan）、陸伯彬（Robert S. Ross）著，何大明譯，《長城與空城計──中國尋求安全的戰略》（台北：麥田出版股份有限公司，1998 年 9 月）。

56. 潘銳，《冷戰後的美國外交政策》（北京：時事出版社，2004 年 12 月）。

57. 劉沛，〈中美建交以來的安全關係〉，中國社會科學院美國研究所、中華美國學會編，《中美關係十年》（北京：商務印書館，1989 年）。

58. 鄧小平，《建設有中國特色的社會主義》（增訂本）（北京：人民出版社，1987 年 3 月）。

59. 劉達第編，《中美關係重要文獻資料選編》，（北京，時事出版社，1996 年）。

60. 劉學成、李繼東主編，《中國和美國──對手還是夥伴》（北京：經濟科學出版社，2001 年）。

61. 鄭宇碩，〈中國的現代化外交政策〉《中國與亞洲》（香港：商務印書館，1990 年）。

62. 鍾嘉謀，《重返聯合國之路》（台北：黎明文化事業股份有限公司，1994 年 8 月）。

63. 竇暉,《中華人民共和國對外關係概述》(上海:上海外語教育出版社,1989 年)。

二、中文期刊

1. 丁永康,〈冷戰後美國的大戰略:建立單極霸權體系之挑戰〉,《美歐季刊》,第 13 卷第 2 期,1999 年夏季號,頁 161～180。

2. 《大陸情勢週報》,中國國民黨大陸研究工作會,第 1291 期,1998 年 7 月 15 日,頁 20。

3. 于有慧,〈近期兩岸關係中的美國因素〉,《中國大陸研究》,第 44 卷,第 8 期,2001 年 8 月,頁 9～10。

4. 王高成,〈「安全兩難」下的兩岸外交競爭〉,《問題與研究》,第 36 卷第 12 期,1997 年 12 月,頁 23～35。

5. 向駿,〈「中國威脅論」及「新圍堵」〉,《美歐月刊》,第十一卷第 5 期,1996 年 5 月,頁 33～35。

6. 邱坤玄,〈現階段中(共)美關係發展評估──兼論我國的因應之道〉,《共黨問題研究》,第 23 卷第 6 期,1997 年 6 月,頁 2。

7. 李登科,〈評江澤民的美國之行及其對我之影響〉,《共黨問題研究》,第 23 卷第 11 期,1997 年 11 月,頁 1～3。

8. 宋鎮照,〈美國霸權在亞太地區之挑戰〉,《美歐月刊》,第 11 卷第 3 期,1996 年 3 月,頁 24。

9. 林文程,〈亞太安全體系與台灣的國家安全〉,《理論與政策》,第 10 卷第 1 期,1995 年冬季號,頁 26。

10. 林正義,〈「八一七公報」後美國對台軍售政策〉,《歐美研究》,第 23 卷第 3 期,1993 年 9 月,頁 27～60。

11. 林正義，〈美國與台海兩岸信心建立措施〉，《問題與研究》，第 44 卷第 6 期，2005 年 11、12 月，頁 3。

12. 林正義，〈美中戰略對話機制建立之意涵〉，《戰略安全研析》，第 9 期，2006 年 1 月，頁 29-31。

13. 明居正，〈如何提昇我國與各國之實質關係〉，《理論與政策》，第 11 卷第 1 期，1996 年，頁 15～16。

14. 吳玲君，〈從美國的「三不」分析台北對華府的外交策略〉，《問題與研究》，第 38 卷第 4 期，1999 年 4 月，頁 1～15。

15. 金惠珍，〈亞太區域多邊安全合作的發展與美國的角色〉，《美歐月刊》，第 11 卷第 5 期，1996 年 5 月，頁 40。

16. 周煦，〈美國柯林頓政府的亞太安全政策〉，《美歐月刊》，第 11 卷第 3 期，1996 年 3 月，頁 5。

17. 周煦，〈台灣關係法的回顧與檢討〉，《理論與政策》，第 12 卷第 4 期，1998 年，頁 24。

18. 唐明輝，〈台灣安全策略之策訂——從美國在台海危機之角色探討〉，《共黨問題研究》，第 23 卷第 6 期，1997 年 6 月，頁 29。

19. 孫國祥，〈北京與莫斯科戰略協作夥伴關係之形成與探析〉，《中國大陸研究》，第 40 卷第 8 期，1997 年 8 月，頁 62～97。

20. 莫大華，〈從一九九六年台海飛彈危機檢視美國的國家安全與軍事戰略〉，《美歐月刊》，第 11 卷第 9 期，1996 年 9 月，頁 59。

21. 莫大華，〈中華民國戰略研究之回顧與展望〉，《問題與研究》，第 36 卷第 1 期，1997 年 1 月，頁 58～59。

22. 莫大華，〈「安全研究」論戰之評析〉，《問題與研究》，第 37 卷第 8 期，1998 年 8 月，頁 19～33。

23. 陳一新,〈中美兩國關係的延續性與變遷性(四)〉,《美歐月刊》,第 10 卷第 3 期,1995 年 3 月,頁 14～43。

24. 陳文賢,〈美國與中共戰略互動下的台灣安全:一九七〇年代以來的觀察〉,《問題與研究》,第 36 卷第 6 期,1997 年 6 月,頁 3。

25. 陳文賢,〈從權力平衡的觀點看亞太安全〉,《問題與研究》,第 37 卷第 3 期,1998 年 3 月,頁 19。

26. 陳毓鈞,〈柯林頓連任後「中」美關係的走向〉,《美歐月刊》,第 11 卷第 12 期,1996 年 12 月,頁 26。

27. 許志嘉,〈中共外交政策的研究途徑〉,《問題與研究》,第 36 卷第 4 期,1997 年 4 月,頁 45～61。

28. 許志嘉,〈鄧小平時期的中共外交政策〉《問題與研究》,第 36 卷第 7 期,1997 年 7 月,頁 35～58。

29. 張五岳,〈柯江會談對兩岸關係之影響〉,《理論與政策》,第 12 卷第 1 期,1998 年,頁 41。

30. 張雅君,「『十六大』後的中共外交:相互依賴深化下的利益、挑戰與政策取向」,《中國大陸研究》,第 46 卷第 2 期,2003 年 3、4 月,頁 16～17。

31. 區鉅龍,〈布希亞太之行與當前的亞太反蘇戰略構想〉,《問題與研究》,第 21 卷第 9 期,1982 年 6 月,頁 17。

32. 彭慧鸞,〈柯林頓政府的新東亞政策:奈伊「複合式領導」的理論與實踐〉,《美歐季刊》,第 12 卷第 3 期,1997 年秋季號,頁 73～92。

33. 楊永明,〈美國亞太安全戰略之理論分析〉,《美歐季刊》,第 12 卷第 3 期,1997 年冬季號,頁 35～71。

34. 楊永明，〈從戰略模糊到三不政策：美國對台政策的轉變〉，《理論與政策》，第 12 卷第 4 期，1998 年 12 月，頁 97。

35. 楊志誠，〈後冷戰時期美國的中共政策〉，《美歐月刊》，第 10 卷第 10 期，1995 年 10 月，頁 13。

36. 趙建民，〈自霸權穩定理論看美國與中共關係〉，《美國月刊》，第 7 卷第 1 期，1992 年 1 月，頁 38。

37. 裘兆琳，〈美國對中共政策的府院之爭〉，《美國月刊》，第 1 卷第 5 期，1986 年 9 月，頁 68～69。

38. 裘兆琳，〈柯林頓政府對華新政策之過程探討〉，《美歐月刊》，第 9 卷第 12 期，1994 年 2 月。

39. 趙春山，〈面向廿一世紀的美、俄、中三角「戰略關係」〉，《實踐季刊》，第 844 期，1998 年 8 月，頁 12。

40. 蔡政修，〈中共與日、美關係正常化之談判策略與戰術〉《問題與研究》，第 38 卷第 7 期，1999 年 7 月，頁 63～89。

41. 蔡瑋，〈美國對華政策之回顧與檢討——一九四九～七八〉，《美國月刊》，第 1 卷第 7 期，1986 年 11 月，頁 39～50。

42. 蔡瑋，〈克里斯多福的大陸之行：美國人權外交的困境〉，《美歐月刊》，第 9 卷第 5 期，1994 年 5 月，頁 10。

43. 蔡瑋，〈美國國會對中共最惠國待遇案之立場〉，《問題與研究》，第 33 卷第 9 期，1994 年 9 月，頁 28～38。

44. 蔡瑋，〈第三次台海危機中美國的角色〉，《美歐月刊》，第 11 卷第 6 期，1996 年 6 月，頁 42。

45. 蔡增家，〈美日安保條約的政經意涵與制度的調適〉，《問題與研究》，第 37 卷第 9 期，1998 年 9 月，頁 16。

46. 羅致政，〈美國「擴展民主」戰略的理論與實踐〉，《現代國際關係》，1994 年第 8 期，頁 2。

47. 羅致政，〈美國在台海兩岸互動所扮演的角色──結構平衡者〉，《美歐月刊》，第 10 卷第 1 期，1995 年 1 月，頁 40。

48. 羅致政，〈台灣安全多邊化戰略〉，《問題與研究》，第 35 卷第 9 期，1996 年 9 月，頁 8。

49. 譚溯澄，〈雷根當選總統與美國對外政策〉，《問題與研究》，第 20 卷第 2 期，1980 年 12 月，頁 15。

50. 薩本望，〈美國全球戰略調整的六大矛盾〉，《和平與發展》，1999 年第 1 期。

51. 蘇嘉宏，〈影響未來中美關係與兩岸關係的幾個取向〉，《理論與政策》，第 12 卷第 1 期，1999 年 3 月，頁 19～20。

三、中文論文

1. 宋筱元，《八九民運後中共對外政策之研究》，國立政治大學三民主義研究所博士論文，1994 年 6 月。

2. 吳鵬翼，《鄧小平時期中共外交政策之研究》，國立政治大學東亞研究所博士論文，1986 年 12 月。

3. 陳威任，《美國與台海兩岸關係之研究（一九七七～一九九四）》，中國文化大學美國研究所碩士論文，1995 年 6 月。

4. 姚俊明，《美中（共）「八一七公報」之研究》，中央警官學校警政研究所碩士論文，1988 年 6 月。

5. 劉珩，《「六四天安門事件」後美國與中共關係之研究》，中央警官學校警政研究所碩士論文，1991 年 6 月。

6. 韓璐,《美國處理中共飛彈演習之研究》,淡江大學美國研究所碩士論文,1997 年 6 月。

四、中文報紙與雜誌

1. 《人民日報》
2. 《大公報》
3. 《中央日報》
4. 《中國時報》
5. 《自由時報》
6. 《自立早報》
7. 《聯合報》
8. 《大陸情勢週報》(中國國民黨大陸研究工作會)

五、英文文件

1. China-Taiwan : United States Policy, Hearing before the Committee on Foreign Affairs, House of Representatives, 97th Congress, Second Session, August 18, 1982 (Washington D.C. : Government Printing Office, 1982).

2. Japan, Ministry of Foreign Affairs, Japan-U.S. Joint Declaration on Security-Alliance for the 21st Century, 17 April 1996.

3. Second Annual Report, to the Congress on United States Foreign Policy, February 25, 1971, in Nixon Papers, 1971 Vol.

4. Taiwan Communique and Separation of Powers, Hearing Before the Subcommittee on Separation of Powers of the Committee on the

Judiciary. U.S. Senate, 98th Congress, 1st Session (Washington, D.C. : U.S. Government Printing Office, 1983).

5. The White House, Challenges for American Leadership in the 21st Century, Nancy Soderberg, Deputy Assistant to the President for National Security Affairs, Remarks to the Carnegie Endowment, Washington, D.C., October 31, 1996

6. The White House, National Security Strategy of Engagement and Enlargement (Washington, D.C. : The White House, Feb.1994).

7. The White House, Office of the Press Secretary, June 27, 1998, Press Briefing by Mike McCurry, National Security Advisor Sandy Berger, and National Economic Advisor Gene Sperling, Shangrila Hotel Beijing, People's Republic of China.

8. The White House, Office of the Press Secretary, June 29, 1998, Remarks by the President to Students and Community of Beijing University, Beijing University, Beijing, People's Republic of China.

9. The White House, Office of the Press Secretary, October 59, 1997, Press Conference by President Clinton and President Jiang Zemin, Old Executive Office Building, 3:30 P.M. EST.

10. The White House, President William J. Clinton, Remarks on American Security in a Changing World, George Washington University, Washington, D.C. August 5, 1996.

11. The White House, President William J. Clinton, Remarks on American Security in a Changing World, George Washington University, Washington, D.C., August 5. 1996.

12. The White House, Samuel R. Berger, Assistant to the President for National Security Affairs, "A Foreign Policy Agenda for the Second Term," Center for Strategic and International Studies, Washing, DC, March 27, 1997.

13. U.S. Congress, Senate, Committee on Foreign Relations, Taiwan, Hearings before the Committee on Foreign Relations, 96th Congress, 1st Session (Washington, D.C. : Government Printing Office, 1979).

14. U.S. Department of Defense, National Military Strategy of the United States of America 1997.

15. U.S. Department of Defense, National Security Strategy, 1988.

16. U.S. Department of Defense, United States Security Strategy for the East Asia-pacific Region, February 1995.

17. U.S. Department of Defense, William Perry, "Engagement is Neither Containment Nor Appeasement," Speech at Washington State China Relations Council, Oct 30,1995

18. U.S. Department of State, "The United States and China : Building a New Era of Cooperation for a New Century, "Address by U.S. Security of State Warren Christopher, Fudan University, Shanghai, China, November 21.1996.

19. U.S. Department of State, China Country Report on Human Rights Practices for 1997, Released by the Bureau of Democracy, Human Rights, and Labor, January 30,1998.

20. U.S. Department of State, Office of the Spokesman, "American Interests and the U.S.-China Relationship, "Address by Secretary of

State Warren Christopher to the Asia Society, the Council on Foreign Relations and the National Committee on U.S.-China Relations, May 17,1996, McGraw Hill Building, New York.

21. U.S. Department of State, Office of the Spokesman, Address by U.S. Secretary OF State Warren Christopher, "The United States and China : Building a New Era of Cooperation for a New Century," Fudan University, Shanghai, China, November 21,1996.

22. U.S. Department of State, Secretary of State Madeleine K. Albright, Press Conference at the Department of State, Washington, D.C. January 24,1997.

23. U.S. Department of State, Secretary of State Madeleine K. Albright, Press Conference, China World Hotel, Beijing, People's Republic of China, February 24,1997.

24. U.S. Department of State, Secretary of State-Designate Madeleine K. Albright, Prepared Statement before the Senate Foreign Relations Committee, Washington, D.C. January 8,1997.

25.U.S. Department of State, Testimony : Winston Lord on US Policy Toward China Bureau of East Asian and Pacific Affairs October 11,1995. Before the Senate Foreign Relations Committee Asia and Pacific Affairs Subcommittee U.S. Policy toward China : Security and Military Considerations.

26. U.S. Department of State, Winston Lord, Assistant Secretary for East Asian and Pacific Affairs, March 14 : The United State and the Security of Taiwan, Testimony before the House International

Relations Subcommittee on East Asia and the Pacific, Washington, D.C., March 14, 1996.

27. U.S. Department of State, Secretary of State Madeleine K. Albright, Statement before the Senate Finance Committee "China MFN" Washington, D.C., June 10,1997.

28. U.S. President William J. Clinton Remarks before the 29th International General Meeting of the Pacific Basin Economic Council, May 20, 1996.

29. Winston Lord, Assistant Secretary for East Asian and Pacific Affairs, March 14 : The United States and the Security of Taiwan, Testimony before the House International Relations Subcommittee on East Asia and the Pacific, Washington, D.C., March 14, 1996.

六、英文書籍

1. Boswell, Terry and Albert Bergesen, eds., America's Changing Roles in the World System (New York : Praeger, 1987).

2. Brzezinski, Zbigniew, Power and Principle : Memoirs of the National Security Adviser 1977~1981 (Farrar, Straus, Giroux, 1983).

3. Buchan, Alastair, Problems of Modern Strategy (New York : Praeger Publishers, Inc., 1970) .
   Burr, William, The Kissinger Transcript (New York : The New Press, 1999).

4. Butterfield, Herbert, and M. Wight, eds. Diplomatic Investigations (London : George & Unwin, 1966).

5. Calleo, David, Beyond American Hegemony : The Future of the Western Alliance, (New York : Basic Books, 1987).

6. Cater, Jimmy, Keeping Faith : Memoirs of a President (New York : Bantam Books, 1982).

7. Clough, Ralph N. Island China (Cambridge, MA : Harvard University Press, 1978).

8. Dougherty, James E. and Robert L. Pfaltzgraff, Jr., Contending Theories of International Relations. A Comprehensive Survey (Happer & Row, New York, 1981).

9. Downen, Robert L., The Taiwan Pawn in the China Game : Congress to the Rescue (Washington, D.C. : The Center for Strategic and International Studies, Georgetown University, 1979)

10. Drew, Dennis M., and Donald M. Snow, Making Strategy : An Introduction to National Security Processes and Problems (Washington, DC. : Air University, 1988).

11. Easton, David, A Framework for Political Analysis (Englewood Cliffs, N. J. : Prentice-Hall, Inc., 1965) .

12. Edmonds, Robin, Soviet Foreign Policy 1962~1973 (London : Oxford University Press, 1975).

13. Gilpin, Robert, War and Change in World Politics, (New York. Cambridge University Press, 1981).

14. Gray, Colin S., Villains, Victims, and Sheriffs : Strategic Studies and Security for an Inter-war Period (Hull : University of Hull Press, 1994).

15. Hamilton, Lee H. " A Democrat Looks at Foreign Policy," Foreign Affairs, Vol. 71, No. 3 (Summer 1992), p.39.

16. Harding, Harry A Fragile Relationship : The United States and China Since 1972 (Washington, D.C. : Brookings Institution, 1992).

17. Holdridge, John H., Crossing the Divide : An Insider's Account of the Normalization of U.S.-China Relations (New York : Rowman & Littlefield Publishers, 1997).

18. Holsti, K. J., International Politics : A Framework for Analysis (Englewood Cliffs, New Jersey : Prentice Hall, Inc., 6th Edition, 1992).

19. Huntington, Samuel P., The Clash of Civilizations and the Remaking of World Order (New York : Simon & Schuster, 1996).

20. Kalb, Marvin and Bernard Kalb, Kissinger (Boston : Little, Brown & Company, 1974).

21. Kissinger, Henry A., A World Restored (Universal Library Ed., 1964) .

22. Kissinger, Henry A., White House Years (Boston : Little, Brown and Co., 1979).

23. Kissinger, Henry A., Observations : Selected Speeches and Essays, 1982~1984 (Boston : Little, Brown and Company, 1985).

24. Kissinger, Henry A., Diplomacy (New York : Simon & Schuster, 1994).

25. Lasater, Martin L., The Changing of the Guard : President Clinton and the Security of Taiwan (Boulder, Colorado : Westview Press, 1995).

26. Martin L. Lasater, The New Pacific Community : U.S. Strategic Options in Asia (Boulder, Col. : Westview Press, 1996).

27. Leifer, Michael, The ASEAN Regional Forum : Extending ASEAN's Model of Regional Security (London : Oxford University Press, 1995).

28. Levin, Norman D. and Jonathan Pollack, Managing the Strategic Triangle : Summary of a Workshop Discussion (Santa Monica : Rand, 1984).

29. Lippmann, Walter, The Cold War : A Study In U.S. Foreign Policy (New York/London : Harper & Btothers, 1947).

30. Mann, James, Rise of The Vulcans (New York Viking, 2004).

31. Morgenthau, Hans J., and Kenneth W. Thompson, Politics Among Nations (New York : Knopf, 1985).

32. Nixon, Richard M., The Memoirs of Richard Nixon (New York : Grosset and Dunlap, 1978).

33. Nixon, Richard, Seize the Moment (New York : Simon & Schuster, 1992).

34. Olson, Mancur, The Rise and Decline of Nations : Economic Growth. Stagflation, and Social Rigidities (New Haven : Yale University press, 1982).

35. Rankin, Karl Loh, China Assignment (Seattle : University of Washington Press, 1964).

36. Reagan, Ronald, An American Life (N.Y. : Simon and Schuster, 1990).

37. Reichart, John F., and Steven R. Strum, American Defense Policy, (Baltimore : The Johns Hopkins University Press, fifth edition, 1982).

38. Rosenau, James N., Kenneth W. Thompson & Gavin Boyd, World Politics : An Introduction (New York : The Free Press, 1976) .

39. Rosenau, James N. The Scientific Study of Foreign Policy (London : Frances Pinter, 1980).

40. Robinson, Thomas W. and David Shambaugh eds., Chinese Foreign Policy : Theory and Practice (New York : Oxford University press, 1994).

41. Rubin, Barry M., and Elizabeth P. Spiro ed. Human Rights and U.S. Foreign Policy (Boulder : Westview Press, 1979).

42. Seabury, Paul, Power, Freedom, and Diplomacy : The Foreign Policy of The United States of America (New York : Random House, Inc., 1963).

43. Sheehan, Michael, The Balance of Power : History & Theory (London : Routledge, 1996).

44. Shultz, George P., Turmoil and Triumph : My Years as Secretary of State (New York, N.Y. : Macmillan Publishing Company, 1993).

45. Simon, Herbert A., Models of Man : Social and Rational (New York : Wiley, 1957).

46. Snyder, Richard C., H. W. Bruck & Burton Sapin (ed.), Foreign Policy Decision-making (New York : The Free Press, 1962).

47. Sutter, Robert G., China-Watch Toward Sino-American Reconciliation (Baltimore : Johns Hopkins University Press, 1978).

48. Tang Tsou, America's Failure in China 1941-1950 (Chicago : University of Chicago press, 1963).

49. Tan, Qingshan, The Making of U.S. China Policy : From Normalization to the Post-Cold War Era (Boulder : Lynne Rienner Publishers, 1992).

50. Tucker, Nancy Bernkopf (ed.), Dangerous Strait : The US-Taiwan-China Crisis (New York : Columbia University Press, 2005).

51. Vance, Cyrus, Hard Choices (New York : Simon and Schuster, 1983).

52. War Era(Lynne Rienner Publishers, Boulder & London, 1992).

53. Waltz, Kenneth N., Theory of International Politics (New York : Random House, 1979)

54. Wight, Martin, Power Politics (New York : Holmes & Meier, Inc., 1978).

七、英文期刊

1. Baker, James A. III, "America in Asia : Emerging Architecture for a Pacific Community," Foreign Affairs, vol.70, no.5 (Winter 1991-92), pp.1-17.

2. Bergsten, Fred C., "The World Economy After the Cold War," Foreign Affairs, vol.69, no.3 (Summer 1990), pp.96-112.

3. Bernstein, Richard and Ross H. Munro, "The Coming Conflict With America", Foreign Affairs, vol.76,.no.2 (March/April 1997), pp.18-32

4. Clinton, Bill, "Fundamentals of Security for a New Pacicic Community," Address before the National Assembly of the Republic

of Korea, July 10, 1993, U.S. Department of State Dispatch, vol.4,no.29 (July 19, 1993), pp.509-512.

5. Cloud, David S., "House Tries Again to Restrict MFN Status for China," Congressional Quarterly, July 25, 1992,

6. Dittmer, Lowell, "The Strategic Triangle : An Elementary Game-Theoretical Analysis," World Politics, Vol.33, No.4 (July 1981), pp.485-515.

7. Foreign Relations of the United States, 1949, vol.9, The Far East : China (Washington, D.C. : Government Printing Office, 1974).

8. Haftendorn, Helga, "The Security Puzzle : Theory-Building and Discipline-Building in International Security", International Studies Quarterly, Vol. 35, No.1 (March 1991), p.15.

9. Harding, Harry, "Change and Continuity in Chinese Foreign Policy," Problems of Communism (March, 1983), p.2.

10. Harding, Harry "Asia Policy to The Brink " Foreign Policy , no.96 (1994 Fall), pp.57-74.

11. Huang, Chi, Woosang Kim, and Samuel S. G. Wu, "Conflicts Across the Taiwan Strait, 1951~78," Issues and Studies, Vol.28, No.6 (1992), pp.35-58.

12. Huntington, Sameul P., "The Clash of Civilization?" Foreign Affairs, vol.72, no.3 (Summer 1993), pp.22-49.

13. Huntington, Sameul P. "The West : Unique not Universal, " Foreign Affairs, vol.75, no.6 (November/December 1996), pp.28-46.

14. Joseph S. Nye, Jr., "The Misleading Metaphor of Decline : Analogies Between the United States and Post-imperial Britain Are Inaccurate and Mischievous," The Atlantic Monthly, vol.265, no.3 (March 1990), pp.86-94.

15. Kissinger, Henry "Reflection on Containment," Foreign Affairs, vol.73,no.3 (May-June 1994), pp.118-130.

16. Krauthammer, Charles "Why We Must Contain China," Time, July 31, 1995, p.72.

17. Kristof, Nicholas, "a Dictatorship That Grew Up," New York Times Magazine. February 16, 1992.

18. Lake, Anthony, "From Containment to Enlargement," Dispatch, Vol. 4, No. 39 (September 27, 1993), pp.658-659.

19. Manning, Robert A. and Paula Stern, " The Myth of the Pacific Community, " Foreign Affairs, Vol. 73, No. 6 (November/December 1994), p.79.

20. Nathan, Andrew J., " China's Goals in the Taiwan Strait, " The China Journal, No. 36 (July 1996), p.89.

21. Nunn, Sam and Michael Oksenberg, " The U.S. and China : A New Consensus, " Christian Science Monitor, November 22, 1996, p.18.

22. Nye, Joseph S. Jr., "American Strategy After Bipolarity," International Affairs, Vol.66, No.3, (1990), p.519.

23. Nye, Joseph S. Jr., "Strategy for East Asia and the U.S.-Japan Security Alliance," Defense Issue, Vol. 10, No. 35 (March 29, 1995).

24. Nye, Joseph S. Jr., "The Case for Deep Engagement," Foreign Affairs, Vol.74, No.4 (July/August, 1995).

25. Oksenberg, Michel, "What Kind of China Do We Want?" Newsweek, April 1, 1996, p.53.

26. Palmer, Elizabeth A., "House Approves Condition on China MFN Status," Congressional Quarterly, November 30, 1991.

27. Rice, Condoleezza, "Promoting the National Interest," Foreign Affairs (January/February 2000), p.57.

28. Ross, Robert S., "Beijing as a Conservative Power," Foreign Affairs, (March/April 1997), p.43

29. Samuel P. Huntington, "Coping With the Lippmann Gap," Foreign Affairs, vol.66, no.3 (Winter 1988).

30. Samuel P. Huntington, "The U.S.-Decline or Renewal?" Foreign Affairs, vol.67, no.2 (Winter 1988).

31. Shambaugh, David, "The United States and China. A New Cold War?" Current History, Vol.94, No.593 (September 1995), p.243.

32. Soh, Felix, "Win-win Middle Path in US Security Strategy in Asia," Straits Times, May 26, 2001.

33. Transcript of White House Background Press Briefing by Senior Administration Officials, October 29, 1997.

34. U.S. Congress, Senate Governmental Affairs Subcommittee on International Security, Proliferation, and Federal Services, Hearing on April 10,1997, p.14.

35. U.S. Congress, Senate Governmental Affairs Subcommittee on International Security, Proliferation, and Federal Services, Hearing on April 10,1997, p.9.

36. Walsh, James, "China : The World's Next Superpower," Time (Asia Edition), May 10, 1993, pp.15-39.

37. Wohlforth,William Curti, The Elusive Balance : Power and Perceptions During the Cold War (Ithaca, New York : Cornell University Press, 1993).

38. Zinnes,.Dina, "An Analytical Study of the Balance of Power Theories", Journal of Peace Research, Vol. 4, 1967, p.272.

八、英文報紙

1. International Herald Tribune
2. New York Daily
3. New York Time
4. Wall Street Journal
5. Washington Post
6. Washington Times

九、網路資源

1. 聯合國 http://www.un.org
2. 美國白宮 http://www.whitehouse.gov
3. 美國國務院 http://www.state.gov
4. 美國國防部 http://www.defenselink.mil

5.　美國國會圖書館 http://thomas.loc.gov

6.　美國參議院 http://www.senate.gov

7.　美國眾議院 http://www.house.gov

8.　日本外務省 http://www.mofa.go.jp

9.　《華盛頓郵報》http://www.washingtonpost.com

10.　《紐約時報》http://www.nytimes.com

11.　《人民日報》http://www.peopledaily.cn

國家圖書館出版品預行編目

兩岸關係中的美國因素 / 陳建民著. --一版.
　　--臺北市：秀威資訊科技 , 2007[民 96]
　　　面 ；　 公分. --(社會科學類 ; AF0054)
　　參考書目：面
　　ISBN 978-986-6909-79-5 (平裝)

　　1. 兩岸關係 2. 美國 - 外交關係 - 中華民國
　　3. 美國 - 外交關係 - 中國

　　578.522　　　　　　　　　　96010625

社會科學類　　AF0054

兩岸關係中的美國因素

作　　者 / 陳建民
發 行 人 / 宋政坤
執行編輯 / 黃姣潔
圖文排版 / 黃莉珊
封面設計 / 李孟瑾
數位轉譯 / 徐真玉　　沈裕閔
圖書銷售 / 林怡君
法律顧問 / 毛國樑　律師
出版印製 / 秀威資訊科技股份有限公司
　　　　　台北市內湖區瑞光路 583 巷 25 號 1 樓
　　　　　電話：02-2657-9211　　　傳真：02-2657-9106
　　　　　E-mail：service@showwe.com.tw
經 銷 商 / 紅螞蟻圖書有限公司
　　　　　台北市內湖區舊宗路二段 121 巷 28、32 號 4 樓
　　　　　電話：02-2795-3656　　　傳真：02-2795-4100
　　　　　http://www.e-redant.com

2007 年 6 月 BOD 一版
定價：410 元

讀 者 回 函 卡

感謝您購買本書，為提升服務品質，煩請填寫以下問卷，收到您的寶貴意見後，我們會仔細收藏記錄並回贈紀念品，謝謝！

1.您購買的書名：_____

2.您從何得知本書的消息？

　　□網路書店　　□部落格　　□資料庫搜尋　　□書訊　　□電子報　　□書店

　　□平面媒體　　□ 朋友推薦　　□網站推薦　□其他_____

3.您對本書的評價：(請填代號　1.非常滿意 2.滿意 3.尚可 4.再改進)

　　封面設計____　 版面編排____　　內容____　　文/譯筆____　　價格____

4.讀完書後您覺得：

　　□很有收獲　　□有收獲　　□收獲不多　　□沒收獲

5.您會推薦本書給朋友嗎？

　　□會　　□不會，為什麼？_____

6.其他寶貴的意見：_____

　　_____

　　_____

　　_____

讀者基本資料

姓名：_____　　　年齡：_____　　　性別：□女　□男

聯絡電話：_____　　E-mail：_____

地址：_____

學歷：□高中(含)以下　　　□高中　　　□專科學校　　　□大學

　　　□研究所(含)以上　□其他_____

職業：□製造業　□金融業　□資訊業　□軍警　□傳播業　□自由業

　　　□服務業　□公務員　□教職　　　□學生　□其他_____

To：114

台北市內湖區瑞光路 583 巷 25 號 1 樓

秀威資訊科技股份有限公司　　　收

寄件人姓名：

寄件人地址：□□□

(請沿線對摺寄回,謝謝!)

秀威與 BOD

BOD（Books On Demand）是數位出版的大趨勢，秀威資訊率先運用 POD 數位印刷設備來生產書籍，並提供作者全程數位出版服務，致使書籍產銷零庫存，知識傳承不絕版，目前已開闢以下書系：

一、BOD 學術著作—專業論述的閱讀延伸
二、BOD 個人著作—分享生命的心路歷程
三、BOD 旅遊著作—個人深度旅遊文學創作
四、BOD 大陸學者—大陸專業學者學術出版
五、POD 獨家經銷—數位產製的代發行書籍

BOD 秀威網路書店：www.showwe.com.tw
政府出版品網路書店：www.govbooks.com.tw

永不絕版的故事・自己寫・永不休止的音符・自己唱